M. Clement de Barville.
Avocat Général en la Cour
des Aides.

MEMOIRE

SUR LES MOYENS

DE PERFECTIONNER

LES ÉTUDES

PUBLIQUES ET PARTICULIERES,

Où l'on montre en quoi il paroît que consiste la perfection de la Méthode d'enseigner.

(Par Rivard).

Le prix est de 24 s. en feuilles.

A PARIS,

Chez la Veuve MÉQUIGNON, Libraire, rue de la Juiverie, au Roi de Perse.

M. DCC. LXIX.

Avec Approbation, & Permission du Roi.

MEMOIRE

SUR LES MOYENS

DE PERFECTIONNER

LES ÉTUDES

PUBLIQUES ET PARTICULIERES,

Où l'on montre en quoi il paroît que consiste la perfection de la Méthode d'enseigner.

(Par Rivard).

Le prix est de 24 s. en feuilles.

A PARIS,

Chez la Veuve MÉQUIGNON, Libraire, rue de la Juiverie, au Roi de Perse.

M. DCC. LXIX.

Avec Approbation, & Permission du Roi.

AVERTISSEMENT.

CE Mémoire étoit le neuviéme du Recueil qui a été imprimé en 1763 : on le fait imprimer de nouveau à part avec plusieurs augmentations considérables & importantes, parce qu'on a cru qu'il pourroit être de quelque utilité, à cause des moyens qu'il renferme pour faciliter les études à la Jeunesse & les rendre plus intéressantes, tant par rapport aux matières qui en doivent être l'objet, que par rapport aux facultés de l'esprit qui sont les plus estimables, & que ces études peuvent cultiver & perfectionner en les dirigeant de la maniere qui y est exposée. Comme ce Mémoire étoit accompagné de quatorze autres qui traitent aussi des Etudes, on y cite plusieurs de ces Mémoires afin qu'on puisse y avoir recours si on veut voir la matière dont il s'agit dans certains Articles, expliquée & discutée plus amplement que dans le présent Mémoire.

Fautes à corriger dans le Mémoire & les Additions.

PAge 5, ligne 4 de la note, avant il y a, *ajoutez*, voyez l'Article VI.

Page 15, ligne 12, *lisez* le manuel.

Page 16, ligne 8, *lisez* les mots.

Page 41, N°. 5, ligne 2, cet Ouvrage, *lisez* ces Ouvrages.

Page 58. ligne 8 *avant la fin*, après entier, *ajoutez* du revenu.

Page 66, ligne 3 *avant la fin*, soit qui, *lisez* qui soit.

Page 129, Art. XLVII, ligne 4, après l'honoraire, *ajoutez*, des Professeurs.

Page 158, Art. LVIII, ligne 5, après composé, *ajoutez*, de Mr. le Recteur.

Page 167, ligne 12, les deux de, *lis*. les deux tiers de.

Page 181, ligne 8 *avant la fin*, *lis*. partie de trois fois.

Page 188, ligne 3, avant, l'Astronomie, *ajoutez*, la Géométrie.

PRÉFACE.

Pour peu que l'on fasse réflexion aux avantages que les hommes peuvent retirer des différens arts qui tendent à cultiver l'esprit, il est facile de voir que le plus utile est la méthode d'enseigner la jeunesse. C'est un instrument qui sert à lui apprendre toutes les Sciences naturelles qu'on lui enseigne : elle est même la source des autres que l'on acquiert dans la suite, puisqu'on les apprend toutes par le moyen des connoissances que l'on a acquises par l'enseignement que l'on a reçu ordinairement dans les premieres années. Cet Art qui a pour objet l'instruction de la jeunesse, peut donc être regardé comme une des choses les plus intéressantes pour elle, & par conséquent pour l'Eglise & pour l'Etat. Ainsi on doit tâcher de le perfectionner le plus qu'il est possible, d'autant plus qu'il regarde un âge qui a besoin qu'on employe des moyens particuliers pour se mettre à sa portée, lorsqu'on veut faire entrer quelque vérité dans son esprit. C'est pourquoi nous espérons que l'on ne nous désapprouvera pas si nous faisons encore quelques tentatives pour le porter à un plus haut dégré de perfection qu'il n'a été jusqu'à présent. Il s'agit de l'enseignement que l'on a coutume de donner dans les Colléges ; il se rapporte à trois sortes de connoissances, celles de la Grammaire, des Belles-Lettres & de la Philosophie, outre celles qui regardent la Religion, auxquelles on doit s'appliquer

dans toutes les claſſes ; & comme l'art d'enſeigner à lire fait auſſi partie de l'enſeignement
de la jeuneſſe, & que la lecture eſt même le
fondement & la premiere ſource des autres
connoiſſances que l'on acquiert dans la ſuite,
& que d'ailleurs on s'y prend fort mal dans la
plûpart det Écoles où l'on fait profeſſion de
cet Art ſi néceſſaire, nous avons cru qu'il étoit
à propos d'expoſer des vues qui peuvent beaucoup contribuer à perfectionner un Art ſi
précieux ; cependant comme ce n'eſt pas
un des exercices qui ſe pratiquent publiquement dans les claſſes des Colléges, nous ren-
verrons ce que nous avons à en dire à la fin
du Mémoire dans un Supplément conſacré à
cet objet.

Pour en revenir à l'enſeignement des Colléges, nous remarquerons d'abord qu'il renferme deux parties, la matiere, c'eſt-à-dire, les
choſes que l'on enſeigne & la maniere ou la
méthode dont on ſe ſert pour pratiquer cet
exercice, laquelle peut être conſidérée comme
la forme de l'enſeignement. Quant à la matiere, elle doit avoir deux conditions, la vérité & l'utilité : la néceſſité de la premiere eſt
évidente ; car on ſent bien qu'il ne s'agit pas
d'enſeigner des illuſions ou des chimeres à la
jeuneſſe. Il faut auſſi que ce que l'on enſeigne
ſoit utile ; autrement on lui feroit perdre ſon
temps & ſa peine. Or le tems eſt ſi précieux,
& il y a tant de choſes, ou néceſſaires, ou utiles à apprendre que ce ſeroit un abus intolé-
rable que l'on feroit du temps & des peines
des jeunes gens, ſi on leur enſeignoit des choſes inutiles. Mais il ne ſuffit pas d'enſeigner
aux jeunes gens des choſes qui leur ſeroient

utiles, il faut le faire d'une maniere qui leur soit proportionnée, & sur-tout leur faciliter la matiere, en la leur présentant avec le plus de clarté possible ; ainsi voilà trois conditions requises dans l'enseignement de la jeunesse, la vérité, l'utilité & la clarté ; les deux premieres appartiennent à la matiere, & la troisieme regarde la forme.

On se propose ici d'exposer ou d'indiquer plusieurs vûes qui pourront beaucoup servir à perfectionner l'enseignement soit public, soit particulier, tant par rapport à la matiere, que par rapport à la forme.

Pour voir en général comment cela se peut faire, il faut considérer que les Arts & les Sciences tirent leur perfection, sur-tout des instrumens qui ont été inventés à cette fin : combien l'Astronomie, par exemple, n'est-elle pas redevable aux quarts de cercle, ou quelques autres de ses parties divisées exactement en dégrés, minutes & secondes, aux télescopes & aux pendules à secondes ; la Physique à la machine pneumatique, au microscope ; la navigation à la boussole ou compas de mer ; l'Horlogerie à la machine pour fendre les roues ; l'Art de battre monnoie au balancier ; le Labourage à la charrue ; tous les Arts méchaniques aux différens instrumens de fer ou d'acier qui y sont en usage ? De quelle utilité ne sont pas les tables des sinus, des tangentes & sécantes & celles des logarithmes pour toutes les Sciences qui demandent des calculs longs & difficiles ? Il en faut dire autant, & plus encore, de l'Ecriture en premier lieu, & en second lieu de l'Imprimerie inventée depuis environ trois siecles. Ces deux découvertes importantes ont servi à tous les Arts & aux Sciences de tout genre. C'est par le moyen de ces instrumens que l'on peut faire aujourd'hui en peu de tems des ouvrages si parfaits, qu'on n'auroit osé espérer d'en venir à bout dans l'antiquité avec ce point de perfection ; & que par rapport aux Sciences, on peut apprendre en peu de mois ou d'années ce qu'on n'auroit pû sçavoir sans ce secours, que dans un tems très-long. Aussi l'Auteur du Traité de l'Origine des Loix, &c. dit, premiere partie, livre troisieme, vers la fin, que les connoissances humaines ont fait plus de progrès depuis cent ans, qu'elles n'en avoient fait dans toute l'antiquité.

Si les Sçavans s'étoient autant appliqués à perfectionner l'art de former l'esprit de la jeunesse, que les autres Arts & Sciences, on seroit plus avancé aujourd'hui dans cet Art, qui est certainement le plus précieux & le plus avantageux de tous; mais il semble qu'il a été un peu négligé, & que la plûpart de ceux qui étoient en état d'y travailler avec succès, ont tourné leur vue vers des objets, plus sublimes, si l'on veut, ou d'une utilité plus sensible ; je veux dire plus apparente aux sens ; d'où il est arrivé que cet Art a fait peu de progrès par rapport à certains points qui seroient de grande importance pour l'avancement des enfans & des jeunes gens ; car on pourroit, par le moyen de quelques secours, apprendre en peu d'années & avec facilité, un grand nombre de connoissances très-utiles auxquelles ils ne parviennent sans ces secours, que dans un tems beaucoup plus long & avec de très-grandes peines. On peut même avancer l'ouverture d'esprit dans les enfans en les mettant plutôt en état d'entendre plusieurs choses qu'on veut leur apprendre, & perfectionner dans les jeunes gens, la pénétration, la sagacité, & la justesse d'esprit par certains exercices auxquels les Maîtres les appliqueroient. On peut aussi leur donner des facilités & leur communiquer du goût pour les études ; & par-là ils s'y attacheront, sans qu'il soit nécessaire d'employer des moyens tristes & fâcheux pour les contraindre à s'y appliquer. On sent bien que ces heureux effets ne pourront venir que de certains livres & des exercices qui y seroient propres, comme aussi des talens & des soins des Maîtres pour les guider, les animer & leur éclaircir les matieres ; ce sont les instrumens dont il s'agit ici.

On soupçonnera peut-être qu'il faut qu'il y ait quelque chose de bien extraordinaire & de bien recherché dans les livres & les exercices que nous avons en vue, pour que la jeunesse puisse en tirer des avantages aussi grands que ceux que nous promettons. Mais on verra que rien n'est plus simple que la plupart des moyens que nous proposons, quoiqu'ils soient capables de produire des effets si désirables, & c'est en quoi consiste la perfection d'une méthode, de produire de grands avantages par des moyens très-simples.

On peut réduire à cinq principaux objets les vues qui sont exposées dans ce Mémoire. 1°. De rendre les études moins pénibles aux jeunes gens, & même attirantes ; 2°. de les rendre plus utiles à l'égard des matieres qu'on leur enseigne ; 3°. de les rendre aussi plus utiles par rapport aux qualités de l'esprit, qui sont les plus estimables, je veux dire la pénétration, la ſagacité & la juſteſſe, en propoſant des moyens aiſés qui tendent à perfectionner ces qualités dans les jeunes gens, ſur-tout en Philoſophie, & d'autres encore qui contribuent à ouvrir l'eſprit des enfans qui commencent leurs études. 4°. De donner des moyens d'exciter l'émulation dans les étudians, enſorte qu'ils s'appliquent d'eux-mêmes à l'étude, & que l'on ne ſoit pas pour l'ordinaire dans la triſte néceſſité de leur témoigner du mécontentement par rapport à leur travail 5°. Enfin de former le cœur & les mœurs, ce qui eſt l'objet principal auquel on doit rapporter les autres.

Comme ces objets ſont de la plus grande conſéquence pour l'éducation & l'inſtruction de la jeuneſſe, que le troiſieme ne paroît qu'une idée hazardée, & le quatrieme une choſe impraticable, qui ſemble ſuppoſer une métamorphoſe incroyable dans le caractère des jeunes gens, je crains que l'on ne m'accuſe de témérité & d'exagération, ſoit en prétendant propoſer quelques vues nouvelles par rapport à des matieres ſi ordinaires, maniées ſi fréquemment & remaniées par des Sçavans qui s'en occupent ſouvent pendant pluſieurs années, ou même preſque toute leur vie, ſoit en voulant perfectionner pluſieurs des vues qui ont déja été propoſées. Je conviens que les apparences & la préſomption ſont contre moi, & que la propoſition du quatrieme objet ne paroît pas même ſérieuſe, puiſqu'elle ſemble ſuppoſer un changement de caractère & d'inclination dans les jeunes gens ; mais on ne doit pas former un jugement ſur des préſomptions & des apparences, quand il y a des preuves poſitives pour le fixer avec aſſurance.

des Commentaires que nous proposons pour
les Auteurs des basses-classes. Quoique ce que
nous avançons en cet endroit soit étonnant,
nous espérons qu'il ne paroîtra pas exagéré,
si on lit l'Art. VII sans prévention, puisque
ces commentaires leveroient toutes les difficultés qui ont coutume d'embarrasser & même
de rebuter les enfans. On peut voir à l'article LIII les autres moyens qui procureroient
des facilités pour les études, soit dans les basses-classes, soit dans les autres.

Nous rapportons à la fin de la premiere addition, page 197, un exemple qui fait bien voir
de quelle importance il est de montrer avec
clarté, & en allant par dégrés, les choses qu'on
veut apprendre aux jeunes gens, & même à
d'autres personnes plus avancées en âge : il s'a-
git du rapport des corps semblables ; voici la
proposition : *Les corps semblables sont entr'eux en
raison triplée des lignes homologues ou correspon-
dantes*, c'est-à-dire, des lignes situées de la
même maniere dans les deux corps que l'on
compare. Cette proposition est une des plus
difficiles des élémens de Géométrie, & peut-
être la plus difficile de toutes, tant par rapport à l'intelligence de la proposition, afin d'en
concevoir le sens, que pour la démonstration ;
& néanmoins en suivant l'ordre que nous rapportons, nous croyons que l'on peut faire entendre l'un & l'autre, le sens & la démonstration,
à un enfant d'environ dix à douze ans, qui soit
capable de quelque attention. Au reste, cette
attention de l'éleve dépend beaucoup de la
maniere dont s'y prend le Maître pour l'attirer.

Il faut remarquer par rapport au quatrieme

a vj

problême , que ce ne feroit pas le réfoudre comme il convient, & à l'avantage de la jeuneffe, de propofer des moye s d'engager les jeunes gens à s'àppliquer fortement & long-tems, fi on ne diminuoit pas la difficulté qui fe rencontre dans les études. Cette application forte, longue & laborieufe pourroit intéreffer leur fanté : il n'eft pas même douteux que plufieurs en feroient incommodés tôt ou tard , & que leur fanté s'affoibliroit, fi les études que l'on fait dans les claffes étant auffi pénibles qu'elles le font, fur-tout pour ceux qui n'ont point de Précepteur particulier , étoient pro-longées ordinairement pendant deux ou trois heures de fuite, & cela plufieurs fois pendant la journée. Il faut donc néceffairement donner des moyens de diminuer la difficulté & la peine des études des différentes claffes , lorf-qu'on veut les pouffer jufqu'à un certain point.

Il faut auffi faire enforte que les études deviennent agréables & attirantes , parce que quand on fe plaît à un travail d'efprit, l'application coute bien moins à la nature, que quand elle eft forcée, je veux dire quand on n'y eft pas porté par goût & par attrait pour l'étude même : celui qu'on auroit pour la fin qu'on fe propoferoit, ne pourroit ôter la peine du travail.

Après cela, on conviendra fans doute que ces fortes de problêmes font d'une toute autre importance que ceux des Sciences fpéculatives, quand même il s'agiroit de celles qui font regardées comme les plus fublimes. Si donc on peut les réfoudre d'une maniere fatisfaifante, il me femble qu'on aura fait quelque chofe d'utile à la fociété, & fpécialement à la jeuneffe. J'efpere

Les preuves que l'on présente ici sont les moyens qui sont expliqués ou indiqués dans ce Mémoire : je les crois si propres à produire les avantages marqués ci-dessus, que ce que je désirerois le plus pour le bien de la jeunesse, & par conséquent pour celui de la nation, c'est qu'on les fît examiner par des personnes judicieuses, qui mériteroient la confiance publique, principalement par leur impartialité & par leurs bonnes intentions connues, afin d'en rendre un témoignage public sur lequel les particuliers pussent compter. Nous allons remettre ici devant les yeux les cinq objets que nous avons indiqués, mais en les proposant par maniere de problêmes à résoudre.

Premier Problême. Rendre les études moins pénibles, & même souvent, faciles & agréables aux jeunes gens.

II. Problême. Les rendre plus utiles à l'égard des matieres qu'on leur enseigne.

III. Problême. Les rendre aussi plus utiles par rapport aux qualités de l'esprit, en proposant d'abord quelque exercice capable d'ouvrir l'esprit aux enfans qui commencent leurs études, & en donnant ensuite, sur-tout en Philosophie, quelques moyens aisés de cultiver & de perfectionner les qualités de l'esprit les plus estimables, je veux dire la pénétration, la sagacité & la justesse. Ce problême, comme l'on voit, renferme deux parties, l'une qui regarde les enfans, l'autre qui est sur-tout pour les Etudians en Philosophie.

IV. Problême. Donner des moyens d'exciter l'émulation dans les Ecoliers, ensorte qu'ils s'appliquent d'eux-mêmes à l'étude, & que l'on ne foit plus, pour l'ordinaire, dans la trifte néceffité de leur témoigner du mécontentement par rapport à leur travail, & fur-tout d'en venir à des punitions.

V. Problême. Enfin former le cœur & les mœurs de la jeuneffe. Voilà le point capital auquel les autres doivent fe rapporter ; car il en eft des fciences comme des richeffes ; les unes & les autres deviennent pernicieufes, quand on en fait un mauvais ufage, & c'eft ce qui ne manque pas d'arriver, lorfque le cœur n'eft pas réglé. Il ne fuffiroit donc pas qu'un Maître prépofé à l'éducation de la jeuneffe, enfeignât à fes Eleves la Grammaire ou les Belles-Lettres, ou la Philofophie, cela ne fuffiroit pas, dis-je, pour qu'il s'acquitât de ces principaux devoirs, quand même d'ailleurs il veilleroit fur leur conduite & fur leurs mœurs ; il faut encore qu'il s'applique à former leur cœur, afin qu'ils faffent un bon ufage de leur fcience, & qu'ils deviennent de bons Citoyens & de bons Chrétiens ; car s'il n'eft pas réglé, leurs connoiffances feront nuifibles à eux & aux autres par l'abus qu'ils en feront.

Pour ce qui eft du fuccès que l'on peut efpérer par rapport à la folution de ces Problêmes, que l'on voit bien être des plus intéreffans pour l'éducation de la jeuneffe, nous nous contenterons de rapporter ici à l'égard du premier ce que nous difons à la page 16 du Mémoire, fçavoir que les enfans qui n'ont point de Précepteur particulier n'auroient peut-être pas la dixieme partie des peines qu'ils éprouvent aujourd'hui lorfqu'ils veulent traduire une leçon de leur Auteur, n'ayant pas le fecours comme de ceux du françois ; or l'expérience fait voir qu'il n'y a point d'enfans, ou presque point à qui on ne puisse apprendre les élémens de cette langue ou du jargon de leur pays, de maniere à concevoir ce qu'on leur dit touchant les choses ordinaires de la vie qui les regardent, & à se faire entendre par ceux du même pays auxquels ils parlent ; & on y réussiroit encore mieux, si on ajoutoit au simple usage quelques instructions les plus faciles sur les principes de la langue, en particulier sur la conjugaison des verbes & qu'on leur en donnât quelques exemples à apprendre. Il en est de même du latin ; à peine trouveroit-on des enfans qui ont la faculté de parler, qui n'en puissent apprendre les élémens, lesquels sont mêmes plus faciles que ceux du françois, à cause qu'il y a moins d'irrégularité.

Pour ce qui est des Ecoliers des basses-classes qui font quelques progrès ; parce qu'ils ont plus d'application que ceux dont on vient de parler, & peut-être plus de facilité, ils en feroient beaucoup davantage, si en commençant dès la septieme, on leur procuroit les secours exposés dans les art. VI, VII & VIII du Mémoire. Je crois qu'ils feroient avec ces secours environ en trois ans par rapport au latin ce qu'ils ne font qu'en plus de quatre ans dans l'état actuel, parce qu'ils l'apprendroient avec une facilité sans comparaison plus grande ; & pour ce qui est des autres connoissances plus nécessaires, je veux dire celles qui sont dans l'ordre de la Religion ou celui de la vie civile, ils y feroient encore des progrès plus remarquables, parce qu'ils en feroient presque continuellement occupés, car elles seroient contenues dans les petits traités latins qu'on leur feroit expliquer & traduire à la place des anciens Auteurs. (Il s'agit principalement des écoliers qui n'ont point de Précepteurs particuliers, & qui d'ailleurs n'ont point de talens éminens qui puissent suppléer en partie aux secours dont il s'agit.)

Cela posé, c'est-à-dire les choses étant comme elles viennent d'être représentées, (& j'espere que l'on conviendra qu'il n'y a point d'exagération dans ce que j'ai avancé, quand on aura lu ce Mémoire avec attention & avec un esprit impartial & libre de prévention ;) cela posé, dis-je, quelle différence n'y aura-t-il pas entre des jeunes gens instruits de cette maniere & le plus grand nombre de ceux qui sortent aujourd'hui des Colléges ? Ils paroissent souvent comme étrangers par rapport aux connoissances les plus communes de la vie, qu'il vaudroit bien mieux sçavoir que les guerres des Perses, des Grecs, des Romains, des Carthaginois, &c. dont la connoissance n'est presque qu'un amusement par rapport au commun des étudians. Ne peut-on pas même dire que les problêmes proposés renferment la perfection de la méthode d'enseigner ? Car enfin si l'on rend les études moins pénibles & même agréables à la jeunesse, si on les rend plus utiles par rapport aux matieres, & encore à l'égard des qualités de l'esprit, si on trouve des moyens d'attirer les jeunes gens à l'étude sans contrainte, & d'étendre ou de multiplier les connoissances utiles qu'ils peuvent acquérir pendant le cours des études, enfin si on prend les moyens qui paroissent les plus propres à former leur cœur & leurs mœurs, que peut-on demander de plus pour la perfection de cette méthode ?

que quoique le troisieme & le quatrieme paroiſſent fort difficiles, & comme chimériques,
on trouvera que les moyens que l'on préſente
pour parvenir aux fins que l'on ſe propoſe, ſont
très-propres pour produire l'effet que l'on dé-
ſire.

Il y a une choſe à remarquer qui eſt une ſuite
néceſſaire de la pratique des cinq problêmes,
c'eſt qu'en les réuniſſant dans l'exécution, non-
ſeulement les jeunes gens apprendront des
matieres ſans comparaiſon plus utiles que celles
que l'on avoit coutume de leur enſeigner ;
mais auſſi ils acquerront des connoiſſances plus
étendues & en plus grand nombre, ſoit parce
qu'on levera les difficultés qui les arrêtent &
leur font perdre bien du tems, & que les matieres ſeront mieux digérées & préſentées avec
plus de netteté, plus d'ordre & de méthode ;
ſoit parce que les eſprits ſeront mieux préparés & cultivés, & par-là plus capables de
faire du progrès dans les Sciences, quand bien
même ils ne s'appliqueroient pas davantage
qu'ils n'ont fait juſqu'à préſent ; ſoit parce
qu'ils donneront effectivement plus d'application qu'ils n'ont coutume de faire à cauſe de
l'émulation qu'ils auront pour l'étude ; ſoit enfin
parce que le cœur étant mieux réglé, les jeunes gens ne ſeront pas détournés de l'application à leurs devoirs par les paſſions qui ſont
un des principaux obſtacles au ſuccès des études : il arrivera de-là que les jeunes Etudians,
en ſortant du Collége, ſçauront preſque tout
ce qu'il faut ſçavoir pour l'uſage ordinaire de
la vie, excepté la ſcience particuliere de l'état
dans lequel ils entreront, & une connoiſſance
plus étendue des devoirs de la Religion, dans

laquelle il faut croître de plus en plus ; mais à l'égard des autres connoiſſances, il ſuf-firoit preſque d'entretenir & de conſerver cel-les qu'ils auroient acquiſes dans le Collége. (Je parle ici des connoiſſances qui appartien-nent de près ou de loin aux Sciences, & que l'on peut acquérir par l'étude.) Cette acquiſi-tion des connoiſſances qui ſont néceſſaires ou utiles pour l'uſage de la vie, au moins à l'é-gard des perſonnes d'un rang un peu diſtin-gué, ſe feroit encore avec plus de facilité & de perfection, ſi on ſéparoit la claſſe de Rhétori-que en deux, comme on l'a propoſé à l'arti-cle XXX.

Mais ce qui mérite peut-être encore plus d'être remarqué, c'eſt que la plûpart des en-fans qui ne font preſque aucun progrès dans leurs études, (on ſçait que le nombre en eſt grand) & que l'on abandonne à leur triſte ſort, parce qu'on les regarde comme ineptes, ou comme incapables d'application ; ces enfans, dis-je, ſuiv oient avec ſuccès le cours ordinaire des claſſes, au moins juſqu'aux ſupérieures, parce que les difficultés qui les arrêtent préſen-tement & les rebutent, étant levées, ils n'éprou-veroient pas les peines qui les dégoutent : mais au contraire, ils réuſſiroient dans leur travail, & ſur-tout dans les traductions qu'ils auroient à faire, & par conſéquent ils n'auroient pas cette averſion qu'ils montrent aujourd'hui pour le travail : pluſieurs même s'y porteroient avec plaiſir à cauſe du ſuccès qu'ils y auroient, en-ſorte qu'ils paroîtroient tout autres qu'ils ne paroiſſent préſentement , parce qu'ils man-quent de ſecours proportionnés à leur be-ſoin ; car on peut juger des élémens du latin

On voit fenfiblement par-là combien plus il importe d'éclaircir ces points intéreffans qui regardent l'enfeignement de la jeuneffe, que les queftions auxquelles plufieurs Sçavans ont coutume de s'appliquer avec le plus grand travail dans les fciences fpéculatives. Il me femble donc qu'il n'y a point de pere de famille qui ait des enfans à élever & à faire inftruire des élémens des fciences qui leur conviennent, qui ne doive prendre un vif intérêt à l'établiffement & à la pratique des moyens qui auront des effets fi avantageux : je ne crois pas qu'on en ait propofé d'autres, au moins depuis très-longtems, qui le foient autant pour la jeuneffe que ceux qui font raffemblés dans ce mémoire ; &, ce qui mérite encore d'être confidéré, c'eft qu'ils n'ont rien de fort difficile dans l'exécution, au moins pour la plûpart : il y en a même plufieurs qui peuvent s'exécuter par des particuliers, tels que les Commentaires dont nous parlerons à l'article VII pour les Auteurs des baffes-claffes, qui feront non-feulement utiles ; mais que l'on peut dire néceffaires. Au refte, il feroit bien mieux que tout fe fît par la direction & l'ordre de l'Univerfité de Paris à qui appartient de droit tout ce qui peut contribuer à l'inftruction & à l'éducation de la jeuneffe : c'eft un privilége qui lui eft trop glorieux pour qu'elle fouffre que d'autres le lui enlevent.

Outre les moyens particuliers répandus dans le cours du Mémoire pour perfectionner les études, nous en propofons trois autres généraux dont les premiers feroient des fuites qui en découleroient bien-tôt : leur utilité & même leur néceffité font mifes dans un tel point d'évidence, fur-tout dans la Conclufion qui eft après les Additions, (pag. 228 & fuiv.) que nous croyons que tous les bons Citoyens, fenfés & intelligens en feront frappés, nous ofons même efpérer qu'on les mettra à exécution tôt ou tard : les avantages ineftimables que la France en retireroit par rapport à l'éducation de la jeuneffe, l'intérêt particulier qu'y doit prendre la Ville de Paris à caufe des enfans d'un très-grand nombre de fes Citoyens qui font trop éloignés des Colléges actuellement fubfiftans pour les y envoyer, la gloire de l'Univerfité qui auroit la fatisfaction de voir qu'elle s'étendroit, pour ainfi dire, par tout le Royaume, en y formant la jeuneffe à la vertu & aux fciences par l'organe des Maîtres qui auroient été formés eux-mêmes dans fon fein, enfin l'accroiffement confidérable de fes revenus qu'elle a reçu depuis peu d'années de la bonté du Roi, ces quatre confidérations femblent être des motifs très-bien fondés de notre efpérance : nous fommes même perfuadés qu'elle ne pourra être fruftrée de fon objet, fi on veut bien confidérer de quelle importance il eft de faire les établiffemens & les réglemens dont il s'agit qui perfectionneroient tellement l'éducation publique, qu'ils la porteroient au plus haut dégré que l'on puiffe raifonnablement efpérer. Cela eft fi important, qu'il femble qu'il n'y ait rien de plus grand dans les entreprifes des hommes à l'égard de l'ordre civil & moral, puifque ces objets ou moyens étant tels que nous les repréfentons, 1°. ils mettront la plûpart de ceux qui acheveront le cours de leurs études, en état de remplir leurs fonctions d'une maniere fupérieure dans les différentes places qu'ils occuperont ; 2°. ils renfermeront, pour ainfi dire,

le germe de la perfection des arts & des sciences de toutes especes ; la pénétration, la justesse & les lumieres acquises par un très-grand
nombre de jeunes gens qui feront leurs études
avec un succès qui répondra aux secours qu'ils
auront, ne pouvant manquer de faire éclore
quantité de nouvelles vues par rapport aux
arts & aux sciences pour en faire des applications utiles, & pour découvrir des vérités inconnues : telle est l'importance de ces objets
quant à l'esprit. 3°. Mais si on envisage l'éducation par rapport au cœur, l'avantage qui en
reviendra sera encore plus grand sans comparaison, car les qualités de l'esprit qui regardent les arts & les sciences ne suffisent pas
pour rendre l'homme heureux ; on ne peut
attendre ce bonheur, autant qu'il en est capable, que des inclinations louables du cœur ;
& ce sont ces inclinations que l'on travaille à
former par une bonne éducation : ainsi perfectionner l'éducation de la jeunesse, c'est contribuer à la perfection des arts & des sciences
en tout genre, & ce qui est beaucoup plus intéressant, c'est contribuer spécialement au bonheur de la société. Disons-le donc sans hésiter,
puisqu'on peut le dire avec fondement : les trois
moyens proposés seroient la source de tout
bien.

Mais ne séparons point ces grands motifs
d'un autre qui doit intéresser tous les François,
c'est qu'il n'y a peut-être point d'autre établissement qui puisse autant contribuer que ceux
dont il s'agit à rendre le regne de notre Roi
à jamais mémorable & cher à la postérité ; ils
attireroient les bénédictions des principaux sujets de son Royaume sur sa personne sacrée,
& aussi sur ceux qui sous son autorité favori-

feroient ces établissemens, & s'employeroient selon leur pouvoir à en faire jouir la France. Mais quoique ces motifs d'espérance soient puissans en eux-mêmes, il faut, afin qu'ils ayent leur activité, qu'ils soient bien connus : or pour cet effet il seroit à souhaiter que le Gouvernement voulût bien les faire examiner par des personnes affectionnées aux avantages de la société : il n'est pas nécessaire pour en porter un jugement éclairé d'avoir beaucoup de science, & d'érudition ; il suffit d'avoir fait avec succès le cours ordinaire des études de Collége, ou d'y avoir suppléé dans la suite, si on les avoit un peu négligés dans le tems, pourvu que d'ailleurs on fût exempt de prévention & d'engagement pour défendre la pratique actuelle. Ce moyen paroît si aisé & si naturel, & d'ailleurs la chose est de si grande importance pour l'éducation de la jeunesse, & par conséquent pour l'avantage du Royaume, qu'il y a lieu d'espérer que l'on voudra bien en faire usage. Cela seroit d'autant plus nécessaire que ceux qui sont habitués depuis long-tems à suivre une opinion autorisée par le commun des Sçavans ou une méthode pratiquée par la plûpart des Maîtres dans l'Art, ont beaucoup de peine à en adopter une autre & à se persuader qu'elle est préférable à la premiere, surtout si celle-ci est appuyée du suffrage & de l'exemple de la plûpart des anciens depuis des siécles entiers. Il semble que les talens & les lumieres, même supérieures, soient alors privées de leur effet naturel, qui est de reconnoître la vérité, & de lui rendre hommage. C'est ce qui arrive presque toujours lorsqu'on attaque des opinions reçues communément.

Nous finirons par une considération qui mé-

rite d'être péfée par ceux qui eftiment les Sciences & les Arts. Il femble que tous ceux qui
s'intéreffent à l'honneur des études & des Belles-Lettres, doivent auffi s'intéreffer à l'exécution de ce qui eft propofé dans ce Mémoire.
On fçait qu'il a été attaqué publiquement, cet
honneur, il y a près de vingt ans par un Auteur devenu fort fameux, & que fon Ouvrage
intitulé, *Difcours fur le Rétabliffement des Siences & des Arts*, fut couronné par une Académie qui avoit propofé cette queftion à réfoudre pour fujet d'un prix, fçavoir *fi le Rétabliffement des Sciences & des Arts a contribué à épu-
rer les mœurs.* L'Auteur du Difcours prétend
prouver le contraire. Plufieurs Sçavans fcanda-
lifés de cette affertion hardie & téméraire, y
ont oppofé des critiques, auxquelles cet Auteur a répliqué, comme il arrive ordinairement : mais nous croyons que le meilleur moyen
pour détruire ce fcandale contre l'honneur des
Sciences, feroit de prendre des mefures pour
empêcher que l'on enfeignât aux jeunes gens
des chofes qui leur font communément très-
peu utiles, & pour fupprimer l'abus que l'on
en fait, (des Sciences :) car c'eft cet abus qui
eft la caufe de ce que l'on a femblé rejetter
l'opprobre qu'il mérite fur les Sciences mêmes.
Or rien ne pourroit contribuer davantage à cette
fin que l'exécution de ce qui eft propofé dans notre Mémoire, où il s'agit, non pas de differtation
& de difcours, qui n'apportent guères de changement aux mœurs pour les rendre meilleures,
mais d'établiffemens, de réglemens, d'exercices & de traités à l'ufage des jeunes étudians;
le tout proportionné à leur befoin, tant pour
former leur cœur que pour éclairer leur efprit.
Ce font-là les véritables moyens d'empêcher

l'enseignement des choses inutiles & les abus des Sciences & des Arts, puisqu'ils tendent (ces moyens) à n'enseigner aux jeunes gens que les connoissances dont ils ont besoin, & à détruire ou à prévenir la corruption du cœur, & à leur rendre l'esprit juste : or ces abus viennent de cette corruption & du défaut de justesse dans l'esprit. Si ce que nous avançons ici est bien fondé, il semble qu'on ne puisse se dispenser d'employer les moyens dont il s'agit : on doit donc s'en assurer. Or pour cela, il faudroit, comme nous l'avons dit, les faire examiner par quelques personnes sensées qui n'auroient d'autre vue dans cet examen que celle d'être utiles à la jeunesse.

Si cet examen avoit lieu ; je ne crois pas qu'il y eût à douter que le jugement que porteroient les Arbitres sur les moyens proposés, ne fût favorable à ces moyens ; & comme il n'auroit été ordonné que pour agir en conséquence, on auroit tout lieu d'espérer qu'ils seroient mis à exécution, d'autant qu'ils pourroient l'être sans causer de nouvelles dépenses à l'Etat. Je le souhaite pour l'avantage de la jeunesse ; je le souhaite pour la satisfaction des peres & meres, dont l'intérêt est étroitement uni à celui de leurs enfans ; je le souhaite pour le bonheur de la France, puisque rien ne contribue tant à celui d'une nation que la bonne éducation de la jeunesse ; je le souhaite enfin pour la prospérité du regne de notre Roi ; car un des principaux moyens d'attirer les bénédictions du Ciel sur la personne d'un Souverain, c'est l'attention qu'il a pour procurer une bonne éducation à la jeunesse élevée dans son Empire ; aussi lit-on dans l'Histoire que Charlemagne s'en occupoit particulierement.

APPROBATION de M. l'Abbé Foucher, de l'Académie des Inscriptions & Belles-Lettres.

J'Ai lu, par ordre de Monseigneur le Chancelier, un *Mémoire sur les Moyens de perfectionner les Etudes publiques & particulieres, &c.* Cet Ouvrage m'a paru renfermer des vues très-solides; & les Additions que l'Auteur y a jointes pour une nouvelle édition, ne peuvent qu'en augmenter l'utilité, A Paris, ce 10 Avril 1769.

Signé, FOUCHER.

PERMISSION DU ROI.

LOUIS, par la grace de Dieu, Roi de France & de Navare, à nos amés & féaux Conseillers, les Gens tenant nos Cours de Parlement, Maîtres des Requêtes, &c. Salut: Notre amée la veuve MÉQUIGNON, Libraire à Paris, Nous a fait exposer qu'elle desireroit faire imprimer & donner au Public un *Mémoire sur les Moyens de perfectionner les Etudes publiques & particulieres*: s'il Nous plaisoit lui accorder nos Lettres de Permission pour ce nécessaires. A CES CAUSES, voulant favorablement traiter l'Exposante, Nous lui avons permis & permettons par ces Présentes, de faire imprimer ledit Ouvrage autant de fois que bon lui semblera, & de le vendre, faire vendre & débiter par tout notre Royaume, pendant le tems de trois années consécutives, à compter du jour de la date des Présentes. Faisons défenses à tous Imprimeurs, Libraires, & autres personnes de quelque qualité & condition qu'elles soient, d'en introduire d'impression étrangere dans aucun lieu de notre obéissance: A la charge que ces Présentes seront enregistrées tout au long sur le registre de la Communauté des Imprimeurs & Libraires

de Paris, dans trois mois de la date d'icelles ;
que l'impreſſion dudit Ouvrage ſera faite dans
notre Royaume & non ailleurs, en bon papier &
beaux caracteres, que l'Impétrante ſe conformera
en tout aux Réglemens de la Librairie, & notam-
ment à celui du 10 Avril 1725, à peine de dé-
chéance de la préſente Permiſſion ; qu'avant de
l'expoſer en vente, le Manuſcrit qui aura ſervi
de copie à l'impreſſion dudit Ouvrage, ſera remis
dans le même état où l'approbation y aura été
donnée, ès mains de notre très-cher & féal Che-
valier Chancelier Garde des Sceaux de France, le
Sieur de Maupeou, & qu'il en ſera enſuite remis
deux exemplaires dans notre Bibliotheque publique, un dans celle de notre Château du Louvre,
& un dans celle dudit Sieur de Maupeou, le tout
à peine de nullité des Préſentes : du contenu
deſquelles vous mandons & enjoignons de faire
jouir ladite Expoſante & ſes ayant-cauſes, pleinement & paiſiblement, ſans ſouffrir qu'il leur
ſoit fait aucun trouble ou empêchement. Vou-
lons qu'à la copie des Préſentes, qui ſera imprimée tout au long au commencement ou à la
fin dudit Ouvrage, foi ſoit ajoutée comme à l'o-
riginal. Commandons au premier notre Huiſſier
ou Sergent ſur ce requis, de faire pour l'exécution d'icelles tous actes requis & néceſſaires,
ſans demander autre permiſſion, & nonobſtant
clameur de haro, charte Normande & Lettres à
ce contraires : Car tel est notre plaisir.
Donné à Paris, le Mercredi dixieme jour du
mois de Mai, l'an de grace mil ſept cent ſoi-
xante-neuf, & de notre regne le cinquante-qua-
trieme. Par le Roi en ſon Conſeil.

Signé, Lebeoue.

*Régiſtré ſur le Régiſtre XVII de la Chambre Royale &
Syndicale des Libraires & Imprimeurs de Paris, N°. 636,
fol. 690, conformément au Réglement de 1723. A Paris, ce
9 Juin 1769.* Signé, BRIASSON, *Syndic.*

MEMOIRE

Sur les Moyens de perfectionner les Etudes publiques & particulieres.

ILy a long-temps que l'on ne s'est trouvé dans des circonstances plus favorables qu'à présent pour proposer des vues touchant la perfection des Etudes. (C'est ce que nous disions vers la fin de l'année 1762.) Les Parlemens sont fort occupés de cet important objet : celui de Paris a manifesté ses intentions à ce sujet par un Arrêt du 3 Septembre de cette année 1762 ; & si ce projet réussit au gré des personnes éclairées qui ont à cœur l'éducation de la Jeunesse, ce sera un des plus grands bonheurs qui puisse arriver à la France, rien n'étant plus important que l'éducation de la Jeunesse. Cet événement ne pourra manquer de contribuer beaucoup à la gloire du Regne de Louis XV. L'importance de l'objet qu'on se propose nous a déterminé à mettre par écrit plusieurs réflexions qui nous paroissent de quelque utilité à ce sujet. Au reste nous laissons à ceux à qui il appartient, d'entrer dans le détail de ce qu'il est plus à-propos de faire dans chaque Classe, & de déterminer quels sont les Auteurs que

A

l'on doit voir dans chacune, quels font les exercices qui doivent fe fuccéder les uns aux autres. Nous ne nous propofons prefque que certaines vûes générales que la droite raifon indique, & dont la plûpart font connues au moins implicitement, pour ainfi dire, par plufieurs de ceux qui fe donneront la peine de les lire; car nous ne prétendons pas dire ici des chofes fort relevées : ce font au contraire, pour la plûpart, des obfervations fort fimples, & fi naturelles qu'elles ne devroient pas être expofées à la contradiction. Il y a quelques-unes des vues que nous donnons ici, que nous avons expofées dans d'autres Mémoires : nous les plaçons encore dans celui-ci avec les autres, afin de les réunir toutes enfemble.

ARTICLE I. (*a*) Ce n'eft pas fans quelque peine que nous prenons le parti d'expofer ces vues, à caufe de la diverfité des opinions & des jugemens des hommes, qui eft telle que quelque chofe que l'on propofe fur ces matieres, on eft toujours affuré de fe voir contredit & blâmé par plufieurs. Les uns voudroient qu'on retînt tous les ufages qui fubfiftent, & pour les autorifer, ils ne manquent pas de dire que l'on a formé jufqu'à préfent une infinité d'habiles gens en fuivant ces ufages : d'autres prétendent qu'il faut tout changer, abolir tout ce qui s'eft pratiqué jufqu'à préfent, & faire un fyftême d'éducation entiérement nouveau : il faudroit, felon eux, imiter les Architectes, qui détruifent un ancien édifice jufqu'aux fondemens pour en élever un tout neuf, qui n'ait de

---

(*a*) Les chiffres Romains indiquent les Articles, dont quelques-uns feront partagés en plufieurs parties marquées par des chiffres ordinaires.

commun avec l'ancien tout-au-plus que la place qu'il occupoit. il nous paroit que l'une & l'autre maniere de penſer eſt inſoutenable, & qu'il y a un milieu à prendre ; c'eſt en changeant ce qui peut être défectueux dans la méthode que l'on a pratiquée communément juſqu'à préſent, & en retenant ce qu'elle a de bon, qui en eſt proprement le fond & l'eſſentiel, au lieu que le défectueux qui s'y trouve, n'en eſt que l'acceſſoire ; c'eſt ce qu'il eſt à propos d'expliquer par quelques exemples. Cette ancienne métho-de, qui eſt encore en vigueur, preſcrit de don-ner des thêmes pour apprendre le Latin ; voilà le fond ſur cet article. Elle veut auſſi qu'on en donne dès les commencemens, après que les Enfans ont appris les Déclinaiſons, les Conju-gaiſons, & quelques régles de Syntaxe, & cela ſans prendre certaines précautions dont nous parlerons dans la ſuite ; voilà ce qu'on peut ap-peller l'*acceſſoire*. De même, conformément à cette méthode, on fait aux Commençans la conſtruction des Auteurs Latins qu'on leur met entre les mains ; voilà le fond : mais on ne leur fait cette conſtruction que de vive voix : ne vau-droit-il pas mieux la leur donner toute impri-mée ? voilà l'acceſſoire. Pareillement, on leur fait apprendre des régles de Syntaxe ; cela ap-partient au fond ; mais de quelle maniere ces régles devroient-elles être préſentées & diſtri-buées aux différentes claſſes ? voilà l'acceſſoire. Or, que le fond & l'eſſentiel de l'ancienne mé-thode ſoient bons, c'eſt je crois ce que l'on ne peut combattre par des raiſons ſolides : car outre qu'on l'apperçoit facilement lorſqu'on eſt un peu au fait de cette matiere, on peut auſſi s'en aſſûrer par le jugement qu'en ont porté une in-

finité d'esprits excellens qui ont suivi & ap-
prouvé cette méthode dans ce qu'elle a d'essentiel. Nous reviendrons à ce point quand nous
aurons répondu aux premiers qui souffrent im-
patiemment qu'on propose des changemens,
quels qu'ils soient, sous prétexte qu'on est parvenu à former des hommes illustres par leur
science en suivant la Méthode actuelle. Nous
ne disconvenons pas du fait; mais on n'en peut
rien conclure en faveur de cette Méthode, soit
parce qu'il y a toujours des esprits ou pénétrans,
ou très-appliqués, qui ne laissent pas de faire
des progrès, malgré les défauts de la Méthode
dont on se sert à leur égard, soit parce qu'il y a
des Etudians qui ont des secours particuliers
qui suppléent à ce qui manque à la Méthode.
On peut apporter ici plusieurs comparaisons
qui feront sentir la solidité de cette réponse.
Une infinité de personnes ont appris à lire par
l'ancienne routine : en est-elle moins contraire
au bon sens & au progrès des Enfans ? De même, avant qu'on eût fait en France les nouvelles chaussées que l'on construit depuis plusieurs
années, on ne laissoit pas de faire des voyages,
& on arrivoit au terme que l'on se proposoit.
S'ensuit-il de-là qu'il falloit garder les anciens
chemins presqu'impraticables en certains temps,
& rejetter avec dédain le dessein d'en faire de
nouveaux beaucoup plus commodes, tels que
ceux qu'on a pratiqués depuis environ quarante
ans ? On devroit bien plutôt rejetter sur cette
Méthode le peu de succès du plus grand nombre de ceux qui ont tenté d'apprendre le Latin,
& qui n'y ont pas réussi. C'est en parlant d'eux
qu'on pourroit dire qu'il y en a une *infinité* ; car
pour deux ou trois qui font quelque progrès

dans leurs études, il y en a au moins dix qui n'en font que de très-legers, & quelquefois aucun.

Mais pourquoi s'arrêter à prouver qu'il y a des changemens à faire dans l'ancienne Méthode d'enseigner? C'est une vérité que l'on peut supposer présentement comme constante, à laquelle tous ceux qui parlent au Public sur cette matiere, rendent témoignage (1) : c'est un cri général qui s'éleve de toutes parts, de toutes les Provinces; ce sont des Particuliers, ce sont des Magistrats, ce sont des Corps, ce sont des Parlemens qui le publient à haute voix, ou qui le supposent ouvertement. S'il n'y a rien à changer dans la Méthode actuelle d'enseigner, à quoi aboutit donc l'Arrêt du Parlement de Paris du 3 Septembre 1762 ? Ainsi il est de notoriété publique qu'il y a quelque chose de vicieux dans cette Méthode, & qu'il y a, par conséquent, des changemens à y faire.

I I. Il est donc constant que la raison marquée ci-dessus, qu'on apporte pour autoriser quelques usages pratiqués depuis long-temps, ne prouve pas qu'on ne puisse, & même qu'on ne doive substituer à leur place des moyens beaucoup plus prompts & plus efficaces pour produire l'effet qu'on se propose, quand cela est possible; & ce seroit se montrer peu judi-

_____

(1) On peut citer pour exemple, la coûtume de donner des Thêmes dans les commencemens : celle de se servir de différentes méthodes pour le Latin, n'est pas moins décriée parmi ceux qui voyent les choses de près. Il y a déja long tems que l'on s'est élevé contre celle de dicter des Cahiers en Philosophie, & ce n'est plus un problême parmi ceux qui ne sont pas entraînés par la force de l'habitude.

A iij

cieux, & manquer de difcernement, que de ne
pas fentir combien certains ufages font peu
convenables au but qu'on fe propofe, lorfqu'on
en a démontré les défauts palpables, fur-tout
fi l'on a expofé des moyens beaucoup plus
propres pour parvenir à la fin qu'on a en vue.
Nous tâcherons de n'en propofer que de cette
forte ; mais ce fera toujours en bâtiffant fur les
anciens fondemens, qu'il faut conferver avec
foin parce qu'ils font bons & folides. Nous en
allons donner un exemple que nous choififfons,
parce qu'il pourroit fouffrir quelque difficulté.
Dans les Univerfités & les Colleges, on a toujours enfeigné le Latin aux Enfans avant de
leur apprendre les autres Sciences : or cet ordre eft très conforme à la nature & à la raifon,
parce qu'il eft beaucoup plus du goût des Enfans, & qu'il eft bien plus facile pour eux, fur-
tout fi on commence par leur apprendre les premiers Elémens de la Grammaire Françoife : ils
fe plaifent naturellement à répéter une fuite de
mots qui ont quelque rapport entr'eux, & c'eft
ce qui fe rencontre dans les Déclinaifons des
Noms & les Conjugaifons des Verbes. Ainfi
c'eft pour eux une efpece de jeu de les apprendre, fur-tout quand un Maître fçait mettre à
profit cette difpofition qui leur eft comme
naturelle. Si au contraire on tentoit de leur
apprendre quelque Science qui fuppofât une
attention réfléchie, comme la Géométrie ou
le Droit, ils n'y trouveroient que du dégoût. L'Hiftoire Naturelle, ou l'Hiftoire Civile, n'auroit point non plus d'attraits pour eux
(je parle du commun des Enfans.) Pour prendre goût à ces Sciences, il faut avoir l'efprit
déja un peu formé : ils regarderont avec plaifir

un jeune Chat faire ſes petits tours, mais ſi on veut leur ſuggérer quelques réflexions touchant ſes mouvemens & ſes opérations, on n'attirera pas leur attention. Il viendra un temps où ils ſaiſiront ces réflexions avec avidité, & où ils écouteront l'Hiſtoire & la liront plus volontiers que tous les autres Livres. C'eſt donc par le Latin qu'il faut commencer, après leur avoir appris les notions des parties du Diſcours ſur le François

III. Si l'on remettoit à leur apprendre les Elémens de la Langue Latine après qu'ils ont l'eſprit un peu formé, & ſur-tout après avoir pris du goût pour quelques Sciences, on auroit mille peines à obtenir d'eux l'application néceſſaire pour cette étude, dont ils ſeroient détournés par les Sciences mêmes qu'ils auroient commencé à goûter. On ne pourroit les y engager que par la force & la crainte des châtimens. Il eſt vrai qu'en leur enſeignant les commencemens du Latin, on pourroit leur apprendre de temps en temps certaines connoiſſances élémentaires de pluſieurs Sciences; par exemple, de la Géographie, en leur montrant ſur une Carte les poſitions des Villes, les ſituations des Provinces & des Royaumes : on pourroit auſſi leur parler de quelques points détachés de l'Hiſtoire Civile & de l'Hiſtoire Naturelle, leur montrer dans le particulier quelques morceaux de celle-ci, ſoit végétaux, ſoit minéraux ou animaux, & même leur dire, quand l'occaſion ſe préſente, ce que c'eſt qu'un Cercle, un Diamétre, un Rayon, des Lignes perpendiculaires, obliques, paralleles, pourvu qu'on leur en fît voir des figures : on pourroit auſſi leur apprendre les propriétés de ces Lignes, que l'on peut

A iv

appercevoir fans démonftration : mais on ne
réuffiroit pas, fi dans une Ecole publique on
tentoit de faire apprendre à une troupe d'Enfans les raifonnemens les plus ordinaires de cès
Sciences , & le rapport de leurs parties ; &
quand on auroit eu certains fuccès à l'égard de
quelques Enfans dans des éducations particulieres , on n'en pourroit rien conclure pour l'é-
ducation publique ; ces fuccès pouvant venir ,
ou des heureufes difpofitions des Enfans , ou
des talens peu communs des Maîtres , ou des
moyens particuliers qu'on met en ufage. Après
tout , fi on a eu quelque fuccès , on auroit peut-
être encore mieux réuffi fi l'on avoit fuivi la
méthode des Ecoles quant à l'ordre dont il
s'agit.

Après ces préliminaires , qui nous ont paru
néceffaires pour combattre les excès de part &
d'autre au fujet de la Méthode des études ufitée
dans les Ecoles , nous allons propofer quelques
vues qui tendent à la perfectionner , & qui fans
détruire le fond de la Méthode en changeront
tellement l'acceffoire & en quelque forte la maniere , que l'utilité qui en reviendra à la Jeuneffe , fera fans comparaifon plus grande que celle
qu'elle en retire aujourd'hui , au moins pour le
plus grand nombre ; telle en un mot qu'elle a
été repréfentée dans la Préface. Nous efpérons
donc que les perfonnes fenfées & impartiales
applaudiront à ces changemens , & qu'ils ne
pourront être défaprouvés que par ceux qui fe
laifferont entraîner par le torrent de la coutume
& des préjugés , enracinés par un long & ancien ufage : c'eft cette utilité que la Jeuneffe re-
tirera des changemens & des vues que nous
expofons , qui nous détermine à les donner.

I V. Nous obſerverons d'abord qu'il ſeroit à ſouhaiter qu'on cherchât & qu'on s'appliquât à avancer & à augmenter l'ouverture d'eſprit dans les Enfans, afin qu'ils fuſſent en état de concevoir plus aiſément ce qu'on voudroit leur apprendre. Or rien, à ce que je crois, ne ſeroit plus propre à produire ce bon effet que de leur apprendre à compter, autant qu'il conviendroit à leur âge, de leur enſeigner à faire certaines petites opérations d'Arithmétique ſans ſe ſervir de la plume, & de leur faire quelques queſtions qui ſeroient à leur portée, ſur-tout celles qui ſuppoſent quelques légeres combinaiſons pour les réſoudre. Il eſt certain que ces exercices ſeroient très-propres à produire le bon effet qu'on ſe propoſe, à cauſe des petits efforts qu'ils ſeroient obligés de faire pour répondre à ce qu'on leur demanderoit. Souvent il faudroit les conduire comme par la main à la réponſe qu'on exigeroit d'eux : mais les exercices dont il s'agit réuſſiroient mieux dans le particulier que dans une Claſſe nombreuſe. Ainſi c'eſt plutôt l'affaire des Précepteurs & des Parens, que des Profeſſeurs, lorſqu'ils ont un grand nombre d'Ecoliers.

Cependant, il ſeroit à propos que ceux-ci fiſſent auſſi dans leurs Claſſes quelques obſervations, & qu'ils propoſaſſent quelques queſtions ſur cette matiere : un quart-d'heure pour cet exercice pendant la Claſſe ſeroit un temps fort bien employé ; mais afin de fixer l'eſprit des Enfans, il faudroit que les exemples des nombres qu'on choiſiroit fuſſent marqués en grand ſur une planche avec de la craye. On peut voir dans la premiere Addition, à la fin du Mémoire, quelles ſeroient les opérations &

les combinaisons faciles auxquelles il faudroit exercer les Enfans : elle contient la solution de la premiere partie du troisieme Problême.

V. Il faudroit toujours enseigner aux Enfans les Elémens de la Grammaire Françoise, avant de leur faire commencer à apprendre le Latin : c'est ce que nous avons déja insinué. Il leur est beaucoup plus facile de concevoir les différentes parties du Discours, c'est-à-dire, le Nom, le Pronom, le Verbe, &c. en une Langue qu'ils entendent au moins un peu, que dans une autre qui leur est tout-à-fait inconnue ; & lorsqu'ils auront appris les notions de ces parties pour le François, ils en feront aisément l'application au Latin, parce qu'elles sont les mêmes (ces notions) pour l'une & pour l'autre Langue. Outre les notions des parties du Discours, on leur feroit aussi apprendre les Conjugaisons des Verbes. Il seroit fort utile de leur faire rapporter par écrit, quand ils le pourroient avec un peu de succès, quelques Verbes, en les avertissant de prendre pour modeles ceux de la même Conjugaison qui seroient dans l'Abregé de Grammaire Françoise qu'on leur auroit mis entre les mains. On leur feroit remarquer les Modes, les Temps & les Personnes des Verbes, & encore les Terminaisons des Mots des Verbes, eu égard à ces trois choses ; mais ce dernier article ne seroit que pour la suite. Par ce moyen ils acquerroient la connoissance des Temps, des Verbes, & celle de leur Orthographe. L'une & l'autre contribueroient beaucoup dans la suite à leurs progrès, leur feroient distinguer les Temps des Verbes dans les phrâses qu'ils liroient, & leur en faciliteroient beaucoup l'intelligence. Avec ces connoissances préliminaires, les Enfans entendront ce qu'ils étudieront en apprenant le Rudiment, & c'est ce qui est toujours à souhaiter, l'étude étant alors beaucoup moins pénible. Rien de plus rebutant que d'étudier ce qu'on n'entend pas. C'est une vérité à laquelle les Maîtres doivent faire une attention particuliere, afin de ne donner des leçons à apprendre à leurs Eleves, qu'après qu'ils les auront suffisamment expliquées pour leur en procurer l'intelligence.

VI. Il y a un changement à faire par rapport aux Méthodes que l'on met entre les mains des Enfans pour apprendre les Elémens du Latin. Quelquefois on se sert de Méthodes tout-à-fait différentes dans les Classes qui se succédent; ainsi quand un Enfant sort de Septiéme pour entrer en Sixiéme, on lui donnera peut-être une Méthode qui n'a presque rien de commun avec celle qu'il a apprise en Septiéme, au moins quant à la maniere dont les régles sont expliquées; d'où il arrivera qu'un Enfant se trouvera comme dans un pays perdu, & qu'il aura presqu'autant de peine en Sixiéme qu'il en a eu en Septiéme pour apprendre les mêmes régles, parce que la Méthode de Sixiéme les exprime d'une maniere toute différente. Il pourra arriver qu'il rencontre la même difficulté, soit en Cinquiéme, soit en Quatriéme, à cause des Méthodes différentes qu'on lui fera apprendre. Cette diversité de Méthodes retarde les progrès des Enfans : il est même à craindre qu'ils n'en soient rebutés. Il faudroit donc qu'on fît voir la même Méthode dans ces quatre Classes : quand même celle qu'on choisiroit seroit moins bonne que les différentes dont on a coutume de se servir, elle seroit plus avantageuse aux jeunes gens.

A vj

Mais afin de procurer le plus de facilité que l'on pourroit aux Enfans, il faudroit en faire compofer une qui fût divifée en quatre parties, à caufe des quatre Claffes où l'on apprend les Méthodes. La premiere partie qui feroit pour la Septiéme ne devroit renfermer que les régles les plus communes de la Syntaxe, & en petit nombre. La feconde, qui feroit pour la Sixiéme, contiendroit mot à mot les mêmes régles que la premiere partie, avec d'autres régles & quelques obfervations fur les premieres. La troifieme partie renfermeroit auffi tout ce qui feroit dans la feconde, exprimé dans les mêmes termes, avec d'autres régles & de nouvelles obfervations fur les rég es des deux premieres parties. Enfin la quatrieme différeroit de la même maniere de la troifieme. Il faudroit fur-tout que ces régles & ces obfervations fuffent p éfentées avec le plus de clarté qu'il feroit poffible ; en forte que la qualité la plus néceffaire dans celui qui travailleroit à cet ouvrage, feroit de fçavoir fe proportionner au commun des Enfans. Si l'Auteur avoit atteint ce but, ce ne feroit pas un grand inconvénient qu il lui fût échappé quelques fautes, parce qu'il feroit aifé de les corriger ; mais quand bien même un Ouvrage de cette nature feroit très-exact, s'il n'étoit pas clair & méthodique, il faudroit le refondre, ou plutôt en faire un tout nouveau.

VII. N°. 1. Comme le principal, & prefque le feul moyen convenable de commencer à apprendre une Langue morte, eft la traduction des Auteurs, il feroit néceffaire de mettre à la portée des Enfans les Auteurs que l'on doit leur expliquer ; il faudroit donc ôter toutes les difficultés qui font infurmontables pour le commun des Etudians, & ne laiſſer que celles qu'ils peuvent réſoudre.

Cela peut ſe faire aiſément par le moyen d'un Commentaire compoſé dans cette vue pour les premiers Auteurs qu'on feroit expliquer aux Commençans dans les Claſſes de Septiéme & de Sixiéme, & en partie dans celle de Cinquiéme à l'égard de certaines difficultés. Voici les principaux points de ce Commentaire.

1°. Il contiendroit les mêmes mots Latins que l'Auteur ; mais arrangés ſelon la conſtruction du François : ainſi celle du Latin y ſeroit toute faite. (*a*) 2°. Au-deſſous des mots Latins on mettroit les mots François, comme on les trouve dans le Dictionnaire ; par exemple, ſous *duxeris* on mettroit *conduire*, & en cherchant ce mot dans le Dictionnaire François, on trouveroit *duco* ; & s'il y avoit à craindre que le mot Latin ne ſe trouvât pas dans le Dictionnaire François, on indiqueroit dans une note le mot Latin, tel que *duco*, qu'il faudroit chercher dans le Dictionnaire Latin. 3°. On ſuppléroit dans les notes les mots Latins qui ſeroient ſous-entendus ; 4°. on mettroit dans les notes le

(*a*) Il ne ſuffiroit pas d'indiquer la conſtruction en mettant ſur les mots de chaque phraſe des chiffres qui marqueroient la place qu'ils doivent tenir ſelon la conſtruction, quoiqu'on laiſſât ces mots dans l'ordre qu'ils ont dans l'Auteur : cela ne ſuffiroit pas, di-je, pour les Enfans à cauſe de l'embarras que ces chiffres leur cauſeroient pour arranger les mots par la penſée : leur attention ſeroit trop partagée par celle qu'il faudroit donner pour faire cet arrangement, & s'ils vouloient écrire ſur un papier à part les mots arrangés ſelon la conſtruction, ſouvent ils feroient des fautes qui leur cauſeroient bien de la peine, ſoit en écrivant mal les mots, ſoit en les arrangeant mal, quoique l'ordre en fût indiqué.

François des phrâses Latines, dont la tournûre n'a point ou presque point de rapport à celle du François. 5°. On marqueroit aussi quelquefois sous les mots Latins les Temps des Verbes & les Cas des Noms, avec l'indication de certaines régles de la Méthode de Syntaxe.

On apperçoit aisément quelles difficultés ce Commentaire leveroit, & en particulier le second *numero* qui en ôteroit deux qui sont rebutantes & souvent insurmontables pour les Commençans qui n'ont point de Précepteur particulier. L'une des deux est de voir quel mot il faut chercher dans le Dictionnaire Latin : ainsi, par exemple, s'il y a *duxeris* dans l'Auteur, ou la version qu'on leur a donnée, ils ne sçauroient pas que c'est *duco* qu'il faut chercher pour trouver la signification d *duxeris* ; car ils peuvent prendre ce mot pour un Datif ou un Ablatif plurier d'un Nom de la premiere ou de la seconde Déclinaison, ou pour un Nom de la troisieme ; ou s'ils soupçonnent qu c'est un Verbe, ils s'imagineront peut-être que *duxeris* est au Présent de l'Indicatif, & qu'on dit *duxero, duxeris*, comme *lego*, *legis* ; enfin s'ils sont assez heureux pour penser à *duco*, il s'agira de choisir la signification qu'a ce Verbe dans la phrâse de l'Auteur : c est la seconde difficulté qui seroit levée en mettant *conduire* sous *duxeris* : encore auront-ils besoin d'être avertis à quel Temps est ce mot dans l'Auteur, au Futur ou au Prétérit : qui ne perdroit patience à la vue de tant d'embarras pour un seul mot ? L'explication du Professeur en Classe ne suffit pas pour s'en tirer, parce que la plûpart des Enfans sont distraits par la légereté qui leur est naturelle : ceux mêmes qui écoutent assez attentivement, oublient une partie des choses qu'on leur dit, comme il arrive à tous les âges : or, le Commentaire dont il s'agit leveroit sans peine toutes ces difficultés, de même que celles auxquelles ont rapport les autres *numeros*, qui, souvent sont de même insurmontables aux Commençans. Il serviroit donc de Précepteur particulier à tous les Enfans : ce seroit un Maître complaisant qu'ils n'appréhenderoient pas d'interrompre trop souvent. On pourroit le nommer le Précepteur des Commençans : Nous l'appellerons *le Livre Elémentaire* ou e *Manuel* des Commençans, à cause de l'usage perpétuel q 'ils en feroient : ils ne s en serviroient néanmoins que dans leur étude particuliere ; car quand il s'agiroit d'expliquer devant un Maître dans la Chambre, ou en Classe devant le Professeur, ils le feroie t avec l'Auteur ; & même après avoir traduit une leçon dans leur étude avec le Commentaire, ils verroient s'ils entendroient la même leçon dans l'Auteur où il y a des inversions.

N°. 2. Les Enfans apprendroient très-facilement à faire la construction par la différence qu'ils verroient continuellement entre le Commentaire & l'Auteur, & par quelques observations qu'on pourroit leur suggérer Ils s'accoutumeroient insensiblement à l'ordre des mots tel qu'il est dans l'Auteur, soit parce qu'ils y appliqueroient leur traduction aussi-tôt après l'avoir faite sur leur Commentaire, soit parce qu'ils s'en serviroient (de leur Auteur) pour expliquer devant leurs Maîtres tant particuliers que publics, soit enfin parce qu'ils n'apprendroient es leçons de Latin, par cœur, que dans cet Auteur. D'ailleurs, ils ne se serviroient de ces sortes de Commentaires que dans les commencemens à-peu près jufques vers le milieu de la Claffe de Cinquiéme : après ce temps, les Commentaires contiendroient le Latin tel qu'il feroit dans les petits Traités qui ferviroient d'Auteurs comme nous le dirons dans la fuite. Mais il feroit encore à propos qu'on mît, dans ces Commentaires à l'ufage de la Quatriéme & de la fin de la Cinquiéme, le mots François en interlinéaires, comme dans les précédens. Tout confidéré, les Enfans n'auroient peut-être pas la dixieme partie des peines qu'ils éprouvent aujourd'hui fans ce fecours lorfqu'ils n'ont pas de Précepteur à leur côté. De plus, il eft certain qu'ils feroient des progrès plus rapides qu'à préfent dans l'étude de la Langue Latine, à caufe qu'ils ne feroient plus arrêtés comme ils le font à tout moment, & que leur attention ne feroit pas partagée par la multitude des difficultés : il ne leur refteroit que le travail néceffaire pour les exercer & pour foutenir leur attention, fçavoir la traduction du Commentaire ; mais ce travail ne feroit pas laborieux à caufe que les difficultés qui auroient pû les embarraffer auroient été levées. Ajoutez, qu'il y en a toujours un certain nombre qui font rebutés par la peine & les difficultés qu'ils éprouvent, & ne parviennent jamais à une connoiffance même médiocre du Latin : ce qui feroit un cas prefque Métaphyfique s'ils avoient le fecours du Commentaire dont il s'agit : car tout enfant qui peut apprendre le François, ou même le Jargon de fon Pays, peut auffi apprendre le Latin s'il a les fecours néceffaires : il n'eft pas plus difficile, quant aux Elémens, que les Langues vulgaires

Il eft affez étonnant qu'un Livre fi commode

& fi néceffaire ne foit pas entre les mains de tous les Commençans ; c'eft je crois le fecours le plus utile qu'on puiffe leur procurer ; & en même-temps un foulagement très-grand pour les Maîtres, qui, par ce moyen auroient bien des peines de moins, fur-tout en Sixiéme & en Cinquiéme, parce que dans ces Claffes les Ecoliers font plus en état de travailler feuls que ceux de Septiéme.

N°. 3 Ce qu'il y a encore de commode par rapport à ce Manuel des Commençans, c'eft qu'un Profeffeur qui fouhaiteroit que fes Ecoliers en fiffent ufage, pourroit par lui-même en compofer un fur l'Auteur qu'il a deffein de faire voir en fa Claffe, & le faire imprimer ; & même un Maître de Penfion qui voudroit voir un progrès fenfible dans fes Ecoliers des baffes-Claffes, pourroit auffi le faire fur un ou plufieurs Auteurs qu'on expliqueroit dans ces Claffes.

Les jeunes perfonnes du Sexe qui voudroient apprendre les Elémens du Latin pour avoir la confolation d'entendre les Prieres de l'Eglife, en les chantant dans les Offices publics, & les jeunes Meres de famille qui voudroient être en état de les enfeigner à leurs enfans afin de les retenir auprès d'elles dans leur bas âge, pourront aifément en venir à bout avec le fecours du Commentaire, fi elles ont un peu de bonne volonté & de courage : Il feroit à propos qu'on montrât ces Elémens aux jeunes Demoifelles auxquelles on veut donner une éducation qui convient dans les familles un peu diftinguées. Si elles y mettoient environ trois heures par jour, partie avant, & partie après-midi, à plufieurs reprifes, ce feroit une affaire de quinze à dix-huit mois plus ou moins, suivant la facilité & l'application des personnes. Voilà une solution bien satisfaisante du premier Problême de la Préface quant à l'explication des Auteurs & aux versions.

N°. 4. Je crois devoir encore insister sur la nécessité qu'il y a de mettre entre les mains des Enfans qui commencent, des livres qui soient à leur portée, & qui levent toutes les difficultés qui les arrêtent ou même les rebutent : rien n'est d'une plus grande conséquence pour la suite. Le défaut de ces secours, qui soient assez proportionnés aux dispositions des Enfans, est la cause la plus générale du peu de succès qu'ils ont dans leurs études ; d'où il arrive qu'ils se rebutent enfin, parce qu'ils n'entendent rien dans les livres qu'on leur fait étudier. Ils conçoivent un dégoût & une opposition invincible pour l'étude, qui a souvent les suites les plus fâcheuses pour eux : ils perdent le temps de leur jeunesse ; ce temps destiné à cultiver l'esprit & le cœur, ils le passent dans l'indolence, parce que n'ayant pas saisi à propos les principes de ce que l'on montre ensuite à leurs Condisciples, ils ne sont pas en état de profiter des leçons qui les supposent : ce qui fait qu'on les regarde, ou comme des esprits trop bornés pour réussir dans les études, ou pour des paresseux qu'il n'est pas possible d'engager au travail. Ainsi on les abandonne à eux-mêmes ; ils sont le mauvais exemple & le rebut des Classes, tandis qu'ils sont au Collége, & ils demeurent toute leur vie sans éducation : au lieu d'être utiles à l'Etat, ils lui deviennent à charge ; & souvent ils sont insupportables à leur famille & à eux-mêmes ; situation déplorable qu'il faudroit prévenir par toutes sortes de moyens.

Nᵒ. 5. On regarde ces Enfans comme trop bornés pour réuffir dans les études ; mais je crois que, quoique ce ne foient pas des efprits brillans ni pénétrans, ils auroient pu, au moins pour la plûpart, faire leurs études avec fuccès, s'ils avoient eu les fecours qui leur étoient néceffaires, dont peut-être le principal qui leur a manqué, font des Livres élémentaires bien clairs & bien méthodiques : ils n'ont rien compris dans ceux qu'on leur a donnés, & en conféquence ils fe font rebutés ; cela eft fort naturel : il feroit bien étonnant qu'ils s'y fuffent appliqués avec quelque perfévérance.

Mais fur quoi fondé, dira-t-on? Croyez-vous que ces jeunes gens qui n'ont pas appris leurs principes comme plufieurs autres, ont cependant les difpofitions néceffaires pour réuffir dans l'étude?… Je me fonde fur les indices qu'ils en donnent d'ailleurs. Et d'abord, ces Enfans ont appris à lire, & le plus fouvent par la Méthode ancienne, qui malheureufement eft encore la plus ordinaire. Or je foutiens qu'il eft moins difficile à quelqu'un qui fçait lire, d'apprendre les commencemens du Latin avec les fecours que l'on peut leur donner, qu'il ne l'eft d'apprendre à lire par cette méthode : j'efpere que ceux qui compāreront les difficultés qui fe rencontrent dé pàrt & d'autre, en jugeront comme moi. De plus, ces Enfans quand ils ont environ neuf ou dix ans, fçavent un peu parler François, comme les autres ; ils connoiffent la fignification des Temps artificiels des Verbes, outre celle des trois Temps naturels ; ce qui fuppofe quelque ouverture d'efprit (1) ; ils com-

(1) Il eft affez furprenant que des Enfans entendent

prennent le sens de quantité de Propositions
métaphoriques, qui supposent assurément autant d'intelligence qu'il en faut pour apprendre
le Latin, qui n'est pas plus difficile que le François. Ajoutez que souvent ces jeunes gens montrent une industrie particuliere pour certaines
choses, qui suppose plus d'ouverture d'esprit
qu'il n'en faut pour apprendre du Latin, autant
qu'on en apprend dans les Classes de Grammaire.

Au reste on ne doit pas être détourné d'enseigner les commencemens du Latin aux enfans
sous prétexte que la Syntaxe renferme des difficultés qui sont au-dessus de leur portée; car il
ne s'agit pas ici d'une Syntaxe raisonnée & métaphysique, mais simplement de la Syntaxe
qu'on peut appeller de fait, qui consiste à sçavoir les régles sans en pénétrer les raisons : &
c'est ce que des enfans d'environ huit ans peuvent apprendre aisément, sur-tout les plus générales : c'est de cette maniere qu'ils apprennent
par l'usage les régles générales de la Grammaire
Françoise.

Je conclus de ce que je viens de dire, que de
tous ces enfans que l'on regarde assez souvent
comme incapables d'apprendre le Latin, il y en
a réellement très-peu qui ne pussent y réussir,
s'ils avoient tous les secours nécessaires ; & je
ne doute pas qu'il n'y en ait plusieurs entr'eux
qui auroient un grand succès dans leurs études,
s'ils étoient une fois en train. Quant à leur pa-

les Temps artificiels ou réfléchis des Verbes, comme
je lisois, j'avois lû, je lirois, je lusse, j'eusse lû, &c. qui
expriment des idées compliquées qui sont plus difficiles à
saisir pour eux, qu'il ne leur est d'apprendre les régles
communes de la Syntaxe.

reffe , il y a grande apparence qu'elle eft en bonne
partie accidentelle; c'eft-à-dire , qu'elle vient
principalement , je dis dans un grand nombre,
de ce qu'ils n'entendent rien à ce qu'il faudroit
étudier , faute d'en fçavoir les principes. Ils ont
apparemment négligé l'étude dans les commen-
çemens , mais c'eft une faute fort pardonnable à
la légereté de leur âge

    V I I I, Outre les Livres dont nous avons par-
lé , Méthodes ou Commentaires , il faudroit
encore compofer des Traités pour tenir lieu des
Auteurs que l'on fait voir dans les baffes-Claffes,
qui auroient pour matiere ce qui eft néceffaire
ou convenable aux enfans; car ceux qui apprennent le Latin, fans le fecours d'un Maître
particulier, parviennent fouvent à l'âge de 1 2
à 14 ans, ou plus, dans l'ignorance d'une infinité de chofes dont plufieurs leur font plus néceffaires que le Latin ; & d'autres leur feroient
très-utiles. Afin de les tirér de cette ignorance
honteufe, il faudroit que les Traités, que l'on
feroit expliquer aux enfans, fuffent des Abrégés de l'Hiftoire facrée, de la Doctrine & de la
Morale Chrétienne, de l'Hiftoire de France,
de l'Hiftoire Eccléfiaftique, de l'Hiftoire Naturelle, fur-tout de certains Animaux, de la Géographie & des Cercles de la Sphére qui s'y rapportent, &c. (Nous fuppofons que l'on ne
mette dans tous ces Traités que ce qui feroit à
la portée de ceux pour qui ils feroient deftinés :).
on fent bien que la connoiffance de ces chofes
feroit extrêmement utile aux jeunes gens, &
qu'elle leur conviendroit infiniment mieux ,
que ce qu'ils apprennent dans les Auteurs qu'on
a coutume de leur faire expliquer dans les baffes-Claffes. Il feroit donc à fouhaiter que l'on

compofât des Traités fur ces matieres, qui auroient encore cet avantage que les Commençans les entendroient beaucoup plus aifément
que les Auteurs qu'on leur explique à préfent
dans ces Claffes ; car le Latin des Auteurs modernes, ceux même qui font fort eftimés pour
le ftyle, eft fouvent bien plus aifé à entendre que
celui des Auteurs anciens. Par ce moyen ils auroient plus de goût & d'émulation, parce qu'ils
entendroient leurs Auteurs ; & le Latin qu'ils
y auroient appris, leur ferviroit de préparation
pour expliquer avec moins de peine les anciens
Auteurs qu'on leur feroit voir dans les Claffes
fupérieures. On marquera dans la fuite (Art,
XIX, N°. 2.) plus en détail les Traités qu'il
faudroit compofer à l'ufage des baffes-Claffes.

IX. Par le même motif que nous venons
d'expofer, c'eft-à-dire, pour apprendre aux
jeunes gens ce qui leur convient, il faudroit
auffi compofer des devoirs pour chacune de ces
Claffes, qui feroient fur des matieres de même
genre que les Traités, fans néanmoins répéter
ce qui s'y trouveroit. On chargeroit de ce foin
ceux des Maîtres qui font plus en état d'y bien
réuffir, leur travail rendu public par l'impreffion
deviendroit un bien commun dont on fe ferviroit partout. Par ce moyen on feroit affuré que
les enfans feroient inftruits de la même maniere
dans tous les Colléges, & qu'on leur enfeigneroit ce qui leur feroit le plus utile.

Les enfans n'étant pas pour l'ordinaire en
état de faire le choix des mots propres entre
ceux qu'ils trouvent dans le Dictionnaire, il feroit à propos de placer dans les Thêmes le mot
latin fous le mot françois, en ne mettant néanmoins que le mot tel qu'on le trouve dans le

Dictionnaire, c'eſt-à-dire, la premiere perſonne ſinguliere du préſent de l'indicatif, quand ce ſeroit un Verbe, & le Nominatif ſingulier, ſi c'étoit un Nom. Il ſeroit bon auſſi d'y joindre la citation de la régle de Syntaxe convenable à la phrâſe, quand cela paroîtroit néceſſaire ; cette citation ſe feroit en mettant le *numero* de la régle, car je ſuppoſe que dans la Méthode chaque régle auroit ſon *numero*. Les Ecoliers étant délivrés du ſoin de choiſir les mots, & avertis quelquefois des régles qui devroient les guider, mettroient toute leur attention à obſer-ver ces régles & les autres préceptes de la Grammaire Latine, & réuſſiroient beaucoup mieux qu'ils ne font, quoiqu'en moins de temps & avec moins de peine ; ce qui ne manqueroit pas d'exciter leur émulation, au lieu qu'ils ſont ex-poſés à ſe rebuter ſans ces précautions, ſurtout en cherchant des mots dans leurs Dictionnaires, que ſouvent ils ne trouvent pas, & en voulant choiſir le mot latin propre qui convient à la phrâſe. (1) Nous parlons ici de la Claſſe où l'on commence à donner des Thêmes, que nous ſuppoſons être la Cinquiéme, & des deux ſui-vantes : mais il ſemble qu'il ne faudroit don-ner des Thêmes en Cinquiéme que vers la fin de l'année. Les mêmes ſecours ne ſeroient plus néceſſaires dans les deux autres, la Seconde & la Réthorique.

(1) Cela a été exécuté à Toulon par un Pere de l'Ora-toire, à-peu-près ſelon le plan que nous propoſons. On ſe ſert de ſon Ouvrage à Soiſſons & apparemment encore ailleurs : on a auſſi traduit en François un Ouvrage An-glois dans le même goût, dont l'Auteur eſt Jean Clarke, Principal d'un Collége d'Angleterre. Cette traduction eſt intitulée, *Introduction à la Syntaxe Latine*, à Paris, chez David, au Saint-Eſprit, 1747.

On pourroit donner des Verſions imprimées dans le même goût pour la matiere & auſſi pour la forme , en mettant ſous les mots latins les mots françois ſans liaiſon, c'eſt-à-dire; ſeulement l'infinitif des Verbes , & les noms ſans les articles qui déſignent le cas, je veux dire leurs différens rapports.

Nous ſuppoſons que l'on ne dicte pas ces devoirs corrigés, afin d'éviter les fraudes des Ecoliers qui viendroient les années ſuivantes : auſſi beaucoup de perſonnes éclairées penſent-elles que cela n'eſt pas à propos : il vaut mieux que les jeunes gens s'appliquent à imiter les Auteurs qu'on leur fait expliquer ; il y a plus de ſûreté à les prendre pour modeles, que des Thêmes corrigés que l'on ne peut ſuppoſer être toujours exactement ſelon le génie de la Langue Latine. Quoique l'on ne dictât pas les devoirs corrigés, il ſeroit plus ſûr , par rapport aux devoirs de compoſition , d'en donner d'autres que ceux que l'on auroit fait imprimer. *Voyez le ſecond Mémoire du Recueil imprimé en* 1763.

X. On objectera peut être qu'en donnant des devoirs imprimés, il n'y aura plus d'occaſions pour exciter l'émulation des Profeſſeurs, d'où il arrivera que pluſieurs languiront dans l'oiſiveté hors le temps des Claſſes : or n'ayant plus d'émulation , ils ne ſeront pas en état d'en exciter dans leurs Eleves qui ſeront par-là en danger de perdre leur temps & de ſe livrer à la pareſſe ; ce qui eſt un très-grand inconvénient. Il eſt vrai que s'il n'y avoit point d'occaſion pour exciter l'émulation des Maîtres , on pourroit craindre l'inconvénient dont on parle. Mais il eſt facile d'établir un ordre dans lequel ils auroient des motifs de s'appliquer , même plus

puiſſans

puiffans que ceux qu'ils ont dans l'état préfent,
1°. en les engageant à dicter des devoirs de
leur façon, de temps en temps ; par exemple,
un Thême & une Verfion par femaine , outre
ceux des compofitions. Il feroit bon que ces
devoirs fuffent fur la même matiere que ceux
d'entre les imprimés qu'ils donneroient alors
dans leur Claffe, afin que tous les devoirs, ceux
qui feroient dictés, de même que les autres,
fuffent intéreffans. Mais il ne feroit peut-être
pas à propos de dicter des devoirs en Sixiéme,
à caufe des fautes d'écriture fans nombre auxquelles les enfans de cette Claffe font fujets : ce
qui les jette dans des embarras très-pénibles
lorfqu'ils cherchent les mots dans leur Dictionnaire; & c'eft à quoi il ne faut pas les expofer.
Ainfi fi on leur dictoit quelques devoirs , il faudroit prendre de grandes précautions pour éviter les fautes d'Ortographe, ou autres femblâ-
bles. Il vaudroit bien mieux que le Profeffeur
fît imprimer fes propres devoirs qui feroient
alors dans le cas des autres : il le pourroit aifément dans toutes les Villes où il y a Imprimerie.
Cette précaution conviendroit auffi à l'égard
des Ecoliers de Cinquiéme. 2°. Un autre motif
d'émulation pour les Profeffeurs feroit le changement des Claffes dont nous parlerons dans
la fuite , il fe feroit entre les Profeffeurs de
Sixiéme, de Cinquiéme & de Quatriéme d'une
part, & ceux de Troifiéme & de Seconde de
l'autre part , en imitant ce qui fe fait en Philofophie. Ces deux motifs feroient très preffans
pour exciter les Profeffeurs au travail. Le premier feroit d'autant plus fort qu'ils fçauroient
bien que l'on feroit la comparaifon des devoirs
de leur façon avec les autres ; ainfi ils feroient

obligés par-l à les travailler avec plus de foin. Quant au fecond, il feroit encore très-capable de les exciter à l'application, afin de poſſéder bien les Auteurs qu'on verroit, & les différentes connoiſſances qui font néceſſaires aux Maîtres des Claſſes par lefquelles ils paſſeroient, & de les avoir aſſez préſentes à l'efprit pour en parler avec clarté, de maniere à fe mettre à la portée des enfans : Ce qui demande plus de réflexion qu'on ne penfe ordinairement ; car il ne faut pas croire qu'on foit en état d'enfeigner une chofe dès-là qu'on la fçait pour foi, furtout quand il faut l'apprendre à des enfans. Rien n'eſt fi commun, par exemple, que de fçavoir lire, & il eſt très-rare de bien pratiquer l'Art de montrer à lire. Ces motifs d'émulation feroient fuffifans : ainfi en les employant, il ne feroit pas néceſſaire de récourir à un autre moyen que nous avions propofé, qui confiſteroit à engager les Profeſſeurs des trois Claſſes inférieures à faire des difcours publics également comme les autres ; d'ailleurs, on peut être un fort bon Maître dans ces Claſſes fans être exercé à ces difcours. On verra dans la fuite que le bien des Ecoliers exigeroit le changement des Claſſes dont nous parlons ici.

XI. N°. 1. Si les enfans étoient conduits dans leurs études de la maniere que nous avons dit, enforte qu'on ne leur donnât que des Méthodes à apprendre, des Auteurs à expliquer & des devoirs à faire, le tout proportionné à leur intelligence, felon que nous l'avons propofé, le grand nombre feroit animé par le fuccès, & on verroit dans les Claſſes une émulation générale qui ne peut s'y trouver fans cela. Les Profeſſeurs ne feroient plus dans le cas de fe plaindre , comme il arrive à préfent, qu'on leur donne des Ecoliers dont la plûpart ne font pas en état de profiter des exercices de la Claffe où ils font; ce qui eft capable de rebuter les Profeffeurs mêmes. Ces confidérations font de la plus grande importance & méritent toute l'attention de ceux qui s'intéreffent au progrès des études de la Jeuneffe.

En effet s'il eft vrai qu'en prenant les précautions indiquées dans les Articles précédens, les jeunes Etudians auront de l'émulation , & s'appliqueront volontiers au travail ; pourroit-on négliger ces précautions ? Or, il femble qu'on ne puiffe raifonnablement douter de ce qu'on affure touchant l'effet qu'on leur attribue : car fi on leve toutes les difficultés qui ont coutume de les arrêter , & de leur caufer des peines qui renaiffent continuellement , & qu'on leur adminiftre ce dont ils ont befoin pour faire aifément leurs traductions , (il faut entendre la même chofe des Thêmes) alors ils y réuffiront fans peine , & toutes les phrâfes Latines dont ils trouveront le fens , & qu'ils traduiront en François , feront pour eux comme autant de nouvelles découvertes qui leur cauferont une fatisfaction qui fe renouvellera à chaque phrâfe qu'ils mettront en François : ainfi ils fe plairont à leur travail, car en général, on fe plaît à faire ce en quoi on réuffit, fur-tout fi le fuccès coûte peu de peine , & c'eft ce qui arrivera ici, parce que l'on fuppofe qu'on léve toutes les difficultés qui embarraffent ou même rebutent les jeunes gens; & outre cela comme on fuppofe auffi qu'on leur donne pour Auteurs des petits Traités à traduire, dont la matiere les intéreffe , foit par fon utilité que les Maîtres leur feront

B ij

fentir, foit par fon agrément, n'eft-il pas ma-
nifefte qu'ils prendront goût au travail & qu'on
ne fera plus pour l'ordinaire dans la néceffité de
leur témoigner du mécontentement pour leurs
études; voilà donc la folution du quatrieme
Problême de la Préface, lequel eft de la plus
grande importance, puifqu'il s'agit de faire enforte que les jeunes gens s'appliquent à l'étude
avec goût & avec plaifir. Préfentement la certitude du fuccès qu'on annonce ici ne doit plus
caufer de difficultés à un efprit attentif.

N° 2. Dira-t-on que les enfans ne fon pas capables d'éprouver la fatisfaction qui vient du
fuccès du travail, à caufe qu'ils n'ont pas encore
la connoiffance qu'elle fuppofe: à cela je réponds que la fatisfaction dont il s'agit, eft une
affaire de fentiment plutôt que de la connoiffance réfléchie. D'ailleurs, il ne s'agit pas ici
d'enfans de cinq ou fix ans ou au-deffous, qui
n'ayent pas encore l'ufage de la raifon, mais de
ceux qui ont environ huit ans ou plus, & qui
font certainement en état d'éprouver cette fatisfaction qui eft comme naturelle.

On pourra auffi former quelque doute fur ce
que nous fuppofons qu'on leve toutes les difficultés qui peuvent arrêter les jeunes gens. Mais
ce doute ne pourra pas fubfifter après avoir lû
avec attention le contenu du VIIe Art. On
peut donc regarder comme démontré ce qui a
été dit touchant l'émulation qu'on excitera
dans les jeunes gens par le moyen des Commentaires, & des petits Traités dont on a parlé, & que l'on peut faire aifément. Concluons
enfin que ce moyen d'apprendre le Latin qui
fuppofe toujours le fecours des Maîtres par
rapport aux enfans, eft très-facile, très-prompt

& très-convenable pour y parvenir sûrement & sans dégoût.

Il faudroit cependant encore ajouter deux précautions en faveur des Commençans pour les premiers mois qu'on leur donneroit quelque chose à traduire, l'un qu'on évitât les inversions non-seulement dans le Commentaire que je suppose qu'on leur mette entre les mains, mais aussi dans l'Auteur ; l'autre que l'on citât très-peu de régles de la Syntaxe, de peur de les embarrasser & de partager trop leur attention.

N°. 3. Je ne sçais ce que plusieurs personnes penseront de l'avantage & de l'importance de la méthode que l'on expose ici ; mais pour moi il me semble qu'il seroit difficile de proposer un moyen, aussi commode, aussi convenable, & aussi efficace pour l'instruction de la Jeunesse. Qu'il sera gracieux pour les enfans & les jeunes gens de pouvoir s'instruire sans éprouver ces peines rebutantes qu'ils ressentent aujourd'hui ! Si on faisoit l'épreuve de les conduire d'abord par la méthode ordinaire pendant quelques mois, & qu'ensuite on employât la nouvelle, il leur sembleroit entrer dans un Jardin de délices après avoir passé par les ronces & les épines ; que si on tourne la vue du côté des Parens & des Maîtres, quelle satisfaction pour eux de voir qu'il ne faudra plus user de réprimandes, de menaces ni de châtimens envers les enfans pour les forcer à s'appliquer à l'étude, en même temps qu'ils auront la douce consolation d'être témoins du progrès que feront les jeunes gens ! (je parle toujours de ce qui arrivera le plus souvent, & très-souvent.) Je doute qu'il y ait quelque chose à espérer dans ce genre qui soit aussi avantageux, aussi important que ce que l'on

propofe ici. Peut-être néanmoins qu'il y aura
quelques Lecteurs qui feront peu difpofés à
croire l'heureux effet que l'on promet, à caufe
qu'il paroîtroit fuppofer un changement de caracteres dans les jeunes gens qui font naturellement inappliqués & pareffeux, & qui ont même
de l'éloignement pour le travail, mais je prie
ces Meffieurs de confidérer que ce n'eft pas
précifément le travail pour lequel ils ont de l'é-
loignement, c'eft pour la peine & les difficultés
qu'ils y rencontrent. Si donc on ôte cette peine, fi on leve ces difficultés, & qu'on rende le
travail agréable par le plaifir qu'ils auront à
trouver ce qu'ils cherchent, alors l'éloignement
difparoîtra & fera remplacé par l'attrait de la
fatisfaction qu'ils reffentiront. Les moyens dont
nous avons parlé pour exciter l'émulation, regardent les baffes-Claffes. Nous dirons dans la
fuite quels font ceux qu'on peut employer dans
des Claffes fupérieures.

XII. Dans la Claffe de Septiéme & les deux
fuivantes, il faudroit s'appliquer beaucoup à
expliquer les mots françois & les phrâfes qu'ils
n'entendent pas ; car c'eft ce défaut d'intelligence des mots & de leurs affemblages, qui
empêche le progrès des enfans. Que l'on faffe
l'expérience de ce que nous difons, & on verra
que rien n'eft plus commun que cette ignorance de la fignification des termes, dans les
enfans même qui ne manquent pas d'ouverture
d'efprit. Il faudroit donc s'attacher particuliérement à leur donner cette connoiffance, qui
eft un inftrument général qui fert pour parvenir à toutes les autres. Pour cet effet il faudroit confacrer au moins un quart-d'heure par
jour, & peut-être par Claffe, à la lecture de

quelques Livres françois, comme l'Abrégé de l'Ancien Teſtament, & s'arrêter après chaque phrâſe où il y auroit quelques mots que l'on ſoupçonneroit n'être pas entendus par pluſieurs enfans, afin d'en demander la ſignification, & de l'expliquer en peu de paroles, & ſouvent par des exemples ou par d'autres mots plus connus qui auroient à-peu-près la même ſignification. Le Maître en pratiquant cet exercice, en éprouveroit bientôt la néceſſité. C'eſt du défaut d'intelligence des mots & des phrâſes que vient en grande partie le peu de goût que les enfans, & les autres perſonnes qui leur reſſemblent en cela, ont pour la lecture. Comment en effet prendre goût à des choſes qu'on n'entend pas ? Cela n'eſt pas poſſible ; il eſt donc d'une très-grande importance de pratiquer avec exactitude ce que nous marquons ici : ce devroit être auſſi un des principaux exercices des petites écoles, à l'égard des enfans qui commencent à lire : s'ils entendoient ce qu'ils liſent, ils y prendroient plaiſir à cauſe de leur grande curioſité, & par-là ils liroient avec application, autant qu'ils en ſont capables à leur âge : ce qui contribueroit beaucoup à leur ſuccès, tant pour apprendre mieux à lire, que pour s'inſtruire des choſes. Il eſt fâcheux pour les enfans qu'on ne profite pas des diſpoſitions qui ſont en eux pour apprendre.

XIII. Une autre choſe qu'il faudroit auſſi pratiquer dans les mêmes Claſſes, ou du moins dans les deux premieres, la Septiéme & la Sixiéme, ſeroit d'exercer les enfans dans l'Orthographe ; je parle ſur-tout de l'Orthographe de principes. Pour ce ſujet il ſeroit à propos de leur faire décrire de temps-en-temps quelques pages d'un Livre dont la matiere leur conviendroit, par exemple, de leur Méthode : cet exercice leur feroit utile non-feulement pour apprendre l'Orthographe, mais auffi pour mieux entendre & retenir ce qu'on leur feroit décrire, & encore pour fe former à exprimer leurs penfées par écrit. il faudroit auffi leur faire rapporter de temps en temps la conjugaifon de quelques Verbes, afin qu'ils appriffent bien la terminaifon des mots des Verbes, en quoi confifte une bonne partie de l'Orthographe de principes. Faute de pratiquer ces exercices dans les commencemens, les enfans ne peuvent fçavoir, même médiocrement, l'Orthographe; ce qui leur fait perdre bien du temps, foit lorfqu'ils veulent chercher quelques mots dans le Dictionnaire françois, foit quand ils ont deffein d'écrire un peu correctement une Verfion ou quelque autre chofe en françois, à caufe des recherches qu'ils font alors obligés de faire en confultant différens Livres, comme une Grammaire ou un Dictionnaire.

XIV. Il eft à propos d'exercer les jeunes gens dans le ftyle Epiftolaire. Cet exercice feroit fort utile; car fi on ne les forme pas à ce ftyle, il arrivera fouvent que les Ecoliers pendant le cours de leurs études feront fort embarraffés pour écrire une Lettre : ils le feront même encore affez fouvent lorfqu'ils feront fortis du College. Or on pourroit les former à cet égard & leur procurer quelque facilité de réuffir en ce genre, en leur donnant des Lettres à traduire, les unes de François en Latin, les autres de Latin en François, en commençant dès la Cinquiéme, & en continuant en Quatriéme & en Troifiéme. Il eft d'autant plus à propos d'exercer les jeunes Ecoliers à écrire des Lettres, que ce fera pour eux un moyen de satisfaire à leur devoir envers leurs parens, & une douce satisfaction pour ceux-ci de recevoir des Lettres de leurs enfans qui feront en même-temps des témoignages de leur respect, de leur reconnoissance & de leur progrès. Il feroit à souhaiter que l'on fît imprimer des Lettres tant en François qu'en Latin, pour que l'on en fît usage dans tous les Colléges, & qu'on observât les précautions dont nous avons parlé, Article IX, par rapport à celles qui seroient destinées pour la Cinquiéme.

XV. La justesse est certainement la plus estimable & la plus précieuse des qualités de l'esprit, celle par conséquent que l'on doit perfectionner, autant & aussi-tôt qu'il est possible. Il ne faut donc pas attendre jusqu'à la Philosophie pour travailler à cet utile exercice : mais il est à propos de le faire lorsque les jeunes gens ont acquis par l'usage & par l'étude, l'ouverture d'esprit qui les en rend capables. Cela est d'autant plus nécessaire qu'il y a un grand nombre d'Ecoliers qui quittent leurs études avant la Philosophie. Or il est certain que le commun des jeunes gens ont acquis assez d'ouverture d'esprit quand ils font dans la Classe de Troisiéme, afin de profiter dans l'exercice dont il s'agit, qui consisteroit en deux choses, dont la premiere seroit de leur donner des observations sur les jugemens, qui pussent servir de régles pour éviter les erreurs les plus ordinaires, dans lesquelles on tombe, tant par rapport aux affaires communes de la vie qu'à l'égard des Sciences. Ces observations consisteroient à faire remarquer les causes ou les sources les plus com-

B v

munes de ces erreurs. Nous allons en rapporter plusieurs : la plus générale de toute est la
précipitation dans les jugemens que l'on porte :
elle influe presque dans toutes les autres. Les
préjugés de l'enfance & de l'éducation sont encore une source fort commune d'erreur. Il en
faut dire de même des inductions générales que
l'on tire de quelques faits particuliers : ce que
l'on appelle *conclure du particulier au général*,
En voici plusieurs autres : se laisser entraîner
dans ses jugemens par l'affection ou la haine,
par l'attachement à ses intérêts, ou par quelque autre passion, par la coutume & l'exemple
des autres, par les sens, par l'imagination, &c.
Les différentes significations d'un même mot
sont aussi une source féconde d'erreurs & de
confusions d'idées, parce que l'on passe fort
souvent de l'une à l'autre sans que l'on s'en ap-
perçoive : & de-là vient la nécessité d'user de
distinctions dans les argumens dont on se sert
dans les disputes : car on n'employe ces distinctions que pour écarter l'erreur renfermée
dans la conclusion, laquelle erreur vient de ce
que l'on a pris un même terme en différens
sens dans deux propositions. Cela arrive peut-
être encore plus souvent dans les conversations :
mais alors on ne remarque guère ces différentes
aceptions d'un même mot : le temps ne le per-
met pas ; & c'est ce qui jette dans la confusion
d'idées & dans l'erreur. Au reste elle n'est à
craindre que quand les significations d'un même
mot ont quelque rapport, qui fait que l'on passe
de l'une à l'autre imperceptiblement. Mais il
n'en est pas de même si ces significations n'ont
point de rapport, comme celle du mot *bierre*,
qui signifie une boisson & un cercueil, significa-

tions qui n'ayant aucun rapport, il n'y a pas lieu de paſſer de l'une à l'autre. Il faudroit donc compoſer un petit ouvrage qui contînt l'expoſi-tion de ces différentes ſources d'erreurs, avec des exemples ſenſibles qui ſerviroient à faire entendre les obſervations & à les faire retenir : (Ce Traité devroit être en François plutôt qu'en Latin ; afin que les jeunes gens le lûſſent plus volontiers : mais pour qu'ils le retinſſent mieux, on pourroit leur en donner les princi-paux endroits à traduire en Latin.) Voilà en quoi devroit conſiſter cette-eſpece de Logique, & non pas dans l'expoſition de la nature & des régles du Syllogiſme, qui, quoiqu'elles ſoient de quelque utilité, en ont cependant moins que les obſervations dont nous venons de parler ; d'ailleurs ces régles ſuppoſent une application un peu rare dans l'âge où ſont les Ecoliers de Troiſiéme.

La ſeconde choſe qui feroit partie de l'exer-cice pour perfectionner le jugement, conſiſte-roit de la part des Maîtres à apprendre à leurs Eleves à juger ſainement des choſes ou des ac-tions remarquables des perſonnes dont il ſeroit parlé dans les Auteurs qu'ils expliqueroient : c'eſt ce qu'ils pourroient faire, ſoit en diſant d'eux-mêmes ce qu'il faudroit penſer de ces objets, & en expoſant les raiſons qu'ils au-roient pour appuyer le jugement qu'ils porte-roient ; ſoit en interrogeant les Ecoliers de ma-niere à leur faire ſaiſir la vérité & la juſtice de ce dont il s'agiroit : ce qui feroit encore pour l'ordinaire plus utile pour ces jeunes gens.

XVI. N°. 1. Comme il faut s'appliquer à ſa Langue maternelle, & qu'il eſt encore plus né-

cessaire de la bien posséder que les Langues mor-
tes ou les étrangeres, outre l'exercice continuel qu'on en fait en parlant, il faut encore
l'étudier dans une Grammaire Françoise pour
en bien posséder les principes & les régles, &
dans les bons Auteurs : ainsi il faut en lire & en
expliquer quelques uns pendant le cours des
études, & le faire même dans la Classe. En fait
d'histoire, si on leur mettoit entre les mains des
Ouvrages un peu longs qui continssent plusieurs
Volumes, il y auroit à craindre qu'ils ne dé-
tournassent les jeunes gens de l'application aux
devoirs de la Classe à cause du goût qu'ils ont
communément pour l'Histoire. Or il faut éviter cet inconvénient, au moins pendant le
cours de l'année : il n'y auroit donc que le
temps des vacances qu'ils pourroient employer
en partie à cette lecture. Je dis *en partie*, parce
qu'ils devroient s'appliquer à repasser les Auteurs qu'ils auroient expliqués pendant l'année,
afin de les bien posséder & de les retenir. Cette
revue seroit une bonne préparation pour entendre plus facilement les Auteurs qu'ils verroient l'année suivante. Il semble donc qu'il
suffiroit de leur faire lire, en fait d'Histoire
françoise, l'Abrégé de l'ancien Testament, par
M. Mésangui, qui est contenu dans un seul Volume *in*-12, & quelques Vies des Saints qui sont
en partie du même Auteur : elles sont très-bien
écrites : l'Abrégé est *in*-12. On pourroit joindre, pour la Troisiéme, la premiere partie du
Discours sur l'Histoire Universelle par M. Bossuet : les deux autres parties viendroient à leur
tour, lorsqu'ils seroient en état de les goûter. (1)

(1) On verra dans la suite de ce Mémoire quels sont
les Livres auxquels les jeunes gens devroient s'appliquer
pour étudier l'Histoire de la maniere la plus utile.

N°. 2. Mais un des meilleurs Livres François qu'on puisse leur donner, ce sont les instructions du Rituel de Soissons pour les Dimanches & Fêtes de l'année, qui sont présentement en deux Volumes *in*-12; c'est, dis-je,
un des meilleurs Livres qu'on puisse leur donner à lire & à étudier, non pas pour l'apprendre
par cœur, mais pour être en état d'en rendre compte, ou au moins d'en dire quelque
chose. Il semble qu'il soit fait pour cet usage,
tant il y a d'ordre & de méthode. Je crois qu'il
seroit à propos de les engager à rapporter, sur-
tout le commencement de chaque article, qui
contient l'exposé de ce que l Auteur se propose
de prouver, & à apprendre par cœur les passages qui y sont cités. Par ce moyen ils sçauroient
les passages les plus précis sur chaque matiere
traitée dans l'Ouvrage : ce seroit pour eux une
petite Théologie qui leur conviendroit, & une
morale chrétienne capable de les éclairer & de
les diriger, avec le secours de la grace, dans
la conduite de la vie : en un mot ils retireroient
de l'étude de ces instructions tous les avantages
qu'on peut attendre de la lecture d'un excellent
Livre. Ils y apprendroient, 1°. la Doctrine
chrétienne par principes, non-seulement quant
au dogme, mais aussi quant à la morale, & même quant au fondement de la Religion, je veux
dire les motifs de crédibilité capables de persuader de la vérité de la Religion chrétienne
tout homme qui n'est pas aveuglé par ses passions; 2°. la Langue Françoise, en se rendant
familiere la signification des termes les plus ordinaires, de même que leur accord & l'arrangement qui leur convient; & par-là ils se for-
meroient le style, tant pour parler que pour

écrire. Ce Livre ferviroit donc, & je crois
mieux que tout autre, à former l'efprit & le
cœur. Il feroit avantageux qu'on le fît voir
dans les trois Claffes de Cinquiéme, de Quatriéme & de Troifiéme. Il faudroit employer
au moins un quart-d'heure dans une des Claffes chaque jour, celle du matin, par exemple,
pour lire un article & pour expliquer ce que le
Profeffeur jugeroit à propos, foit la fignification des termes moins ufités, foit des phrafes
un peu difficiles, fur-tout en Cinquiéme & en
Quatriéme, foit l'application des régles de la
Grammaire Françoife, foit quelque régle de
Morale, qu'il feroit bon de développer & de
mettre dans un plus grand jour : & à la Claffe
fuivante on interrogeroit les Enfans fur ce dont
il s'agit dans l'article, & fur les paffages qui y
font contenus. (a) Les Dimanches ils repaffe-
roient l'inftruction toute entiere, & en rendroient compte les Lundis en Claffe. Si les
Enfans après les trois années poffédoient bien
cet Ouvrage, tant pour le fonds que pour le
ftyle, quel progrès n'auroient-ils pas fait ! Ils
fçauroient bien la Religion, & auroient acquis
une connoiffance affez étendue de la Langue
Françoife. On ne fçauroit donc mettre mieux
à profit le temps des Enfans, que d'en employer au moins une demi-heure par jour à
l'étude de ce Livre, & cela pendant trois ans,

____

(a) La premiere année pourroit être employée fur-tout
à bien entendre les mots & les phrafes avec le fens du
difcours ; la feconde à apprendre les paffages par cœur,
& à rapporter le commencement de chaque article, & la
troifieme à repaffer les mêmes chofes & à rendre compte de toute l'inftruction, ou du moins, des principaux
endroits.

afin que les jeunes gens l'entendent mieux , & retiennent ce qu'ils y auront appris. Les avantages que nous venons de rapporter font fi grands , qu'il femble qu'on ne puiſſe ſe diſpenſer de prendre le moyen le plus propre à les acquérir , ſans manquer à ce que l'on doit à l'inſtruction de la Jeuneſſe.

N°. 3. Les mêmes raiſons que nous venons de rapporter, doivent auſſi déterminer à faire voir dans la Seconde ou la Rhétorique l'Inſtruction Paſtorale de Tours ſur la Juſtice Chrétienne: ce n'eſt pas trop avancer, que de dire que c'eſt un des monumens les plus précieux de la Tradition de l'Egliſe, tant par l'importance de la matiere qui en fait l'objet, que par rapport à la maniere dont elle y eſt traitée. Il faut joindre à ces deux Ouvrages la ſeconde Partie du Diſcours du grand Boſſuet ſur l'Hiſtoire Univerſelle ; mais elle doit être réſervée pour la Rhétorique, ou même pour la Philoſophie , à cauſe de la ſublimité de penſées qu'elle renferme. Rien ne ſera plus digne de l'Univerſité, que de préſenter à ſes Eleves un fonds ſi riche (ces trois Ouvrages dont nous venons de parler,) où ils pourront puiſer les inſtructions les plus ſolides. (1).

À ces Livres ſi convenables à l'inſtruction de la Jeuneſſe par rapport à la Religion, il faudroit ajouter l'abrégé de l'Hiſtoire de l'ancien Teſtament avec des éclairciſſemens & des réflexions par M. Méſangui. Cet Ouvrage eſt

(1) On peut ajouter à ces trois Ouvrages, les Figures de la Bible par M. Royaumont. Ce Livre, qui eſt encore très-bien écrit, & rempli de beaux morceaux tirés des Péres ſur la Morale, conviendroit beaucoup à la Troiſieme ou à la Seconde.

très-bien écrit ; mais on peut dire que c'en est le moindre mérite. Les éclaircissemens que donne l'Auteur, & les réflexions qu'il fait sont remplies d'instructions admirables : il faudroit donc mettre aussi cet excellent Ouvrage entre les mains des Ecoliers déja avancés : on en pourroit faire voir le premier Volume dans la Classe de Rhétorique, les deux suivans en celle de Logique, trois autres en Physique, & les trois derniers dans la Classe d'Eloquence. (Article XXX.) Je ne compte pas ici le dixieme qui contient un extrait des Livres Sapientiaux & des Ecrits des Prophetes. Les jeunes gens s'y porteroient d'eux-mêmes, soit pendant le cours de leurs études soit après, s'ils avoient pris du goût pour les précédens. La lecture réfléchie qu'ils feroient de cet Ouvrage seroit un moyen de s'instruire solidement de la Religion, à quoi on ne peut parvenir si on n'en étudie bien l'Histoire : & cette instruction solide seroit un préservatif contre l'incrédulité dont les deux sources ordinaires sont d'une part, l'ignorance des fondemens de la Religion appuyés principalement sur l'Histoire de l'ancien & du nouveau Testament, & de l'établissement du Christianisme ; & de l'autre part, les passions & la corruption du cœur qui font désirer de pouvoir s'y livrer sans craindre les flammes vengeresses du crime après cette vie.

N°. 4. Les avantages qui reviendroient de la lecture attentive & réitérée de ces Ouvrages seroient inestimables ; elle leur procureroit la connoissance de quatre objets essentiels de la Religion, sçavoir l'Histoire Sacrée qui en contient les faits fondamentaux, les dogmes, la morale, & enfin l'esprit de la Religion ; de plus on trouve dans la seconde Partie du Discours de M. Bossuet, & dans les Instructions de Soissons des preuves directes & très-solides de la vérité de la Religion. C'est aujourd'hui une nécessité d'instruire les jeunes gens sur cette matiere, à cause que l'on rencontre par tout des incrédules qui font tous leurs efforts pour répandre l'impiété par leurs discours & leurs mauvais Livres. Mais il faut éviter de proposer les objections ou sophismes sur ce sujet dans les Classes de Grammaire & de Belles Lettres : elles pourroient occasionner des doutes dans l'esprit de quelques-uns faute d'être assez exercés dans le raisonnement : ainsi il faut renvoyer ces objections pour la Philosophie, où je suppose qu'on donne un Traité exact & bien digéré sur cette matiere ; & pour éviter l'inconvénient qu'il y auroit à ce que chacun abondât dans son sens sur un objet si important, il faudroit que ce Traité fût le même dans toutes les Classes, & par conséquent qu'il fût public & imprimé.

N°. 5. Afin d'engager les jeunes gens à lire cet Ouvrage avec application, il faudroit employer une demi-heure à la fin de la Classe à les interroger sur la matiere qui leur auroit été indiquée : on pourroit faire cet exercice deux ou trois fois par semaine. Il seroit à propos que les Principaux dans les Colléges, & les Maîtres de Pensions dans leurs maisons rassemblassent aussi leurs Pensionnaires pour leur faire rendre compte de ce qu'ils auroient appris depuis un certain temps, (environ quinze jours ou un mois.)

Mais, dira-t-on, cela suppose que chaque Ecolier auroit l'abrégé de l'Histoire de l'ancien

Teſtament qui contient neuf Volumes pour l'Hiſtoire & les réflexions. Or, il ſeroit difficile ou peut-être impoſſible à un nombre de pauvres Ecoliers d'en faire l'acquiſition.

Je réponds qu'il en ſeroit de ce Livre comme des autres dont on fait uſage dans les Claſſes qui ſont de même néceſſaires pour tous des Ecoliers. Leurs parens pourroient acheter ces Volumes ſéparément. Car il ſeroit facile d'obtenir des Libraires de vendre cet Ouvrage par Partie ſi l'Univerſité en preſcrivoit l'uſage dans tous les Colléges. Ce ſeroit même le moyen de l'avoir à bon marché à cauſe du grand débit que ce Réglement en procureroit. D'ailleurs on pourroit les donner en prix à ceux des pauvres Ecoliers qui en auroient mérité, ſoit en Rhétorique, ſoit dans les Claſſes précédentes. De plus les Maîtres, Principaux ou Profeſſeurs, qui ſeroient charitables, trouveroient les moyens d'en procurer à pluſieurs; la charité eſt ingénieuſe : enſorte qu'il y a apparence que les pauvres Ecoliers auroient ce Livre plus facilement que les autres dont on ſe ſert dans les Claſſes. Au pis aller, quelques-uns d'entre eux pourroient faire uſage, en attendant, de l'Abrégé ſans Réflexions, en un ſeul Volume *in-12*, qui eſt du même Auteur.

N°. 6. Nous avons dit que les enfans repaſſeroient l'Inſtruction le Dimanche, (c'eſt celle qui ſeroit pour ce jour,) & en rendroient cómpte le Lundi. Par-là les enfans s'accoutumeroient à s'occuper le Dimanche de ce qui regarde la Religion ; &, afin d'entrer encore mieux dans l'eſprit de l'Egliſe, il faudroit que les devoirs que l'on donneroit pour ces jours-là, ſoit Thêmes, ſoit Verſions, fuſſent auſſi des instructions de piété propres à ces saints jours. J'en dis autant des devoirs pour les jours de Fêtes. Il est nécessaire de faire prendre aux enfans l'habitude d'accomplir les Commande-mens de Dieu & de l'Eglise : s'ils n'y ont pas été accoutumés de bonne heure, ils auront peine à s'y faire dans la suite : *Bonum est viro cùm portaverit jugum ab adolescentiâ suâ :* (Lam. Jér. c. 3.) Si on les applique les Dimanches & les Fêtes à des occupations ordinaires, ils s'au-toriseront dans la suite de ce qu'ils auront fait sous la conduite de leurs Maîtres, & même par leur ordre, &, pour ainsi dire, par la régle des Maisons où ils auront été élevés, soit Pen-sions, soit Colléges ; & cependant on trouve dans les Catéchismes & les Instructions sur la sanctification des Dimanches & des Fêtes, qu'il ne suffit pas d'assister aux Offices publics de ces jours ; mais qu'il faut aussi employer le reste de ces jours à des occupations qui ayent rapport à la piété, (1) comme des œuvres de charité convenables à la situation où l'on se trouve ; de bonnes lectures, soit de piété, soit d'instruc-tion sur la Religion, & autres actions qui ten-dent au service de Dieu. Il faut apprendre aux jeunes gens par la pratique, que ce sont-là les occupations, qui, avec le temps que deman-dent les besoins du corps, (au nombre desquels on peut mettre les délassemens nécessaires aux jeunes gens,) doivent remplir les jours consa-crés au Seigneur. Ceci est une nouvelle preuve

---

(1) Voyez le Catéchisme de Montpellier, part. 2, sect. 3, chap. 4, vers la fin. On trouve dans la Note relative à cet endroit les citations de plusieurs autorités sur cette matiere.

de la nécessité de donner des devoirs imprimés, dont nous avons parlé à l'Article IX : car il ne faut pas espérer que tous les Maîtres embrasseront cette pratique : quand ceux de Paris le feroient, ceux de Province ne s'y assujettiroient pas, à moins qu'ils n'y soient engagés par le moyen proposé. On ne quitte pas volontiers un usage que l'on suit depuis plusieurs années, pour en prendre un autre qui demanderoit un nouveau travail, je veux dire la composition d'autres devoirs.

L'usage que nous proposons pour les Dimanches & Fêtes, devroit s'étendre quant au fond aux Classes supérieures. Rien ne conviendroit mieux aux jeunes Philosophes, que de faire des analyses des Instructions des Essais de Morale de M. Nicole sur les Epîtres & les Evangiles des Dimanches. Ils apprendroient par-là à raisonner juste, à procéder avec méthode en traitant de quelque matiere, à connoître le cœur de l'homme : toutes ces choses, qui conviennent parfaitement à un Philosophe, se rencontrent singuliérement dans le Livre que nous citons : les Connoisseurs y admirent effectivement la justesse & l'exactitude du raisonnement, l'ordre & la méthode que l'Auteur suit par-tout, & sa grande connoissance du Cœur humain. Ces jeunes gens s'occuperoient donc les Dimanches à faire des analyses de ces Essais, & les Professeurs les feroient lire à quelques-uns, les Lundis, pendant une partie du temps de la Classe du matin. On pourroit aussi obliger les Ecoliers des Classes supérieures, la seconde & la Rhétorique, à rapporter ou par écrit, ou au moins de vive voix, le précis de l'Instruction familiere ou du Caté-

chisme que le Professeur auroit fait le Samedi.
Ces pratiques seroient le vrai moyen de suivre
l'esprit de l'Arrêt du Parlement de Paris du 3
Septembre 1762.

N°. 7. Nous observerons encore une chose
sur ce sujet, c'est que les Maîtres des Commu-
nautés, soit Colléges, soit Pensions, ou autres, doivent avoir une attention particuliere
pour empêcher les railleries que quelques jeunes gens pourroient faire contre la piété, &
ceux qui en pratiqueroient les actions. Rien
n'est plus capable d'en détourner ceux qui auroient des sentimens de Religion, que ces discours scandaleux. On ne sçauroit trop humi-
lier des jeunes gens qui en tiendroient de cette
sorte ; ils ne conviennent qu'à des Suppôts du
Démon. Et s'ils se rendoient indociles sur un
article si essentiel, il faudroit les séparer des
autres & les renvoyer au plutôt à cause du
danger qu'il y auroit à les fréquenter.

N°. 8. Nous insistons beaucoup sur le sujet
de la Religion, & plus sans doute que ne le
voudroient plusieurs personnes, qui ne souffri-
ront qu'avec peine qu'on s'arrête quelque-
temps sur cette matiere, croyant que pour
l'instruction de la Jeunesse il s'agit plutôt de
science que de piété : mais je les prie de considérer que ce point est le capital, & qu'il en-
traîne avec lui tout le reste. En effet tout le
but de l'éducation se réduit à trois objets, qui
sont de former des Chrétiens, des Citoyens,
& des Gens de Lettres. Or si avec le secours
de la grace on a le bonheur de faire de bons
Chrétiens, les deux autres objets s'ensuivront.
Un jeune Etudiant qui aura de la piété, ai-
mera son prochain, sur-tout ses parens ; il sera

attaché à sa Patrie, & s'acquittera de ce qu'il doit à tout le monde : il sera donc bon Citoyen. S'il a de la piété, il accomplira aussi les devoirs de son état, qui sont pour lui l'application à l'étude. De plus, la piété combat les passions, qui sont le plus grand obstacle au succès des études, & en particulier la dissipation, la mollesse, l'oisiveté, l'amour des plaisirs des sens : il n'y a même que la piété qui puisse vaincre & surmonter entiérement les mauvais penchans, qui sont les ennemis domestiques & irréconciliables de l'homme. D'autres considérations peuvent bien arrêter pendant un temps leurs effets extérieurs, mais elles ne font pas capables d'en détruire la source, je veux dire les pensées & les desirs, ni même les désordres secrets. En un mot, il n'y a que la Religion qui puisse être un rempart suffisant pour soutenir les attaques continuelles & violentes de l'amour du plaisir & des autres passions de la Jeunesse. J'en appelle sur cela à l'expérience, au sentiment intérieur, & aux principes de la foi. C'est donc avec raison que S. Paul dit : *Pietas ad omnia utilis est, promissionem habens vitæ quæ nunc est, & futuræ* : I. Ad Timoth. cap. 4, v. 8. Oui, la piété est utile même pour la vie présente ; sans elle on est sans consolation dans les plus grandes peines, souvent réduit à une espece de désespoir : la vie, sans la piété, n'est presque qu'un tissu de peines, d'agitations, de craintes, d'inquiétudes causées par les différentes passions. Rien n'est donc plus sage & plus nécessaire que de tâcher de l'inspirer aux enfans, & de la cultiver en eux. Ce sont ces raisons supérieures à toutes considérations, qui m'ont engagé à en parler avec quelqu'étendue. Je n'ignore pas qu'en agiſſant de la ſorte, on s'expoſe à être blâmé par certaines perſonnes, & à perdre leur eſtime ; on ſe déshonore même dans leur eſprit : mais j'ai cru ne pouvoir me diſpenſer de le faire. Ayant entrepris de préſenter quelques vues qui pouvoient contribuer à perfectionner l'éducation publique & particuliere de la Jeuneſſe, & regardant celles qui concernent la Religion comme les plus importantes, il m'a paru que ç'auroit été manquer à un devoir eſſentiel, que de ne les pas expoſer avec l'étendue convenable. Je me fais honnèur de la qualité de Citoyen, & je ne dois pas rougir de celle de Chrétien : l'une & l'autre m'obligent à le faire.

Les numeros de l'Article XVI contiennent la ſolution du cinquieme Problême de la Préface. Voyez auſſi l'Article XXXIX.

XVII. Il eſt néceſſaire de faire ici quelques réflexions à l'occaſion de ce que nous avons dit précédemment, qu'il falloit faire rendre compte aux jeunes gens de ce qu'ils auroient appris non pas par cœur, mais ſimplement en liſant avec attention : c'eſt peut-être le meilleur moyen de réuſſir dans l'inſtruction de la Jeuneſſe ; il eſt de beaucoup préférable à celui de faire apprendre par cœur : celui-ci eſt propre à cultiver la mémoire : mais il eſt très-pénible à la plûpart des enfans, & d'ailleurs il ne ſert guères à former leur jugement : & cependant c'eſt ce qu'il faut avoir principalement en vue dans le ſoin qu'on prend de cultiver leur eſprit. Or le premier moyen dont nous parlons, qui eſt de faire rendre compte aux jeunes gens de ce qu'ils ont lû avec réflexion, eſt excellent

pour leur former l'esprit , parce que l'on a occafion de leur faire remarquer ce à quoi ils doivent faire plus d'attention , & ce qui doit leur
fervir de régle foit pour la conduite , foit pour
bien juger des chofes. De plus en rendant ainfi
compte de ce qu'ils ont retenu par la lecture
& en écoutant ce qu'on leur dit, ils apprennent à parler , ils s'accoutument à fe fervir des
mots propres à exprimer leurs penfées & à les
arranger enfemble felon les régles de la Grammaire Françoife que les Maîtres ont foin de
leur apprendre & de les leur rappeller dans les
occafions. Il eft évident que cet exercice eft
très-propre à produire ces deux bons effets,
c'eft à-dire, de leur former l'efprit & même
le cœur , & de leur apprendre à s'exprimer &
à parler correctement. On ne peut donc mieux
faire que de le pratiquer très-fouvent : mais
par rapport aux enfans il faut les y préparer
en les inftruifant de vive voix de ce qu'on veut
leur demander enfuite ; & à l'égard des jeunes
gens plus avancés en âge , ils peuvent s'y préparer eux-mêmes par une lecture faite avec attention : il feroit même fouvent néceffaire qu'ils
lûffent plufieurs fois ce dont ils feroient obligés
de rendre compte. Cette méthode d'inftruire
feroit employée très-utilement dans les Claffes
pendant un quart-d'heure ou une demie heure:
mais elle convient fur - tout dans les éducations particulières. Si elle eft un peu pénible
& affujettiffante pour les Maîtres , ils en feront bien récompenfés par la fatisfaction que
leur procureront les progrès rapides de leurs
Eleves qui y trouveront deux avantages qui
exciteront leur émulation , l'un qu'ils auront
beaucoup moins de peine que s'ils apprenoient

des

des leçons par cœur, l'autre qu'ils seront animés par le succès, : car ils acquerront un grand
nombre de connoissances en peu de temps. Il
faut donc appliquer les enfans & les autres
jeunes gens plus souvent à cet exercice qu'à
celui d'apprendre par cœur, principalement
ceux qui ont une mémoire ingrate, & qui par
conséquent ne peuvent retenir ce qu'ils étudient qu'avec beaucoup de peine. Nous pro-
poserons dans la suite (XXVI) une autre pratique pour les jeunes gens un peu avancés : c'est
celle des analyses & des extraits : elle peut être
comparée avec celle-ci pour l'utilité que les
jeunes gens en retireront. On peut les employer l'une & l'autre, tant envers ceux qui apprennent le Latin, qu'à l'égard des autres.

XVIII. N°. 1. Je crois qu'il faudroit mettre
une distinction entre les Ecoliers d'une même
Classe par rapport aux leçons que l'on donne à
apprendre par cœur. Comme il y a une grande
différence entre les enfans ou les jeunes gens à
l'égard de la mémoire, il semble que l'on ne
devroit pas exiger le même devoir à ce sujet de
tous les Ecoliers indistinctement. (1) Ceux qui
ont une mémoire heureuse, n'ont presque point
de peine à apprendre leurs leçons, & les sçavent en peu de temps. D'autres au contraire
sont obligés de faire des efforts pénibles pour
les retenir ; & s'ils y parviennent, ils ne le
peuvent qu'en y mettant beaucoup de temps
qui seroit bien mieux employé à la traduction
du latin, ou à la composition d'un Thême, ou
à quelque lecture utile : & comme c'est une tâ-

(1) Voyez le plan général d'institution pour la
Bourgogne, page 89.

C

che qui revient tous les jours, c'est un défagré-
ment presque continuel pour ces pauvres enfans qui font exposés à être rebutés à caufe de
la difficulté extrême qu'ils éprouvent dans ce
travail ingrat : & cela est d'autant plus fâcheux,
que parmi eux il s'en trouve plufieurs qui ne
manquent ni de bonne volonté ni de talens
beaucoup plus eftimables que la mémoire, &
qui peuvent les rendre très-utiles à la Société.
Il feroit donc néceffaire de partager les Ecoliers de chaque Claffe en deux bandes à cet
égard, dont l'une apprendroit en entier toutes
les leçons, & l'autre n'en apprendroit qu'une
partie, felon que le Profeffeur le régleroit. Il
feroit ce partage au commencement de l'année, fur ce qu'il fçauroit, par le témoignage
qu'on lui rendroit de fes nouveaux Ecoliers, ou
par l'expérience qu'il en feroit. Sans ce partage
on n'exerce pas affez la mémoire de ceux qui
ont de la facilité, & ils font privés chaque jour
de plufieurs connoiffances utiles qu'ils auroient
pû acquérir, ou bien on accable les autres qui
n'ont pas la même facilité. C'eft à-peu-près
comme fi l'on donnoit à chacun la même quantité de nourriture, en les obligeant tous de la
prendre en entier, ni plus ni moins. Cette précaution retrancheroit ce qui refteroit de plus
rebutant dans les études par rapport à un grand
nombre d'Ecoliers (je fuppofe l'exécution des
moyens précédens) dont plufieurs retiennent
affez bien ce qu'il y a de plus effentiel dans une
leçon, quoiqu'ils éprouvent une grande difficulté à l'apprendre mot à mot : ce qui n'empêche pas qu'ils ne puiffent être de fort bons Ecoliers. Lorfqu'on donneroit des leçons de méthode à apprendre par cœur, il faudroit que

tous les appriſſent en entier ; mais on exempteroit des autres leçons ou devoirs, en tout
ou en partie, ceux qui auroient moins de
facilité. On feroit de même pour les autres
leçons qu'il feroit néceſſaire de ſçavoir en
entier.

On pourra objecter que ce que nous propoſons feroit contraire à l'avantage des jeunes
Etudians, parce qu'il leur importe que leur mémoire ſoit cultivée par l'exercice, qui étant ré-
pété ſouvent, ajoutera l'habitude à la faculté
naturelle.

Je conviens qu'il faut cultiver la mémoire
des jeunes gens : mais il ne faut pas la forcer,
ni la ſurcharger ; de même qu'il faut donner de
l'exercice au corps pour le fortifier : mais ſi on
vient à excéder ſes forces par des travaux trop
grands ou continués trop long-temps ſans re-
lâche, bien loin de le fortifier, on l'épuiſera,
on l'accablera. Ce ſera à-peu-près de même ſi
on lui donne trop de nourriture : il faut de la
modération en tout, & ſe proportionner aux
forces & à la diſpoſition des ſujets : ce qui eſt
bon & modéré pour l'un, eſt exceſſif pour
un autre. En voulant trop pouſſer la mémoire
d'un enfant on le fatigue, on le dégoute de l'é-
tude, on lui ôte le temps & le courage de faire
uſage de ſon eſprit pour vaquer à quelque autre occupation plus utile & moins pénible.
Peut-être même fera-t-on tort à ſon jugement
en voulant trop charger ſa mémoire.

N°. 2. En voilà aſſez pour faire ſentir la
néceſſité de faire ce que l'on propoſe ici, &
combien de peines & de déſagrémens on épar-
gneroit aux jeunes Etudians. Mais il faudroit
auſſi faire à-peu-près la même choſe par rap-

port aux autres devoirs , je veux dire les Verfions & les Thêmes, il n'eft pas rare de trouver des efprits lents qui ne peuvent faire que
dans une heure, ce que d'autres achevent fans
peine dans une demie heure , ou peut-être
moins. Cependant les premiers quoique moins
expéditifs n'en font pas quelquefois moins
propres pour réuffir dans les Sciences : ils ont
peut-être même plus de folidité & de juſteſſe.
Mais fi on exige d'eux un trop grand travail ils
le feront mal, & ce qui eft encore plus fâcheux, ce travail exceſſif pourra nuire à leur
juſteſſe par l'habitude qu'ils prendront de faire
leur devoir précipitamment & très-imparfaitement. Au reſte en leur donnant moins de devoir qu'aux autres , il faudroit les exhorter à
aller au - delà de ce qui leur feroit preſcrit,
quand ils le pourroient & qu'ils feroient en
train.

N°. 3. Il y a une autre obſervation à faire par
rapport aux leçons de mémoire que nous avons
déja touchée : elle conſiſte à ne donner à apprendre par cœur aux jeunes Etudians, que ce
qu'ils entendent au moins en partie : ainfi s'il
s'agit d'une leçon de méthode , il faudroit la
leur expliquer avant qu'ils l'étudient : il en feroit
de même d'une leçon d'un Auteur latin. Rien
n'eſt plus diſgracieux que d'apprendre quelque
chofe que l'on n'entend pas, & d'ailleurs cela
eſt beaucoup plus difficile. On ne doit donc
donner des leçons à apprendre par cœur aux
jeunes Etudians, foit du Latin, foit du François, que quand ils les entendent aſſez bien :
ainfi il faut les expliquer auparavant quand
elles renferment quelque chofe qu'ils ne comprennent pas. Voilà donc les deux précautions

qu'il faut prendre par rapport aux leçons de mémoire, la premiere de mettre une distinction entre les Ecoliers d'une Classe, afin de ne pas surcharger ceux qui ont une mémoire ingrate ou peu heureuse, la seconde de ne leur rien faire apprendre que ce qu'ils entendent plus ou moins bien. Par ces deux précautions on fera cesser un des plus grands désagremens que les enfans & les autres éprouvent dans les Classes, sur-tout ceux qui ont peu de mémoire : elles feront à l'égard des leçons qu'on leur donne à apprendre ce que d'autres précautions qui regardent les Versions ou les Thêmes, & les Auteurs à expliquer, opéreront par rapport à ces devoirs : ces autres précautions sont une méthode bien digérée. (Art. VI.) Un Manuel des Commençans. (Art. VII.) Des petits Traités intéressans pour les Ecoliers. (Article XIX. N°. 2.) Avec ces secours il n'y aura plus rien de disgracieux dans les Etudes, ni de fort pénible pour les Etudians, souvent même ils y trouveront de l'attrait, parce qu'ils travailleront avec intelligence & verront toujours clair dans ce qu'ils feront, & que d'ailleurs ils éprouveront la satisfaction que leur causera le succès. Les trois *numeros* de cet Article font encore pour la solution du premier Problême.

XIX. N°. 1. On peut dire que l'on est riche & dans l'abondance à l'égard des Livres nécessaires pour l'instruction de la Jennesse touchant la Religion : il n'en est pas de même par rapport aux Livres qui doivent servir pour apprendre les Langues & les Sciences. Je suis persuadé qu'il n'y en a que fort peu qui soient tels qu'ils devroient être pour l'usage des Eco-

liers, depuis ceux que l'on met entre les mains
des enfans qui commencent, jufqu'à ceux dont
ils fe fervent à la fin de leurs études. Si l'on
veut s'en doner la peine, on verra, par exemple, que dans les Rudimens & dans les Méthodes il y a beaucoup de chofes qui ne font pas
bien préfentées, & qu'il eft impoffible que les
enfans entendent, non pas parce qu'elles font
au-deffus de leur portée, confidérées en elles-
mêmes; mais parce qu'elles ne font pas expliquées clairement, & dans l'ordre qui convient;
enforte que fouvent ce n'eft pas tant la faute
des enfans, s'ils ne comprennent pas ce qu'on
leur fait apprendre, que celle des Auteurs de
leur Rudiment ou de leur Méthode. J'en dis à
peu près autant des Commentaires fur les Auteurs Latins qu'on leur fait expliquer. Il faudroit que les notes qui s'y trouvent, fuffent
toujours préfentées avec autant de clarté qu'il
feroit poffible, & qu'elles continffent une explication précife & exacte de tout ce qui peut
faire de la difficulté. Il arrive affez fouvent
que non-feulement des Ecoliers, mais même
de jeunes Maîtres étant embarraffés fur quelqu'endroit d'un Auteur, & cherchant à s'é-
claircir dans les Commentaires & dans les Traductions, ne trouvent pas les éclairciffemens
qu'ils cherchoient, & qu'après avoir employé
leur peine & leur temps, ils font à peu près
dans le même embarras où ils étoient d'abord.
Il feroit donc à fouhaiter que l'on compofât
des Livres tels qu'ils devroient être pour l'u-
fage des Ecoliers. Or il eft facile à l'Univerfité
d'exécuter ce plan; & j'ajoute qu'il n'y a prefque qu'elle qui puiffe le faire avec le degré de
perfection que l'on peut défirer, au moins par

rapport à la totalité des nouveaux Livres dont les Etudians auroient besoin. Ceux qui en seroient chargés feroient d'abord de leur mieux, & quand bien même la premiere édition ne seroit pas encore aussi parfaite qu'on le souhaiteroit, il seroit facile d'en faire une seconde, que l'on rectifieroit sur les observations que l'on auroit faites sur la premiere. Je voudrois même que cette premiere édition fût peu nombreuse, afin que l'on pût faire la seconde peu de temps après la premiere, qui ne seroit regardée que comme un essai. Tant qu'on ne prendra pas ces mesures, on n'aura jamais les Livres tels qu'ils doivent être pour les mettre entre les mains des Ecoliers: c'est du moins ce que l'on peut juger de la plûpart. On pourroit faire aussi dans le même goût quelques Recueils d'endroits choisis de plusieurs Auteurs, dans lesquels on mettroit ce qui seroit plus convenable aux jeunes gens.

N°. 2. Voici les petits Traités qu'il seroit à souhaiter que l'on composât pour les basses-Classes, & aussi en partie pour la Troisiéme. 1°. Une Histoire générale, mais abrégée de l'ancien Testament. 2°. Outre cette Histoire générale, il faudroit encore un autre Abrégé de la Vie des principaux Personnages de l'ancien Testament, selon l'ordre des temps. Cet Abrégé seroit terminé par une Histoire succinte de la Vie de N. S. 3°. Un Catéchisme ou une Exposition sommaire des dogmes & de la morale de la Religion Chrétienne. 4°. Un petit Recueil de Fables choisies, intéressantes pour les enfans & utiles pour leur instruction. 5°. Un Abrégé de l'Histoire Ecclésiastique qui contiendroit sur-tout un Précis de la Vie des prin-

cipaux Peres de l'Eglife , & de quelques autres
Perſonnages illuſtres. Les jeunes gens faute
d'avoir eu ces ſecours confondent ſouvent les
Temps , & n'ont aucune idée des Peres de
l'Eglife qu'ils entendent nommer, & qu'ils
trouvent cités dans ce qu'ils liſent ; & cette
ignorance les empêche de prendre un certain goût aux lectures qu'ils font. 6°. Une petite Hiſtoire de France qui s'étenderoit un peu
ſur les Regnes intéreſſans , & paſſeroit légére-
ment ſur les autres. Quand on leur feroit expliquer ces Abrégés d'Hiſtoire , on leur montreroit de temps-en-temps ſur des Cartes de
Géographie les Royaumes , les Pays , les Mers,
les Rivieres dont il ſeroit parlé , afin de leur
donner quelque idée de la ſituation des lieux.
7°. Une Hiſtoire naturelle diviſée en trois parties , deux pour les Animaux , & une pour les
quatre Elémens : Dans la premiere on parleroit des Quadrupedes & des Inſectes : on diroit
auſſi quelque choſe en général des Reptiles &
des Amphybies ; la ſeconde traiteroit des Oi-
ſeaux & des Poiſſons , avec quelques notions
des Teſtacés ou Animaux à coquilles , comme
les Huîtres : enfin la troiſieme auroit pour objet les quatre Elémens , la Terre , l'Eau, l'Air,
& le Feu , deſquels il y auroit bien des choſes à dire , fort utiles & fort intéreſſantes.
Cette troiſieme partie ſeroit deſtinée pour les
Ecoliers de Troiſiéme , dont pluſieurs quittant
leurs études avant la fin du cours ordinaire auroient beſoin des connoiſſances qu'elle renfermeroit , & de celles qui ſeroient contenues
dans les Traités ſuivans pour ſuppléer en partie
à la Philoſophie. 8°. Un Abrégé de la Sphère
& de la Géographie ; il contiendroit les no-

tions des Cercles de la Sphère, de ses principaux points & des Zones : on y donneroit quelques connoissances des mouvemens célestes,
sur-tout du Soleil & de la Lune. Tout cela
pourroit être mis devant les yeux des jeunes
gens au moyen d'une Sphère armillaire. On
peut voir dans la seconde addition aux Réflexions sur les Prix de l'Université combien de
choses intéressantes on pourroit mettre dans
le Traité des quatre Elémens, & celui de la
Sphère, qui ne seroient pas au-dessus de la portée des Ecoliers de Troisiéme si elles étoient
bien présentées. Quant à la Géographie on
donneroit des notions de la latitude, de la
longitude, de l'élévation du Pole & des autres
choses qui serviroient de principes dans la
Géographie.

N°. 3. Il faudroit aussi, comme on l'a dit,
pour la Classe de Troisiéme, un petit Traité
qui montreroit les principales sources des erreurs les plus communes. Ce seroit une espece
de Logique ; mais tous ces petits Traités ne
devroient contenir que ce qui pourroit être
entendu facilement par les Ecoliers auxquels
ils seroient destinés. Au reste, cela dépend
sur-tout de la maniere dont les choses y seroient exposées : car il n'y a presque rien de
ce qui convient aux jeunes gens, qu'on ne
puisse leur rendre intelligible quand ils sont
capables d'attention. Ces Traités renfermeroient les connoissances qui sont les plus utiles
dans les Sciences auxquelles elles appartiennent, ensorte que les jeunes gens qui auroient
fait leurs Classes jusqu'en Troisiéme inclusive-
ment, & qui quitteroient leurs études pour
prendre le parti du Commerce ou de quelque

Profeſſion, ſçauroient ce qui leur conviendroit dans ces Sciences : & ſi dans la ſuite ils avoient beſoin d'en cultiver plus particuliérement quelques-unes , ils le pourroient par eux-mêmes avec les principes qu'ils en auroient appris dans leurs Claſſes.

N°. 4. Comme les talens ſont partagés , il ſeroit à ſouhaiter pour la perfection de chacun de ces Ouvrages , qu'il y eût deux Profeſſeurs chargés d'y travailler , l'un pour faire le choix , l'arrangement & la diſpoſition de la Matiere , & l'autre traduiroit en Latin l'ouvrage du premier : mais l'un & l'autre pourroient travailler à pluſieurs des petits Traités indiqués. Il ſeroit bon que le premier revît la Traduction , pour juger s'il n'y auroit pas quelques changemens à faire dans ce qu'il avoit compoſé d'abord , on nommeroit pluſieurs perſonnes pour travailler aux différens Traités. Il ſeroit juſte de donner quelques récompenſes aux Auteurs de ces petits Ouvrages auſſi bien qu'à ceux des Traductions dont nous parlerons pour les Claſſes de Troiſiéme , de Seconde & de Rhétorique , & à ceux qui compoſeroient un cours de Philoſophie ; autre objet qui contribueroit infiniment à rendre les études de l'Univerſité plus utiles à la Jeuneſſe , & plus eſtimées des connoiſſeurs. On ne manque pas de fonds à préſent , depuis que le Roi a bien voulu donner à l'Univerſité le Vingt-huitiéme entier des Poſtes. Il ſemble qu'on ne pourroit faire un meilleur uſage de ce qui n'eſt pas deſtiné aux Profeſſeurs , que d'en employer une partie pendant quelques années pour récompenſer des Maîtres qui auroient rendu un ſi grand ſervice à la Jeuneſſe confiée à l'Univerſité : ils auroient élevé dans ſon ſein , par leur travail , des édifices ſpirituels , dont

la durée seroit égale à celle de cette Ecole célebre, & qui seroient des monumens immor-
tels de son attention & de son application à
lui procurer les secours les plus propres pour
son instruction. Je crois que le Public ne désa-
prouveroit pas qu'on retardât pendant quelques temps des édifices matériels pour donner
lieu à ceux dont il s'agit ici.

N°. 5. Il seroit à propos d'exposer aux enfans ce dont il s'agit dans une partie de leur
Auteur, avant qu'on la donnât à traduire, &
même avant qu'on la leur expliquât. S'il s'a-
gissoit par exemple de la Vie de Charlemagne
dans un petit Abrégé de l'Histoire de France,
que je suppose qu'on leur donne pour Auteur,
il faudroit avant de l'expliquer leur faire connoître cet Empereur, en leur racontant quelques-uns des principaux traits qui seroient
contenus dans l'Abrégé. Cela produiroit deux
avantages, l'un de leur rendre la traduction
plus facile, parce qu'ils en connoîtroient déja
la matiere, au moins en partie; l'autre d'exciter en eux l'émulation, tant à cause qu'ils réus-
siroient mieux, & avec moins de peine dans
leur travail, que parce qu'ayant déja quelque
connoissance de l'objet auquel ils s'appliqueroient, ils auroient envie de le mieux connoître; au lieu que s'ils n'en avoient aucune connoissance, ils seroient dans une indifférence
entiere à son égard : *ignoti nulla cupido.* Il seroit donc à souhaiter que dans toutes les oc-
casions on intéressât la raison des jeunes gens
en éclairant leur esprit, soit par l'explication
des choses qu'ils n'entendent pas, soit par le
récit des faits dont il seroit question dans leur
devoir. Ces éclaircissemens leur donneroient

C vj

du goût pour l'objet de leur application &
leur faciliteroient le travail., & cette facilité
augmenteroit encore leur goût ; car comme
nous l'avons déja dit, on fe porte volontiers
à faire ce en quoi on réuffit Or il vaut beaucoup mieux engager les jeunes gens au travail
& à l'application par goût que par la crainte
des réprimandes & des châtimens. Ce moyen.
aura un heureux fuccès par rapport à la plûpart des fujets : c'eft en cela que confifte principalement la perfection de l'Art d'enfeigner,
mais il faut prendre garde de fomenter l'orgueil en voulant exciter le goût. Les orgueil-
leux font odieux à Dieu & aux Hommes &
infupportables à eux - mêmes. L'orgueil eft
l'ennemi de la paix & de la tranquillité de
l'efprit : c'eft comme un Serpent qui verfe fon
venin dans le cœur de celui qui le nourrit.

XX. Ce ne feroit pas affez d'avoir des Traités Latins convenables aux enfans dans les
baffes Claffes & de les bien expliquer, il faut
de plus que les Maîtres ayent foin d'interroger
les Ecoliers fur ce qui eft renfermé dans les
leçons qu'on leur a fait expliquer, en leur faifant des queftions, non plus précifément fur ce
qui regarde le Latin, mais fur la matiere exprimée par le difcours ; c'eft le moyen de les
engager à faire attention à ce que contiennent
les leçons, de les leur rendre intéreffantes, de
leur en faire tirer de l'avantage à l'égard des
objets dont il eft parlé. Sans cette précaution
ils ne tireroient prefque aucun profit de ces
leçons quant à la matiere qui y eft contenue.
Je parle des baffes-Claffes, fur-tout la Septiéme, la Sixiéme, & la Cinquiéme. Cet exercice, de leur propofer des queftions fur ce qui
eft contenu dans ce qu'ils ont expliqué, leur

ouvrira l'efprit , & leur donnera lieu d'apprendre les chofes le plus néceffaires & les plus convenables à leur âge , pourvû que les Traités qu'on leur fera voir foient compofés avec le goût & le difcernement que demande l'inftruction de la Jeuneffe. On fent bien que pour avoir des Traités tels qu'il feroit à fouhaiter, il faudroit en compofer exprès , comme on vient de le dire. Quant aux Claffes fupérieures , la Seconde & la Rhétorique, l'exercice dont nous parlons , ne feroit plus fi néceffaire, foit parce que les jeunes gens feroient accoutumés à faire attention à la matiere traitée dans leurs Livres, foit parce qu'ils auroient plus d'ouverture d'efprit. Nous remarquerons par occafion que la pratique propofée dans cet article devroit être un des principaux exercices des petites Ecoles où l'on apprend à lire aux enfans : fi on ne leur explique pas ce qu'on leur fait lire , quoiqu'en François , ils n'apprennent rien des chofes qu'ils ont lûes : il eft donc néceffaire de le leur expliquer & de leur faire des queftions dont les réponfes foient contenues dans leur leçon , & même leur faire remarquer qu'elles y font contenues.

XXI Nous avons vû. (Art. XVI. N°. 1.) qu'il n'eft pas à propos de mettre entre les mains des jeunes Etudians de longues Hiftoires pour les lire pendant le cours de l'année ; on rifqueroit d'exciter en eux du dégoût pour les études moins attirantes par rapport à eux ; car la plûpart des hommes , fur-tout des jeunes gens , ont plus de goût pour l'Hiftoire que pour toute autre chofe ; mais il feroit encore plus dangereux de leur faire apprendre la Verfification Françoife , & de les y exercer. Il eft conftant même par l'expérience que cela n'eft

pas néceſſaire pour ſentir les beautés des Ouvrages en Poëſie : ces beautés s'apperçoivent
par le goût & le diſcernement, que l'on peut
acquérir ſans la connoiſſance de la Verſification
Françoiſe : ainſi cette connoiſſance n'eſt pas
néceſſaire. Mais ce qu'il y a de plus important
à conſidérer, c'eſt qu'elle ſeroit fort dangereuſe
pour les jeunes gens, dont pluſieurs ne manqueroient pas de s'en ſervir pour faire des
Chanſons piquantes & d'autres Vers ſatyriques
contre leurs Compagnons, contre leurs Maîtres même, & contre d'autres ; ce qui mettroit infailliblement le trouble & la diviſion
dans les eſprits. Rien n'eſt ſi aiſé que de réuſſir juſqu'à un certain point dans ces ſortes de
petites Piéces, quand on ſçait la verſification.
Il y a peu de Sujets qui ne puiſſent s'attirer des
applaudiſſemens dans ce genre ; la malignité
ſupplée en quelque ſorte au talent. On ſçait
aſſez la démangeaiſon des jeunes gens pour
s'exercer dans ce genre : lorſqu'ils croyent pouvoir y réuſſir, ils ſont charmés de faire l'eſſai
de leur nouvelle ſcience. Ce ne ſeroient pas
ſeulement ceux qui ont le cœur mauvais, qui
ſeroient ſuſceptibles de cette tentation ; ce
ſeroient quelquefois de bons caractères qui y
ſuccomberoient, ſi on les y expoſoit en leur
apprenant cet Art dangereux : or ce ſeroit pour
eux un malheur extrême d'y ſuccomber, car
rien n'a de plus fâcheuſes ſuites que ces Chanſons ou Vers ſatyriques. Ce n'eſt pas ſeulement
la connoiſſance de la corruption du cœur qui
doit faire juger du danger dont nous parlons ;
l'expérience l'a auſſi fait connoître dans pluſieurs endroits, & a fait repentir les Maîtres
d'avoir donné à leurs Ecoliers une connoiſſance
ſi funeſte pour eux, par l'abus qu'ils en faiſoient.

XXII. Plufieurs perfonnes penfent auffi avec raifon qu'il ne faudroit pas exercer les jeunes gens dans les Claffes à la Verfification Latine. Ce fentiment eft fondé fur une maxime qui doit fervir de régle de conduite dans l'enfeignement public, c'eft que les Maîtres doivent avoir égard dans leurs leçons au befoin & à l'utilité du plus grand nombre de leurs Eleves. Or le grand nombre des Ecoliers d'une Claffe n'a pas befoin de fçavoir faire des Vers Latins. A peine fur cinquante ou foixante s'en trouvera - t- il un ou deux qui foient un jour dans le cas de faire un ufage utile de cette connoiffance. Le temps que les autres occupent à cet exercice eft perdu, ou prefque perdu pour un grand nombre qui n'ont point de talent ou de goût pour la Poëfie Latine, & à qui ce travail eft très-pénible, très-difgracieux & capable de les rebuter. (J'en attefte les Maîtres qui ont veillé fur les études des Ecoliers, & les autres perfonnes qui ont fait leurs Claffes.) Et par rapport à ceux qui pourroient s'exercer avec quelque fuccès en ce genre, mais qui n'en ont pas befoin, il feroit plus avantageux pour eux qu'on leur prefcrivît un autre travail. Il eft vrai qu'il eft à propos que les jeunes Etudians connoiffent la ftructure des Vers, au moins les plus ordinaires: il faut auffi qu'ils fçachent la quantité, & qu'ils s'accoutument à l'obferver dans la prononciation, en parlant ou en lifant le Latin : mais ils peuvent aifément apprendre tout cela fans être exercés dans la Poëfie. En fupprimant cet exercice, les jeunes gens auront plus de temps à s'ocper des études beaucoup plus utiles pour le très-grand nombre : & prefque tous ceux qui

auroient eu quelque fuccès dans la Poëfie pourront profiter autant ou plus dans la lecture réfléchie des bons Auteurs, foit Poëtes, foit Orateurs, foit Hiftoriens, ou dans la Verfion qu'ils
en feront.

XXIII. N°. 1. Il feroit à fouhaiter que l'on
vît les mêmes Auteurs dans la même Claffe des
différens Colléges, par exemple, dans la Troifiéme; & comme il y a fouvent des Ecoliers
qui doublent une Claffe, il faudroit partager
les Auteurs affectés à une Claffe, en deux années, les uns pour la premiere, les autres pour
la fuivante. Cependant fi parmi les Auteurs
d'une Claffe il y en avoit quelqu'un plus néceffaire ou plus utile que les autres, il feroit à
propos de l'expliquer tous les ans. Les Ecoliers
qui redoubleroient cette Claffe, ne perdroient
pas leur temps à revoir cet Auteur. Souvent
même ils y profiteroient plus qu'en voyant
un Auteur qu'ils n'auroient pas encore expliqué. Le grand point pour faire du progrès
dans les études eft de s'appliquer à un bon
Auteur autant qu'il eft néceffaire pour le bien
poffeder & fe le rendre propre, s'il eft poffible; ce qui demanderoit fouvent qu'on le revît dans une feconde année après la premiere.

N°. 2. Si l'on voyoit ainfi les mêmes Auteurs dans tous les Colléges, & qu'on y donnât les mêmes devoirs, comme d'ailleurs on y
verroit auffi la même Méthode, les Ecoliers de
la même Claffe dans les différens Colléges feroient à-peu-près de la même force par-tout:
ainfi une Claffe ferviroit de régle pour juger
du progrès des études des jeunes gens; au lieu
qu'à préfent on ne peut fçavoir le degré de

fcience d'un Etudiant par la Claffe où il eft, quand même il feroit du nombre des bons Ecoliers ; de même que l'on ne connoît pas la diftance de deux Villes, quoiqu'on entende dire qu'elles font éloignées de dix lieues, à caufe de la différence des lieues dans les différens Pays.

Afin qu'on parvînt encore plus fûrement à établir une égalité de force dans les Claffes de même degré, il feroit bon que tous les exercices de chaque Claffe fuffent prefcrits, & que l'ordre dans lequel ils devroient fe fuccéder les uns aux autres, fût réglé. Cette uniformité des mêmes exercices dans les Claffes femblables, jointe à l'explication des mêmes Auteurs, à l'enfeignement de la même Méthode, & au travail des mêmes Devoirs, ne pourroit manquer de procurer un progrès à peu près égal dans le gros des Ecoliers de ces Claffes de différens Colleges.

XXIV. N°. 1. En fait d'Auteurs Latins on a coutume de n'expliquer dans les Claffes de Seconde & de Rhétorique, & même de Troifiéme, que ceux qui font anciens, à peu près du temps d'Augufte, ou avant cette époque : ne feroit-il pas à propos de joindre à ces Auteurs quelques bonnes Traductions Latines, de certains morceaux de nos meilleurs Auteurs, tels que Boffuet, Flechier, Bourdaloue, Maffillon, différens Difcours des Avocats Généraux, ou d'Académiciens, dont la matiere conviendroit aux jeunes Etudians, des morceaux d'Hiftoire générale ou particuliere, des Révolutions des Empires ou des Etats, &c. En faifant un bon choix de tout ce qu'il y a de meilleur, fans s'aftraindre à prendre tout ce qui fe trouve dans les différens Ouvrages où l'on puiferoit, il eft certain qu'on pourroit faire des Extraits dont la matiere feroit infiniment plus inftructive & intéreffante pour les jeunes gens, que ce que l'on voit des anciens Auteurs dans les Claffes. Ainfi par rapport à la matiere il n'y a point de doute que les morceaux choifis des Modernes l'emporteroient de beaucoup fur les Anciens : mais il y a deux autres objets à confidérer outre la matiere. Ce font l'éloquence & la connoiffance du Latin.

N°. 2. Quant à l'éloquence il y auroit auffi plus à profiter pour les jeunes gens dans les Modernes que dans les Anciens ; 1°. parce qu'il ne s'agit pas pour eux d'une éloquence telle que celle qui étoit en ufage dans les Tribunes aux Harangues de Rome, mais de celle qui convient à nos Mœurs, à l'Etat & aux circonftances où nous fommes, & c'eft précifément celle qui fe trouve dans nos Auteurs modernes ; 2°. parce qu'il y a communément plus d'ordre & de méthode dans les Modernes, ou du moins, un ordre plus facile à faifir par les jeunes gens ; on peut remarquer cet ordre, fur-tout dans les Difcours de la Chaire, foit Sermons de Morale, foit Panégyriques, foit Oraifons Funébres ; 3°. à caufe des penfées fublimes que ces morceaux contiennent, tirées du fond de la matiere, au lieu que celles dont traitent les Anciens ne comportent pas d'employer des penfées femblables.

N°. 3. A l'égard de la Latinité, il eft vrai que les Anciens l'emportent fur les Traductions Latines qu'on pourroit faire : mais cette Latinité foit qui précifément dans le même goût que celle des anciens Auteurs, n'eft pas néceffaire pour le très-grand nombre des Ecoliers d'une Claſſe, & c'eſt ce gros des Écoliers qu'un Maître public doit ſe propoſer : le Latin de bonnes traductions ſeroit ſuffiſant pour eux ; & ils feroient plus de progrès dans ce Latin des Modernes que dans celui des Anciens, ſoit parce qu'ils l'entendroient mieux & avec moins de peine, ſoit parce qu'ils s'y appliqueroient davantage, tant à cauſe de la facilité qu'ils éprouveroient, qu'à cauſe de l'intérêt qu'ils prendroient aux matieres qui ſeroient beaucoup plus utiles & intéreſſantes pour eux que celle dont les Anciens traitent, enſorte que ces jeunes gens par ce double motif ſe porteroient d'eux-mêmes à l'étude de ces Traductions : cette conſidération eſt de la plus grande conſéquence ; & quand les jeunes gens ſe feroient exercés pendant quelques temps au Latin de ces Traductions que je ſuppoſe bien faites, ils feroient des progrès rapides dans celui des Auteurs anciens, parce qu'ils connoîtroient la ſignification de la plûpart des mots & feroient accoutumés à leur arrangement, tel à-peu-près qu'il ſe trouve dans ces Auteurs. Ainſi de quelque côté que l'on conſidere la queſtion préſente, il paroît qu'il ſeroit avantageux pour les jeunes gens qu'on employât une partie du temps des Claſſes à expliquer en Seconde & en Rhétorique de bonnes Traductions Latines des morceaux choiſis de nos meilleurs Auteurs.

Nº. 4. Si aux Traductions dont il s'agit dans cet Article, accompagnées de quelques Notes on joint les Examens dont nous parlerons dans la ſuite, & qu'il ſeroit à propos de faire environ quatre fois l'année dans les Colléges & même dans les Penſions, l'émulation des Etudians feroit des plus grande , parce que ces Traductions renfermeroient les deux grands mobiles qui l'excitent, je veux dire, la facilité du fuccès & l'agrément avec l'utilité des matieres , qui par ces qualités deviennent intéreffantes pour eux.

Mais ces moyens d'exciter les jeunes gens à l'étude feront encore plus efficaces fi leur cœur eft dégagé des paffions. Car quand le cœur en eft rempli , il n'eft occupé habituellement qu'à ce qui en eft l'objet. Or c'eft par l'amour de la Religion & par les fentimens qu'elle infpire, qu'elles s'affoibliffent & que leurs accès s'éteignent. Ainfi la Religion qui eft l'objet effentiel de la bonne éducation de la jeuneffe devient encore précieufe par cette confidération, qu'elle peut beaucoup fervir au progrès des bonnes études, je veux dire celles qui procurent l'acquifition des connoiffances néceffaires ou vraiment utiles. Voilà donc quatre moyens principaux d'exciter l'émulation dans les Étudians. 1°. La facilité que procurent les Traductions accompagnées de Notes; 2°. l'utilité des matieres & l'intérêt qu'ils y prendront. 3°. Les Examens à faire environ quatre fois l'année 4°. Les Inftructions & les Exhortations fur la Religion, & tout ce qui peut contribuer avec le fecours de la grace à en infpirer l'amour & les fentimens.

N°. 5. A ces Traductions il faudroit ajouter un Traité Latin des principes du Droit naturel qui feroient connoître aux jeunes gens comment il faut fe conduire dans la Société pour s'acquitter de fes devoirs envers les autres hommes, & pour éviter les injuftices dans lefquelles ils pourroient tomber faute de les con-

noître. Ces injustices que l'on commet par ignorance, causent quelquefois bien des peines &
des inquiétudes pour réparer les torts ou les
préjudices qu'on a portés au prochain : ils ne
sont pas rares sur-tout dans les gains que l'on
fait dans le Commerce : souvent on se rend
coupable d'usure sans le sçavoir. Il seroit encore fort utile de connoître certaines Loix du
Royaume dont on peut avoir besoin dans les
affaires & pour la conduite ordinaire de la vie.
On se donne bien de la peine pour acquérir des
connoissances beaucoup moins utiles que celles
de ces Loix ; par exemple, combien n'emploie-
t-on pas de temps & de travail pour connoître
l'Histoire, les Guerres, les Coutumes, les Usages, les Loix des anciens Peuples & des Empires qu'ils ont formés ; & néanmoins ces connoissances ne servent presque de rien à la plûpart des particuliers, ou même leur sont inutiles ? Ne vaut-il pas bien mieux occuper son
temps à l'acquisition des sciences d'usage, telles que celles dont il s'agit, qui tendent à former des Citoyens. Le Traité dont nous parlons seroit à la vérité plus convenable à la
Classe d'éloquence que l'on feroit après la Philosophie : (voiez Art. XXX.) mais comme il
y auroit beaucoup d'Ecoliers qui quitteroient
leurs études avant d'arriver à cette Classe, en
la supposant établie, il seroit très-utile de l'expliquer dans celle de Seconde : ce qui n'empêcheroit pas qu'on n'en fît voir un autre plus
étendu sur la même matiere dans la Classe d'é-
loquence si elle subsistoit. Il n'y a point de
Science si nécessaire à sçavoir que celle qui
apprend à être juste, équitable & prudent
dans la conduite de la vie. C'est donc celle-là

particuliérement à laquelle il faut appliquer les
jeunes gens quand ils en font devenus capables.

XXV. N°. 1. Outre les Traductions Latines
dont nous venons de parler, il faudroit qu'il y
eût des Commentaires tant pour ces Traductions que pour les anciens Auteurs que l'on feroit voir dans les trois Claffes fupérieures, fur-
tout dans la Seconde & la Rhétorique, car
pour celle de Troifiéme elle feroit occupée en
partie par quelques-uns des petits Traités dont
nous avons parlé, fçavoir ceux de la Sphère
& des quatre Elémens. Mais les Commentaires des Traductions feroient plus courts que
ceux des anciens Auteurs ; parce que ces Traductions auroient beaucoup moins d'endroits
difficiles. Ces Commentaires feroient bien différens de ceux deftinés aux Commençans, ils
contiendroient le Texte des Traductions tel
qu'il feroit, & auffi celui des anciens Auteurs
tel qu'il eft, fans changer la fuite des mots
pour la conftruction : on n'y mettroit pas les
mots François en interlinéaires, ils contiendroient feulement le Texte & les Notes au bas
de la marge, comme on fait communément;
mais ces Notes feroient plus proportionnées au
befoin des jeunes gens, foit par leur clarté,
foit par le but qu'on s'y propoferoit comme
nous allons dire.

N°. 2. Diftinguons d'abord les différentes
efpeces de Notes, il y en a d'hiftoriques, de
chronologiques & de géographiques. Ces trois
fortes n'auroient guère lieu que pour les anciens Auteurs, encore ne devroient-elles être
d'ufage communément que quand ces Auteurs
ont fait des fautes dans quelqu'un de ces trois

genres, ce seroit pour les faire connoître. Mais hors ce cas elles ne seroient pas ordinairement néceſſaires, parce que la plûpart des jeunes gens n'ont pas beſoin d'une connoiſſance particuliere de ces matieres. Quant à ceux qui voudroient s'en inſtruire, ils les trouveroient ailleurs plus développées & traitées avec plus d'ordre que dans de ſimples Notes. Il y a des Notes deſtinées à éclaircir des endroits obſcurs & à les faire entendre. Celles-ci ne ſeroient encore guères néceſſaires que pour les Auteurs anciens, il faudroit même paſſer légerement ſur les endroits qui ſont l'objet des diſputes des Sçavans, de peur d'y employer bien du temps au hazard de n'en point tirer d'avantages. Souvent ces Textes ſont ou altérés par la négligence des Copiſtes, ou mal conſtruits par un défaut d'attention de la part des Auteurs qui n'ont pas dit ce qu'ils ont voulu dire, ou qui ſe ſont mal exprimés : & c'eſt pourquoi ſouvent on feroit mieux de chercher par ce qui précede & ce qui ſuit ces endroits obſcurs, de chercher, dis-je, ce qu'ils ont voulu dire plutôt que ce qu'ils ont dit, ou que les Copiſtes ou les Imprimeurs leur font dire.

Nº. 3. D'autres Notes ſont employées à faire connoître le génie des Langues ou à faire ſentir les beaux endroits des Auteurs, en expliquant en quoi conſiſte leurs beautés, celles-ci ſont utiles pour faire du progrès dans les Belles-Lettres ; mais ſi on leur donnoit l'étendue qui leur ſeroit néceſſaire, pour les faire bien entendre au commun des Etudians, elles groſſiroient beaucoup les Volumes, à cauſe du grand nombre de beaux endroits qui ſe trouvent dans les bons Auteurs anciens ou modernes; c'est pourquoi il paroît qu'il seroit à propos de composer un Traité qui contiendroit des observations qui seroient destinées à développer en quoi consiste les beautés les plus ordinaires qui se rencontrent dans les bons Auteurs, avec des Exemples tirés de ceux que l'on feroit voir dans les Classes. Un petit Traité dans ce goût, qui seroit bien exécuté, pourroit beaucoup contribuer à l'avancement des jeunes gens dans les Belles - Lettres, si on le faisoit voir en Troisiéme, & peut-être en Seconde, en obligeant les Ecoliers à en rendre compte, sur-tout, si les Maîtres expliquoient ou développoient les endroits qui paroîtroient en avoir besoin; & alors dans les Notes des Commentaires on renverroit aux observations de ce Traité, au moyen de quoi ces Notes pourroient être fort courtes. Il y auroit encore d'autres Notes ou remarques à faire, ce seroit celles qui serviroient à redresser certains endroits peu exacts pour la Morale, ou seulement pour la justesse, qui se trouvent quelquefois dans les anciens Auteurs. Voilà donc plusieurs sortes de Notes qui doivent entrer dans les Commentaires, sur-tout ceux des anciens Auteurs : les principales font 1°. celles qui servent à expliquer les endroits obscurs, qui seroient capables de rebuter les jeunes gens; 2°, celles qui sont destinées à faire sentir les beautés des Auteurs ; 3°. celles qui font remarquer les fautes dans lesquelles ils sont tombés par rapport à la morale ou à la justesse. Mais en général il faudroit que toutes ces Notes fussent présentées avec le plus de clarté possible, afin qu'elles fussent à la portée des Ecoliers mêmes médiocres. Comme tout n'est pas également bon &

convenable

convenable aux jeunes gens, même dans les
meilleurs Auteurs, (il s'agit ici des Anciens)
il faudroit non-feulement choifir les Auteurs,
mais auffi faire un difcernement de ce qu'il y
auroit de plus beau & de plus utile dans chacun par rapport aux Etudians.

N°. 4. Tous ces moyens que nous avons
expofés pour l'avantage des Claffes de Belles-
Lettres, réunis enfemble, fçavoir les Traductions Latines des morceaux choifis des Auteurs
modernes, le choix de ce qu'il y auroit de
plus beau & de plus utile pour les jeunes gens
dans les Anciens, le Recueil des obfervations
fur les beautés des bons Auteurs pour les faire
fentir aux jeunes gens, les Commentaires ou
Notes fur les Traductions & fur les Ouvrages
des Anciens, ou du moins fur des morceaux
choifis, ces moyens, dis-je, auroient le même effet pour les Ecoliers des hautes Claffes
que la Méthode de Syntaxe dont nous avons
parlé, le Commentaire des Commençans &
les petits Traités marqués ci-deffus par rapport à ceux des baffes-Claffes ; je veux dire
que ces Ouvrages qu'on compoferoit à l'ufage
des hautes Claffes exciteroient & animeroient
les Ecoliers de ces mêmes Claffes, tant par le
fuccès qu'ils leur procureroient que par l'intérêt qu'ils prendroient aux matieres; ils feroient
même plus excités & animés à caufe qu'ils auroient plus d'ouverture & de goût que les Commençans. Ainfi il y auroit une émulation générale qui regneroit dans toutes les Claffes de
Grammaire & de Belles-Lettres. On ne verroit donc prefque plus d'Ecoliers qui ne s'appliquaffent d'eux-mêmes, & ne profitaffent
dans leur Claffe ; & on ne feroit plus dans la

trifte néceffité, au moins pour l'ordinaire, de leur témoigner du mécontentement par rapport à leur devoir de Claffe : on fent bien de quelle importance eft cette confidération. Cela a rapport au quatriéme Problême & en contient une folution très - fatisfaifante pour des efprits qui ne feront pas prévenus.

XXVI. On a remarqué avec raifon dans une Lettre publique fur un Plan d'Etude, qu'il feroit à propos d'exercer les jeunes gens qui font dans les Claffes d'Humanité, à faire des Analyfes des plus beaux difcours des bons Auteurs ; effectivement, rien ne feroit plus avantageux aux jeunes gens, pour leur former le jugement & le goût, pourvû que les Maîtres les dirigeaffent dans cet exercice, & euffent foin de lire ces Devoirs des Ecoliers, pour les avertir des fautes qu'ils auroient faites : outre que ce feroit un moyen excellent de former & de perfectionner leur difcernement, ils retiendroient auffi par-là les beaux endroits qu'ils auroient analyfés ; ils apprendroient à bien écrire, c'eft-à-dire, à fe former le ftyle. On pourroit faire non-feulement des analyfes des Difcours, foit Latins, foit François, mais auffi des Extraits & des Abrégés d'autres morceaux des Auteurs, & fur-tout des Hiftoires. Cet Exercice pourroit fervir pour les Compofitions deftinées à donner les Places, en commençant dès la Troifiéme. Il feroit d'autant plus utile, qu'il accoutumeroit les jeunes gens à une pratique qui eft un des meilleurs moyens pour faire des progrès dans les différentes études particulieres que l'on entreprend après le cours des Etudes publiques. Sans cette habitude acquise dans la jeunesse, on ne se porte presque jamais aux exercices les plus utiles, à cause des peines que l'on éprouve d'abord à faire les choses auxquelles on n'est pas accoutumé.

Voilà quatre exercices que nous avons proposés, chacun en son lieu, qui sont bien importans pour le progrès de la jeunesse ; 1°. d'expliquer aux Commençans les mots & leurs assemblages qu'on a lieu de croire qu'ils n'entendent pas. (Art. XII.) 2°. De leur faire des questions dont les réponses soient dans ce qu'on leur a fait lire ou apprendre. (XX) 3°. De leur faire rendre compte des lectures qu'ils ont faites ou entendues. (XVII.) 4°. Enfin de leur donner à faire des analyses ou des extraits de quelques morceaux d'Auteurs, (il s'agit dans ces quatre numéros, principalement du François, au moins avant la Classe de Seconde.) Les deux premiers exercices conviennent plus particuliérement aux moins avancés, le troisiéme à ceux qui le sont un peu plus, & le quatriéme aux autres qui le sont encore davantage.

XXVII. N°. 1. Voici encore un autre exercice dont nous avons déja parlé par rapport aux enfans, qui sera très-utile à plusieurs égards, mais qui est plus convenable à une éducation particuliere qu'à une Classe, excepté celles de Septiéme & de Sixiéme : c'est de faire copier aux jeunes gens quelques endroits d'un Livre qui contiennent des instructions qui leur conviennent, celles sur-tout qui sont difficiles pour eux. Il seroit bon avant de les leur faire écrire, de leur en donner une idée, en leur expliquant au moins les principaux points de ce qu'on leur donneroit à écrire. Je dis que cet exercice leur seroit très-utile à plusieurs égards : car 1°. ils acquerroient une connoissance générale de la matiere dont il s'agiroit, & des termes qui serviroient à l'exprimer ; très-souvent c'est le défaut d'intelligence des termes, ou du moins le peu d'usage qu'on en fait qui empêche de comprendre la matiere : 2°. ils apprendroient l'Orthographe en suivant exactement le modele qu'ils copieroient ; 3°. enfin ils apprendroient à parler & même à coucher par écrit leurs pensées : ce qui leur donneroit de la facilité pour écrire des Lettres. Démosthene étoit si convaincu de l'utilité de cette pratique, qu'il écrivit jusqu'à huit fois les Ouvrages de Thucidide pour s'en rendre le style familier. Il paroît donc que cet exercice est un des plus utiles pour faire faire du progrès à des jeunes gens qui ont déja quelque âge, & à des personnes d'un âge plus avancé ; mais dont on a négligé l'instruction dans leur jeunesse. A l'égard de celles qui n'auroient pas encore appris les premiers principes de la Grammaire Françoise, il faudroit leur donner une notion des neuf parties du discours ; c'est-à-dire, des neufs sortes de mots, sçavoir, le Nom, le Pronom, l'Article, le Verbe, &c. mais principalement du Verbe, & leur en faire remarquer d'abord les quatre parties générales qui sont l'Indicatif, l'Impératif, le Subjonctif, l'Infinitif ; & ensuite les Temps de chaque partie, les Personnes, & sur-tout les Terminaisons : on leur apprendroit à les conjuguer, & particuliérement ceux de la premiere Conjugaison qui sont en bien plus grand nombre que ceux des trois autres ; & pour cet effet il seroit à propos de leur donner

plufieurs Exemples de Verbes à écrire, en prenant pour modele ceux de la même conjugaifon, qui feroient dans un abrégé de Grammaire Françoife qu'on leur mettroit entre les
mains. En employant ces moyens, ils apprendroient beaucoup plus facilement & plus promptement l'Orthographe & la maniere de parler & d'écrire correctement, que fi on négli-
geoit ces moyens. De plus, la connoiffance
des différens temps & modes des Verbes contribueroit à l'intelligence des phrâfes & auffi
des matieres qu'elles exprimeroient; car la
connoiffance exacte des fignes influe fur celle
des chofes qu'ils fignifient. Mais il faudroit
que ces écritures fuffent lûes par quelqu'un qui
feroit en état de corriger les fautes & même
d'expliquer ce qui en auroit befoin pour le faire
entendre au Difciple.

Au défaut d'un Maître bien inftruit des matieres, le jeune homme pourroit être aidé par
quelqu'autre, comme un Parent, que je fuppofe cependant avoir une notion au moins
légere de l'Orthographe ; tandis que le Co-
pifte liroit tout haut ce qu'il auroit écrit, le
Parent fuivroit la lecture en regardant le Livre, & lui demanderoit comment il auroit
écrit certains mots qui paroîtroient les plus
difficiles pour l'orthographe ; & lui feroit dire
la ponctuation pour la confronter avec celle du
Livre.

Nº. 2. Nous avons dit que le défaut d'intelligence des termes & même le peu d'ufage que
les perfonnes en font les empêche d'entendre la
matiere. C'eft ce qui arrive par rapport aux
Sciences, aux Arts, & aux affaires qui ont
rapport aux Loix, aux Coutumes & à la Pro-

D iij

cédure ; ceux même qui ne manquent pas d'intelligence, mais qui n'ont pas appris ces Sciences ou ces Arts, ont peine à suivre les difcours sur ces matieres, quoiqu'ils ne suppofent
pas un fond de connoiffances propres à ces
Sciences ou Arts, parce que quand même ils
entendroient les termes de l'Art dont on parle, cependant comme ils ne leur font pas familiers, ils n'excitent pas affez promptement
dans leur efprit les idées qui y font attachées,
pour fuivre ce que l'on dit.

XXVIII. N°. 1. Il faudroit accoutumer les
jeunes gens à parler Latin dans les Claffes fupérieures, en commençant par la Seconde,
afin qu'ils en acquiffent la facilité, que l'on ne
peut avoir fans cet exercice. Elle eft utile dans
bien des cas, foit dans les Thefes, foit dans
les Examens, foit dans d'autres occafions,
tant publiques que particulieres. Cette habitude n'eft pas difficile à acquérir dans la Jeuneffe quand on fçait déja affez bien le Latin,
mais on n'y parvient prefque jamais dans un
âge un peu avancé, lors même que l'on entend
bien cette Langue. Pour y habituer les jeunes
gens, on les obligeroit de rendre compte en
Latin de ce qu'on leur demanderoit en Claffe.
On pourroit les obliger, par exemple, à faire
en Latin un Précis de l'explication du Profeffeur ou de ce qu'on leur auroit donné à lire,
foit une Inftruction fur la Religion ou quelque
autre matiere.

N°. 2. Il nous paroît qu'il ne faudroit commencer cet exercice qu'en Seconde, parce
que fi on les y obligeoit avant ce temps, ils y
auroient de la répugnance à caufe de la difficulté qu'ils y éprouveroient par la difette des

mots, & de la peine qu'ils auroient pour leur donner la construction convenable ; & ce seroit pour eux un obstacle, au progrès du développement des pensées & de la raison, parce qu'ils seroient tout occupés de la difficulté qu'ils auroient à parler Latin. De plus, ils s'accoutumeroient souvent à un Latin presque barbare. Il vaut donc beaucoup mieux qu'ils emploient ces premiers temps à se perfectionner dans l'usage de la Langue maternelle.

XXIX. N°. 1. Nous avons déja montré qu'il seroit à souhaiter que les trois Professeurs de Sixiéme, de Cinquiéme & de Quatriéme changeassent entr'eux de Classe au commencement de chaque année Scholastique, ensorte que celui de Sixiéme passât d'abord en Cinquiéme, & ensuite en Quatriéme ; après quoi il reviendroit en Sixiéme : de même les deux Professeurs de Troisiéme & de Seconde alterneroient entr'eux, comme font ceux de Philosophie.

Il reviendroit deux avantages considérables de cet usage : le premier, c'est que les Ecoliers ne changeroient pas si souvent de Maîtres puisqu'ils auroient d'abord le même en Sixiéme, en Cinquiéme & en Quatriéme, & qu'ils auroient aussi le même en Troisiéme & en Seconde, par-là ils seroient mieux connus de leurs Maîtres, qui pourroient leur être plus utiles par la connoissance de leurs caractères & de leurs dispositions ; sans cette connoissance, les Maîtres sont exposés à faire des fautes dans la conduite qu'ils tiennent envers les Ecoliers, quant à la maniere dont ils leurs parlent, & celle dont ils agissent à leurs égards. Il seroit d'autant plus avantageux que les enfans eussent le

D iv

même Maître pendant les trois premieres années de leurs Classes, après la Septiéme, que
c'est le temps où ils ont le plus besoin d'une
conduite assortie à leur caractere. Le second
avantage de cet établissement, c'est qu'il donneroit occasion à l'émulation des Professeurs,
soit par la variété des études dont ils s'occuperoient, soit par la nécessité de s'appliquer pour
être bien au fait des matieres différentes qu'ils
enseigneroient d'une année à l'autre. Quand
bien même ils les posséderoient bien après
plusieurs années d'exercice, il faudroit encore
qu'ils les revissent de nouveau quand ils seroient
obligés de les enseigner, afin de les avoir bien
présentes à l'esprit ; ainsi ils auroient de l'émulation, & cette émulation passeroit des Maîtres aux Ecoliers.

Pour ce qui est du Professeur de Rhétorique,
il ne seroit pas nécessaire qu'il changeât, parce
qu'il y a dans cette Classe assez d'objets différens pour soutenir l'émulation, d'autant plus
que les connoissances en sont non-seulement
plus multipliées, mais aussi plus relevées &
demandent plus d'application que celles des
Classes précédentes.

N°.2. Si cet établissement faisoit peine à quelque Professeur actuellement en place, parce qu'il
se seroit fixé à la Classe où il est depuis plusieurs
années, cela n'empêcheroit pas qu'on ne l'exé-
cutât par rapport aux autres qui seroient bien-
aise de ce changement, ou du moins qui s'y
prêteroient volontiers pour le bien des Ecoliers ; par exemple, les Professeurs de Sixiéme
& de Cinquiéme pourroient changer de place
entr'eux, quoique celui de Quatriéme voulût
rester dans la sienne : de même ceux de Cin-

quiéme & de Quatriéme pourroient paſſer d'une
Claſſe à l'autre , quoique celui de Sixiéme de-
meurât dans la ſienne : enfin celui de Cinquiéme n'empêcheroit pas ceux de Sixiéme & de
Quatriéme de permutér. Au reſte, on n'auroit
ces égards que pour ceux qui ſont actuellement en place , à cauſe de l'habitude où ils ſont
depuis pluſieurs années: quant à ceux qui viendroient dans la ſuite , ils n'entreroient en place
qu'à condition qu'ils ſuivroient le réglement
que l'on feroit à ce ſujet.

XXX. N°. 1. On a propoſé dans des Mémoires publics de renvoyer la Rhétorique
après la Philoſophie. En effet , il ſemble que
ſans cette ſcience, des Ecoliers de Rhéthori-
que ne pourront être que de vains diſcoureurs,
lorſqu'ils voudront traiter quelque matiere
qu'on leur propoſera pour s'exercer, ſoit parce
qu'ils n'auront pas le jugement aſſez formé ,
ſoit parce qu'ils ne pourront rapporter les
preuves & les comparaiſons que leur fourniroit la Philoſophie. (1) Ciceron lui-même re-
connoît que c'étoit à cette ſcience qu'il étoit
redevable d'être devenu Orateur. *Et fateor* ,
(dit-il dans ſon Livre intitulé , *Orator , num.*
12 ,) *me Oratorem , ſi modò ſim , aut etiam qui-*
cumque ſim , non ex Rhetorum officinis , ſed ex
Academiæ ſpatiis exſtitiſſe.

Ces raiſons méritent à la vérité beaucoup
d'attention ; mais d'un autre côté, ſi la Rhétorique étoit remiſe après la Philoſophie, il y
auroit un très-grand nombre de jeunes gens
qui ne la feroient jamais, parce que les parens

---

(1) La matiere que l'on dicte peut néanmoins y
ſuppléer en quelque choſe.

qui sont souvent empressés pour leur procurer
un état, les employeroient à quelqu'autre occupation aussi-tôt qu'ils auroient achevé leur
Philosophie ; & par-là ces jeunes gens ayant
négligé de faire cette Classe dont les exercices
peuvent beaucoup contribuer à donner de la
facilité pour parler en public, ils n'en retrou-
veroient pas l'occasion ou ne pourroient pas
se déterminer à en profiter, quand même elle
se présenteroit ; ainsi ils seroient privés toute
leur vie de l'utilité qu'ils en auroient tiré.

Il y auroit un moyen de parer aux inconvéniens que l'on objecte de part & d'autre ;
ce seroit de partager cette Classe en deux,
dont l'une, qui retiendroit le nom de *Rhéto-*
rique, se feroit avant la Philosophie, comme il
se pratique : elle devroit être employée principalement à l'explication des Auteurs convenables à cette Classe, tant Grecs que Latins ;
les Professeurs en feroient remarquer les beaux
endroits, & tâcheroient de mettre leurs Eleves en état de les sentir & de les appercevoir
par eux-mêmes : c'est ce qu'ils feroient aussi
par rapport aux Auteurs François qui se sont
distingués par leur éloquence & par leur maniere de bien écrire dans les différens genres.
Pour ce qui est de l'autre Partie, qu'on appelle-
roit l'*Eloquence*, il faudroit la remettre après
la Philosophie. Les secours que les jeunes
gens tireroient de cette Science & de la Rhétorique, les mettroient en état de réussir à
la composition, dans laquelle ils pourroient
faire alors de grands progrès en peu de temps.
Cette Classe seroit donc employée à la composition de plusieurs Piéces, comme Narra-
tions, Descriptions, Fables, Amplifications,

Analyſes, & encore à l'explication des Auteurs Grecs & Latins, comme auſſi à la lecture réfléchie de quelques bons Auteurs François.

Il n'eſt pas difficile de démontrer clairement la néceſſité de cet Etabliſſement, en développant un peu ce que nous avons inſinué. Nous ne nous y arrêterons pas : nous laiſſons au Lecteur à y ſuppléer. Revenons à notre ſuppoſition d'une ſeconde Claſſe de Rhétorique.

Nº. 2. Des Ecoliers qui entreroient dans la Claſſe d'Eloquence avec les connoiſſances qu'ils auroient acquiſes dans celles de Rhétorique & de Philoſophie, avanceroient à pas de Géants dans la carriere de l'Eloquence, étant conduits par un Maître qui les guideroit dans leur courſe, & qui perfectionneroit le goût qu'ils auroient déja, pour diſtinguer la ſolide Eloquence de celle qui n'en a qu'une vaine apparence. Lorſqu'on fait attention aux peines que ſont obligés de prendre ceux dont les fonctions demandent qu'ils acquierent le talent de la parole, & au temps qu'il faut qu'ils y emploient, ſur-tout s'ils n'ont pas eû les ſecours que l'on peut tirer d'habiles Maîtres particuliers, peut-on s'empêcher de déſirer pour l'avantage de la Jeuneſſe un Etabliſſement qui exempteroit de la plus grande partie de ces peines, & du temps qu'on emploie, par les facilités qu'il procureroit ? On feroit dans une année avec agrément ce qu'on ne peut faire à préſent que dans pluſieurs avec des peines & une application capables d'intéreſſer la ſanté de ceux qui l'entreprennent, ſur-tout s'ils ſont obligés d'étudier en même-temps, comme il

D vj

arrive affez fouvent, d'autres Sciences qui feu-
les fuffiroient pour les occuper tout entiers.
Cette Claffe feroit celle dont les jeunes gens
tireroient de plus grands avantages, parce
qu'ils auroient alors le jugement plus formé,
& que leur efprit feroit orné de connoiffances
fondamentales qui les guideroient dans les Etudes importantes qu'ils y feroient. Outre l'éloquence dans laquelle ils fe perfectionneroient
fans beaucoup de peine, on les appliqueroit au
Droit pour en apprendre ce qu'il feroit à fouhaiter que tous les Gens d'Etude en fçuffent,
tant pour le réglement de la vie que pour la
conduite des affaires les plus ordinaires : il en
faudroit compofer un Traité conformément à
cette fin. De plus, il y auroit encore trois
fortes de Traités à faire voir dans la même
Claffe. 1°. Deux ou trois petits Ouvrages de
M. Nicole qui traitent des moyens de connoître la vérité en matiere de Religion. 2°. Une
Géographie Phyfique qui parleroit des chofes
les plus remarquables que Dieu a créées pour
l'utilité de l'homme, tant celles qui font fur la
furface de la terre, que celles qui font au-
deffous. 3°. Le Traité du choix & de la méthode des Etudes, par M. Fleuri. Rien ne feroit plus important pour des jeunes gens qui
feroient fur le point de finir le cours de leurs
Etudes, que d'être inftruits des matieres contenues dans ces Traités qui occuperoient la
Claffe du foir ; & celle du matin feroit employée à l'explication des Auteurs Grecs &
Latins & à tous les autres exercices qui pourroient former les jeunes gens à l'éloquence.
On peut voir tout cela expliqué plus au long
dans le quatorzieme Mémoire du Recueil de

1763, où l'on trouvera auffi la maniere dont on pourroit établir ces Claffes d'éloquence dans l'Univerfité de Paris fans qu'il en coutât rien à l'Etat.

XXXI. N°. 1. Quant à la Philofophie, voici ce que nous obferverons d'abord, qui eft de la plus grande conféquence, pour cultiver les principales facultés de l'efprit : l'étude des Mathématiques, & fur-tout de la Géométrie eft devenue commune dans les Claffes de Philofophie de l'Univerfité de Paris depuis plufieurs années. Elle y avoit droit à caufe du befoin qu'on en a pour différentes parties de la Phyfique qu'on appelle Phyfico - Mathématiques, comme la Méchanique, l'Aftronomie, l'Optique; &c. & encore plus parce qu'elle peut beaucoup fervir à cultiver les facultés de l'efprit qui font les plus utiles par rapport à la recherche & à la découverte de la vérité, fçavoir, la pénétration, la fagacité & la juftefe; mais afin de tirer ces avantages plus fûrement, il faudroit fans négliger les Démonftrations ordinaires des propofitions, y en joindre d'autres qu'on appelle *Métaphyfiques*, quand cela fe pourroit aifément. Ces fortes de raifons & de démonftrations, ne prouvent pas feulement la vérité des propofitions, mais de plus elles font voir le rapport de la vérité dont il s'agit avec la nature de la chofe que l'on confidere. Par leur moyen l'efprit pénétre dans l'intérieur des objets, & eft alors éclairé d'une lumiere que ne lui communiquent pas les démonftrations ordinaires. Or, l'efprit en pénétrant ainfi dans l'objet des propofitions, contracte la facilité de pénétrer dans la nature des chofes auxquelles il s'applique, & acquiert de la sagacité pour trouver, soit des preuves des vérités qu'il connoît déja, soit certaines vérités qui lui étoient inconnues. De plus, appercevant ainsi la vérité plus clairement, & étant frappé de sa lumiere, il apprend à la distinguer du faux, & il en acquiert aussi la facilité, en quoi consiste la justesse. Ces démonstrations font donc propres à perfectionner la pénétration, la sagacité & la justesse d'esprit, ce qui est bien plus utile que les autres avantages que l'on peut tirer de l'Etude des Mathématiques.

Nº 2. Pour ce qui est de la sagacité, on sent bien qu'après qu'on se sera appliqué pendant plusieurs mois à ces raisons métaphysiques des propositions de Mathématiques on sera souvent en état, par la pénétration que l'esprit aura acquise, de trouver soi-même des preuves des vérités que l'on connoît dans les sciences, & de découvrir quelquefois des vérités que l'on ne connoissoit pas, ou de faire quelqu'application heureuse des vérités connues. Tout cela, dis-je, se sent ou se voit assez bien si on fait attention que la sagacité de l'esprit ou sa facilité de trouver soi-même en certains cas ce qu'il cherche est une suite naturelle de sa pénétration, & que la pénétration doit s'acquérir par l'usage des raisons métaphysiques, puisque par ces raisons l'esprit pénétre dans la nature intime des objets qu'il considere, ou dans le rapport de quelques-unes de leurs propriétés. Souvent on a besoin de cette facilité d'invention dans les études que l'on fait, car quoique ce que l'on cherche soit peut-être dans quelque Livre, on ne sçait pas où l'y trouver, on ignore même si cela y est, ou bien on n'a pas les Livres qu'on voudroit confulter. Cette fagacité pour trouver des raifons des vérités auxquelles on s'applique eft d'un ufage fort étendu, parce que les raifons métaphyfiques peuvent avoir lieu dans la plûpart des Sciences, celles même qui n'en paroiffent pas d'abord fufceptibles, comme la Grammaire.

On dira peut-être que l'on peut s'exercer aux Démonftrations métaphyfiques dans d'autres Sciences que les Mathématiques, comme la Logique, la Morale, & fur-tout la Métaphyfique. Je conviens qu'on peut appliquer des raifons métaphyfiques fur d'autres objets que ceux des mathématiques : mais il y a bien des matieres où elles font plus difficiles à faifir qu'elles ne le font communément dans les Mathématiques ; & de plus, dans plufieurs de ces Matieres on eft plus fujet à fe tromper à l'égard de ces raifons, qu'on ne l'eft pour l'ordinaire en employant les raifons du même genre dans l'étude des Mathématiques. On trouvera dans la troifieme addition à la fuite de ce Mémoire, plufieurs Exemples de Démonftrations métaphyfiques, tirés des Mathématiques. Voilà la folution de la feconde Partie du troifieme Problême de la Préface.

XXXII. N°. 1. Nous renvoyons ici au premier Mémoire du Recueil imprimé en 1763, où l'on prouve qu'il faudroit faire compofer une Philofophie par plufieurs Profeffeurs qui feroient en état de bien réuffir chacun dans la Partie dont il feroit chargé : on ménageroit bien du temps aux jeunes gens, qui employeroient à l'étude celui qu'ils perdent à écrire ; & d'ailleurs ils auroient par-tout, à Paris & dans les Provinces, des Traités beaucoup meilleurs fur

chaque partie de cette Science, que ceux qu'on
leur donne communément.

On pourroit croire d'abord que s'il y avoit
une Philosophie publique que tous les Professeurs fussent chargés d'enseigner, il y auroit à
craindre qu'ils ne tombassent dans une sorte de
paresse & de langueur qui les mettroit hors d'é-
tat de produire quelque chose par eux-mêmes:
mais on peut voir la réponse à cette objection,
page 13 du Mémoire cité, & plus au long encore dans le second Mémoire qui est une addition au premier. On trouvera dans ces deux
Mémoires, & sur-tout dans le second, de quoi
satisfaire pleinement à cette objection.

N°. 2. Les Cahiers de la composition des
Professeurs que l'on pourroit dicter pendant
un quart-d'heure dans une Classe, seroient des
especes de Commentaires de la Philosophie
imprimée : ils pourroient aussi combattre quelques opinions particulieres qui y seroient en-
seignées. Mais ils ne devroient pas renfermer
d'autres questions que celles qui seroient contenues dans le cours public ; de peur qu'insensiblement les Professeurs n'abandonnassent presque ce cours pour ne s'attacher qu'à leurs Cahiers. Ils s'occuperoient aussi à composer des
Cahiers qui contiendroient les matieres ordinaires sur lesquelles on interrogeroit dans une
Thèse pendant une partie du temps qu'elle
dureroit ; ces interrogations seroient bien plus
propres à faire connoître la capacité du Répon-
dant que non pas les argumens ordinaires qui
emploient une bonne partie du temps à répéter
des Formules, & c'est pourquoi il seroit à propos d'interroger pendant quelque-temps. Or la
composition de ces Cahiers qui ne serviroient

qu'à l'usage particulier de ceux qui soutien-
droient des Thèses, feroit encore un moyen
d'exciter les Professeurs au travail.

Nᵒ. 3. Il faudroit avoir surtout une grande attention à rejetter toutes les questions inutiles &
les vaines subtilités qui faisoient autrefois le fond
de la Philosophie scholastique, & ne mettre
dans celle que l'on composeroit que des matieres qui seroient véritablement utiles. Les vaines subtilités ne doivent pas être bannies de la
Philosophie seulement à titre d'inutilités, mais
aussi parce qu'elles nuisent à la justesse d'esprit,
d'autant qu'il s'égare souvent dans l'application
qu'il donne à ces bagatelles : & c'est pourquoi
on doit éviter, dans les questions même utiles,
de proposer des objections de pure subtilité : il
ne faut parler que de celles qui se présentent
naturellement à un bon esprit, & rejetter les
autres que l'on ne trouve qu'en mettant, pour
ainsi dire, son esprit à la torture. Il y a tant
de connoissances que l'on pourroit apprendre,
qu'il est nécessaire de faire un choix pour s'en
tenir à celles dont on fait communément usage
dans le cours de la vie. Il faut donc écarter toutes celles qui ne seroient que de simple curiosité, quand même ce ne seroit pas des subtilités, (1) afin qu'il reste plus de temps pour les

---

(1) » Altiora te ne quæsieris, & fortiora te ne scru-
» tatus fueris : sed quæ præcepit tibi Deus, illa cogita
» semper, & in pluribus operibus ejus ne fueris curio-
» sus. Non est enim tibi necessarium ea quæ abscondita
» sunt, videre oculis. In supervacuis rebus noli scru-
» tari multipliciter, & in pluribus operibus ejus non eris
» curiosus. » Ce sont les avis que le S. Esprit donne
aux hommes, chap. 3, vers. 22 & suiv. de l'Ecclésiastique.

autres qui font utiles : il y en a même encore de
celles-ci plus que les jeunes gens n'en pourront
communément apprendre.

N°. 4. Les raisons que nous venons d'alléguer
prouvent aussi qu'il ne faudroit pas s'arrêter
dans une Philosophie à l'usage des Colléges, à
la recherche des causes incertaines de plusieurs
effets, quoiqu'ils soient d'une grande conséquence, parce que l'on risque de perdre bien
du temps à discuter ces sortes de questions : le
plus souvent après d'assez longues dissertations
pour examiner les différentes opinions sur ces
causes, on n'en est pas plus avancé : il suffit
alors de connoître bien ces effets qui font quelquefois la cause de quantités d'autres que l'on
explique clairement par le moyen des premiers
qui peuvent être regardés comme des principes
à cause de leur certitude & des conséquences
que l'on en tire. On peut apporter pour exemples de ce que nous disons, la pesanteur des
corps en général & celle de l'air en particulier,
son ressort, la réfraction des rayons de lumiere
lorsqu'ils passent d'un milieu dans un autre,
tantôt en s'approchant de la perpendiculaire,
tantôt en s'en éloignant, &c. Ces effets qui font
incontestables, étant pris pour des principes,
fournissent des explications claires & précises
de quantité d'autres effets. Mais il faut abandonner aux dissertations des Sçavans les causes
de ces premiers effets, sans quoi on s'expose à
faire perdre bien du temps aux jeunes gens, &
peut-être à les accoutumer à raisonner sur de
faux principes.

N°. 5. Une Philosophie imprimée seroit un
moyen assez naturel de mettre dans tous les
Colléges l'uniformité, premiérement à l'égard du

fond des chofes qu'on enfeigneroit aux jeunes
gens, enfuite par rapport à l'ordre felon lequel
les différentes parties de la Philofophie devroient
fe fuccéder les unes aux autres, & encore par
rapport au temps qu'il faudroit employer pour
chacune. Il feroit à propos que l'on fixât même
ces deux derniers points, c'eft-à-dire l'ordre ou
la fuite de ces Parties, & le temps pour chacune : autrement chaque Maître abondant en
fon fens, cette Science fera traitée fort diver-
fement dans les différens Colléges ; en forte
que fi un Ecolier vient à paffer de l'un à l'autre,
il ne fe reconnoîtra plus : peut-être même que
dans certaines Claffes de Philofophie on ne
donnera la Morale que par écrit, fans l'expliquer ; & c'eft néanmoins la Partie dont les jeunes gens retireroient plus de fruit pour leur conduite, fi elle étoit traitée comme il faut. Or
voilà le point de vue (la bonne conduite) auquel il faut fe fixer, & le centre auquel les Etudes doivent fe rapporter.

XXXIII. Nº. 1. Je crois que le temps &
l'ordre convenables pour chaque Partie pourroient être fixés de la maniere fuivante : environ
deux mois & demi, tant pour certaines défini-
tions ou notions générales qu'il feroit à propos
d'expliquer d'abord, que pour la Logique, à
laquelle je fuppofe qu'on emploie environ deux
mois : enfuite à peu près fix mois & demi pour
la Morale & la Métaphyfique, fçavoir trois
mois & demi pour la Morale, & trois mois
pour les deux Parties principales de la Métaphyfique, qui font la Théologie naturelle & la
Pneumatologie, ou le Traité de l'Ame. Ainfi
cette derniere Partie finiroit vers le premier
Juillet, temps auquel devroit commencer l'A-

rithmétique Vers la fin de l'année l'émulation tombe, les Ecoliers fe relâchent ; ils ont donc befoin d'être ranimés, & c'eft ce que fait l'Arithmétique, qui vient alors fort à propos pour relever l'émulation. Je crois donc que pour la foutenir jufqu'à la fin, il n'y a rien de mieux à faire que de commencer cette matiere vers le premier de Juillet : elle attire les jeunes gens par fa nouveauté, par fa clarté, & par fes calculs, auxquels ils s'appliquent volontiers lorfqu'ils ne font ni trop difficiles, ni trop longs ; c'eft pourquoi il vaut mieux employer la fin de l'année à cette Partie, qu'à la Métaphyfique, qui n'exciteroit certainement pas la même émulation dans la Claffe. Il eft vrai que pour fuivre cet ordre, & ne donner que trois mois de la premiere année à la Métaphyfique, il faudroit remettre l'Ontologie, dont on fait la premiere Partie de cette Science, à la feconde année, (au cas néanmoins qu'on voulût lui donner une certaine étendue capable d'occuper environ trois femaines :) mais cela même feroit un avantage pour les jeunes gens, qui ne font guéres en état d'entrer pendant la premiere année dans les fubtilités dont on traite dans cette Partie, lefquelles feroient capables de les rebuter par les difficultés qu'ils éprouvent pour les entendre.

N°. 2. Il y auroit d'autant moins d'inconvéniens à remettre cette Partie de la Métaphyfique à la feconde année, qu'il eft à propos de n'en point faire mention dans les Thèfes que l'on a coutume de foutenir à la fin de l'année Scholaftique. Les queftions que l'on y traite, telles que celles fur les Univerfaux & les Catégories, y figureroient mal avec celles des deux

autres Parties ; & on ne pourroit les y faire entrer (dans les Thèses) qu'en prenant sur le
temps & l'application qu'il faut donner à ces
deux Parties , & à la Morale , qui peuvent fournir assez de matieres intéressantes pour occuper
même une année entiere ; sur-tout si dans la
Morale on traitoit avec l'étendue convenable
les principes de la Loi Naturelle , les conven-
tions les plus ordinaires , comme les contrats
de vente & d'achat ; l'usure qui s'y rencontre
souvent sans qu'on le sçache , & dont il est par
conséquent nécessaire d'instruire des jeunes
Philosophes ; & qu'à la fin on y donnât le Traité
de la Vérité de la Religion Chrétienne , Traité
qui est devenu nécessaire , eu égard au temps
où nous sommes , dans lequel l'incrédulité est
devenue , pour ainsi dire , à la mode, Ce qui
n'a sa source que dans l'ignorance & dans la
corruption du cœur, on s'en fait un titre de
bel esprit ; on croit qu'il faut prendre les airs
& le langage d'un homme sans religion , pour
paroître sur le bon ton : c'est ce qui cause la
perte d'un grand nombre de jeunes gens , qui
deviennent la dupe & la victime de ce préjugé
déplorable. C'est donc un devoir très-pressant
pour les Maîtres , & en particulier pour ceux
de Philosophie , de les prémunir contre une
illusion si commune & si pernicieuse. Or tout
cela posé , il est certain qu'on ne peut employer
près d'un mois dans la premiere année pour y
voir l'Ontologie, qui d'ailleurs n'est pas nécessaire pour les deux autres Parties de la Métaphysique , soit parce que l'on donne avant
la Logique certaines notions générales qui suffisent, quoiqu'on en traite plus au long dans
l'Ontologie ; soit parce que s'il y en a encore

quelques autres qui aient leur application dans ces deux Parties, on les y peut mettre en abrégé comme des Observations Préliminaires dans les endroits où elles conviennent.

Je sçais bien que si l'on s'en tient rigoureusement à l'ordre spéculatif des Sciences, il paroît plus naturel que l'Ontologie précéde les deux autres Parties de la Métaphysique : mais je suis persuadé que ce n'est pas cet ordre spéculatif qu'il faut suivre, quand il n'est pas proportionné aux dispositions de ceux qui les étudient. L'ordre le meilleur à suivre, est celui qui est le plus avantageux aux jeunes gens ; voilà le vrai principe d'où il faut partir par rapport à l'ordre des Sciences. Or il ne seroit pas utile aux jeunes gens que l'on commençât la Métaphysique par l'Ontologie ; c'est la plus difficile des trois parties, & que la plûpart des jeunes gens n'entendent que très-imparfaitement lorsqu'on la traite la premiere, & sur-tout immédiatement après la Logique : il vaut donc mieux la remettre à la seconde année, soit au commencement, soit plutôt après la Géométrie & avant la Physique, & n'y occuper tout au plus qu'environ quinze jours ou trois semaines : il seroit à souhaiter que l'on resserrât encore ce temps.

Les raisons que nous venons d'alléguer prouvent aussi qu'il est plus à propos de donner la Morale avant les deux Parties de la Métaphysique (1), parce qu'elle est plus aisée, & que les

_____

(1) L'existence de Dieu & l'immortalité de l'Ame que la Morale suppose, sont des vérités que les jeunes gens connoissent assez pour que l'on puisse en remettre les démonstrations après la Morale : autrement il faudroit les donner même avant la Logique.

Ecoliers après s'être exercés à raisonner sur les principes & les matieres de Morale, seront préparés à entrer dans la Métaphysique, & y feront certainement plus de progrès que s'ils étoient entrés tout d'un coup dans la Métaphysique après la Logique. Il est vrai que ce que nous proposons ici, est contraire à l'usage; mais outre que les Maîtres trouveront moins de difficultés à suivre ce nouvel ordre, à cause que les Ecoliers entendront plus facilement les matieres, ne doit-on pas convenir qu'il faut préférer l'avantage des jeunes gens à un usage moins utile qui s'est introduit, peut-être en partie à cause du mauvais goût dans lequel on traitoit la Morale, de laquelle on faisoit une science spéculative, remplie de difficultés & de vaines subtilités ?

Nº. 3. Après ce que nous venons de dire, il est facile de juger à peu près comment il seroit à propos de distribuer le temps de la seconde année. On auroit déja employé six semaines de la précédente à voir la premiere partie des Elémens de Mathématiques, & une partie de la seconde qui est un Abrégé d'Algébre : il faudroit encore occuper près de trois mois de l'année de Physique, tant à achever cette seconde partie, qu'à voir la troisième qui sont les Elémens de Géométrie. On s'appliqueroit singuliérement aux Démonstrations métaphysiques de plusieurs propositions, à cause de leur grande utilité pour perfectionner les principales qualités de l'esprit, comme nous l'avons observé. Ce qui resteroit du troisieme mois, c'est celui de Décembre, à la fin des Mathématiques, pourroit être employé à enseigner l'Ontologie. On commenceroit donc à voir la Phyfique dès les premiers jours du mois de Janvier : les Physico-Mathématiques, c'est-à-dire, la Méchanique qui renferme différentes parties, ensuite l'Astronomie, & enfin quelques principes d'Optique rempliroient environ trois mois ; après quoi la Physique expérimentale occuperoit le reste de l'année Scholastique.

Les Traités qu'on auroit expliqués en Troisiéme touchant la Sphère & les quatre Elémens donneroient lieu d'abréger l'Astronomie & la Physique expérimentale, qui outre l'explication des qualités sensibles & quelques connoissances du flux & reflux de la mer, des Metéores, &c. doit contenir des notions de plusieurs Sciences, de la Botanique, de la Chymie, de l'Anatomie, & quelques principes & observations générales de Médecine pour la conservation de la santé & son rétablissement dans les incommodités & les maladies les plus ordinaires.

Il nous paroit que voilà à peu près le temps que l'on devroit employer à enseigner chacune des parties de la Philosophie dans les Classes pendant l'espace de deux ans que dure le cours, & qu'il seroit aussi à propos de suivre l'ordre que nous avons indiqué, comme étant celui qui est le plus utile & le plus convenable aux jeunes gens. Au reste, quand on préféreroit un autre ordre & une autre distribution de temps, il est toujours certain qu'il seroit nécessaire de prescrire l'ordre & le temps pour chacune, de peur que quelque Maître ne se livrât trop à son goût particulier, qui souvent ne seroit pas le plus avantageux aux Etudians, quoiqu'il se persuadât du contraire ; car on se persuade aisément que ce à quoi on est porté

par

par inclination, eſt ce qu'il y a de mieux à faire.

N°. 4. Pour dire en peu de mots ce qu'il y auroit à faire pour rendre l'enſeignement de la Philoſophie plus utile à la Jeuneſſe, nous le réduirons aux Articles ſuivans ; 1°. la rendre moins contentieuſe & moins pointilleuſe qu'elle n'étoit autrefois ; ces pointilleries font perdre bien du temps & nuiſent à la juſteſſe d'eſprit ; 2°. la traiter avec le plus d'ordre & de méthode qu'il eſt poſſible, non-ſeulement par rapport à ſes différentes parties comparées entr'elles, mais auſſi dans chaque queſtion, en propoſant d'abord les principes & les obſervations qui peuvent ſervir à en faciliter l'intelligence & la déciſion ; 3°. écarter toutes les queſtions incertaines ou peu utiles au commun des Etudians, & n'y laiſſer, ou n'y mettre que celles qui ſeroient d'uſage pour eux, & non pas ſeulement à quelqu'un d'entr'eux, car la raiſon & l'équité demandent qu'un Profeſſeur public ſe propoſe l'utilité du gros de ſes Auditeurs. Ces queſtions incertaines ou peu utiles ne devroient pas même être expoſées en détail en rapportant les raiſons pour & contre dans une Philoſophie publique à l'uſage des Ecoles, au moins pour l'ordinaire; le temps employé à ſe mettre au fait de ces raiſons, ſeroit mal employé; 4°. travailler ſur-tout à perfectionner la juſteſſe d'eſprit, & à en étendre l'intelligence, afin qu'il devienne capable de découvrir par lui-même ce dont il peut avoir beſoin, quand il ne le trouveroit pas dans les Livres, & d'y parvenir facilement au moyen de quelques légeres ouvertures qui ſe préſentent. Or, pour cela, il n'y aura rien de mieux à faire, que de donner des Démonſ-

trations métaphysiques, de plusieurs Propositions mathématiques, & même d'en proposer
aux Etudians quelques-unes à trouver par eux-
mêmes lorsque cela se pourra faire aisément, &
qu'ils seront un peu habitués à ces Démonstrations. Voyez la troisieme Addition à la fin de
ce Mémoire : elle contient la solution de la
seconde Partie du troisieme Problême proposé
dans la Préface ; 5°. établir & développer les
grands principes du Droit naturel qui tendent
à former l'honnête homme, le bon Citoyen,
& enfin le bon Chrétien avec le secours de la
grace ; 6°. exposer les preuves & les Démonstrations de la Religion Chrétienne : cela est
devenu nécessaire dans un temps où l'Irréligion fait les plus grands efforts pour séduire les
hommes & en faire des Apostats.

Si la Philosophie étoit traitée en cette maniere dans les Ecoles, en sorte qu'on en exclût
toutes les vaines subtilités qui rebutent les jeunes gens, & que l'on suivît, soit dans les parties
générales de cette Science, soit dans les questions particulieres qui y sont renfermées, que
l'on suivît, dis-je, l'ordre qui seroit le plus
propre à en faciliter l'intelligence, il n'y auroit point de jeunes gens, pour peu qu'il eut
d'ouverture, qui ne pût entendre assez aisément toutes ces questions : car quand on a fait
quelques réflexions sur la maniere d'exposer
une matiere avec clarté, & que l'on a de l'expérience en ce genre, on s'apperçoit qu'il n'y a
point ou presque point de questions en Philosophie que l'on ne puisse faire entendre même
à un jeune homme d'onze à douze ans, pourvû
qu'il soit capable d'attention, & que l'on lui
présente la question avec la clarté & l'ordre

convenables, en faifant les obfervations préliminaires qui peuvent conduire à fon intelligence.
Les jeunes gens réufiroient donc alors dans
l'étude de la Philofophie ; par conféquent ils y
prendroient goût & s'y appliqueroient volontiers, fur-tout fi les matieres qu'on leur propoferoit étoient utiles & les intéreffoient, en les
choififfant felon que nous l'avons indiqué en
général. Il eft donc clair qu'alors on ne feroit
plus dans la néceffité , au moins pour l'ordinaire, de leur témoigner du mécontentement
par rapport à leurs études : ils y feroient tous
du progrès felon leurs talens & leur application ; & quelle fatisfaction n'en recevroient pas
alors les Parens & les Maitres, d'autant plus
qu'en s'appliquant à leur étude ils éviteroient
l'occafion de fe déranger , & la corruption du
cœur à laquelle ils font très-expofés à cet âge:
ils éviteroient , dis - je , la corruption , non-
feulement à caufe de leur application ; mais
auffi à raifon de l'inftruction qu'ils tireroient
de leurs études, car les matieres qui en feroient l'objet tendroient à Dieu plus ou moins
directement. Voilà une folution bien fatisfaifante des cinq Problêmes expofés dans la Préface , fur-tout fi on y joint , par rapport au
cinquieme ce que nous dirons encore Article XXXIX : elle répond cette folution à celles
que nous avons données pour la Grammaire &
les Belles-Lettres. Nous efpérons que ceux qui
font fans prévention, n'en jugeront pas moins
favorablement.

Ce font - là des moyens de perfectionner la
Philofophie qui font bien à défirer & qui ne
peuvent être indifférens qu'à ceux qui les igno-
rent, ou qui feroient fans fentimens pour l'é-

E ij

ducation de la Jeuneſſe : mais on ne peut eſpé-
rer qu'ils feront mis à exécution autant que
l'exige l'intérêt public, à moins qu'on ne com-
poſe une Philoſophie telle qu'il convient, laquelle ſoit rendue publique, & dont l'uſage
ſoit preſcrit dans toutes les Écoles de Philoſophie.

N°. 5. En général, l'enſeignement public
ne doit pas être arbitraire, ni par rapport au
fond, ni par rapport à la maniere : & il eſt
conſtant que tandis que l'un & l'autre ne feront
pas fixés par un bon Réglement, auquel chaque
Maître public ſoit obligé de ſe conformer, les
jeunes gens ne feront pas inſtruits comme il ſeroit à ſouhaiter (je parle de ce qui arrive le
plus ordinairement :) on aura beau faire de
bons Livres qui contiennent d'excellens avis &
les meilleures pratiques qu'il faudroit obſerver,
les choſes iront toujours à peu près le même
train. L'Ouvrage de M. Rollin en eſt un illuſtre
exemple ; je veux parler de ſon Traité des Études. On a loué, célébré, admiré cet Ouvrage
dans toute la France : d'ailleurs l'Auteur avoit
tout ce que l'on peut ſouhaiter du côté des talens de l'eſprit, & des qualités du cœur, pour
s'attirer l'eſtime publique & particuliere : il
étoit même décoré des titres qui peuvent attirer le plus de conſidération dans le genre dont
il s'agit ; il étoit ancien Principal d'un Collége
de Paris, qu'il avoit rendu célebre, non-ſeulement par la bonne diſcipline qu'il y avoit établie, mais plus encore par les inſtructions ſolides ſur la Religion, & par le goût qu'il y avoit
introduit pour les Belles-Lettres ; il avoit été
Recteur de l'Univerſité à trois différentes fois,
& il eſt mort Profeſſeur du Collége Royal,

& Membre de l'Académie des Belles - Léttres de Paris : ajoutez à cela, qu'il a composé son Traité des Etudes à la priere de l'Univerſité. Qui ne croiroit après cela que tout le monde s'eſt fait une Loi d'exécuter le plan de M. Rollin, au moins pour le fond ? On ſe plaint néanmoins qu'on ne l'obſerve pas. Concluons donc que ſi l'on veut que chacun ſuive un plan d'étude que l'on eſtimera le meilleur, c'eſt une néceſſité que l'on faſſe un Réglément pour chacune des Claſſes, que les Maîtres ſoient obligés d'obſerver. Il ſeroit à ſouhaiter que ce Réglement contînt auſſi ce qu'il conviendroit de faire pendant les Vacances à l'égard de chacune des Claſſes : je crois que l'on ne pourroit mieux employer le temps que l'on deſtineroit à l'étude pendant les Vacances, qu'à repaſſer ce que l'on auroit vû dans le cours de l'année. Il eſt important pour la ſuite que les jeunes gens s'accoutument à cette pratique, de repaſſer ce que l'on a lû, ſans laquelle on ne poſſéde preſque jamais bien ce que l'on a étudié.

XXXIV. Nº. 1. Outre la Philoſophie ſcholaſtique imprimée, il y a d'autres livres qu'il faudroit mettre entre les mains des Etudians. Nous avons déja parlé de ceux qui regardent la piété ; ſçavoir, 1º les cinq Volumes des Eſſais de Morale de M. Nicole, qui contiennent des réflexions ſur les Epîtres & les Evangiles des Dimanches & de quelques Fêtes des Myſteres : ces réflexions conviennent d'autant plus à de jeunes Philoſophes, qu'elles ſont très-propres à former l'eſprit par la méthode qui y regne, & ſur-tout par la force & la juſteſſe des raiſonnemens. On peut tirer les mêmes avantages des quatre premiers Tomes de ſes Eſſais de Morale. 2°. Plusieurs Volumes de l'Abrégé de l'Histoire de l'ancien Testament avec des éclaircissemens & des réflexions, par M. Mésangui ; 3°. la seconde & troisieme Partie du Discours de l'illustre M. Bossuet sur l'Histoire Universelle, sur-tout la seconde, &c. Quant aux autres Livres dont les Etudians en Philosophie devroient faire usage pendant le cours des Classes, il y en a plusieurs qui sont connus de tout le monde, comme la Logique de Port-Royal, les premiers Volumes du Spectacle de la Nature, & aussi les deux derniers, qui sont sur la vérité de la Religion, les Leçons de Physique expérimentale de M. l'Abbé Nollet, &c.

On peut ajouter à ces Livres un petit Traité intitulé, *Élémens de Chymie théorique*, par M. Macquer, Docteur-Régent de la Faculté de Médécine de Paris, &c. Cette partie de la Physique peut être regardée comme la plus utile, soit par la connoissance qu'elle donne de la Nature physique de plusieurs corps, soit sur-tout par les remedes qu'on en peut tirer pour la guérison des maladies, soit encore par les moyens qu'elle peut fournir pour rendre les Métaux plus propres aux usages auxquels on veut les employer. Il seroit à souhaiter que les Maîtres de l'Art tâchassent d'en tirer le secret pour préserver le cuivre du verd de gris, en y mêlant, lorsqu'il est en fusion, quelque préparation que fourniroit cet Art. Il a produit des effets qui paroissoient au moins aussi difficiles dans l'exécution que celui dont il s'agit : ainsi on ne doit pas desespérer d'y parvenir si on veut se donner la peine de faire les recherches & les tentatives que mériteroit un secret de cette

importance, qui sauveroit la vie à bien des Citoyens, & préserveroit de maladies & d'incommodités fâcheuses, une quantité d'autres
qui y sont exposés par l'usage que l'on fait des
vaisseaux de cuivre pour préparer la nourriture.

N°. 2. Si la Chymie est utile pour la conservation de la santé, la Botanique ne l'est
peut-être pas moins pour la même fin : c'est
pourquoi il seroit à propos de procurer quelques connoissances des Simples ou Plantes médicinales aux jeunes Étudians. Or, il seroit facile de leur faire connoître ces Plantes pendant
certains temps de la récréation, & sur-tout dans
les promenades ; ensorte qu'ils acquerroient
cette connoissance par maniere de divertisse-
ment. Pour cela, il seroit à propos que chaque
Collége eût dans un des Fauxbourgs ou dans la
proximité de Paris un Jardin qui lui fût affecté,
soit qu'il appartînt en propre au Collége, soit
qu'il n'en eût que l'usage en le louant, comme
on le fait quelquefois, même dans des Pensions.
Il faudroit que l'on fît venir dans ce Jardin les
principales Plantes médicinales. Les Maîtres
les feroient connoître aux Ecoliers & leur en
expliqueroient les vertus & la maniere d'en
faire usage. On les conduiroit à ce Jardin de
temps-en-temps les jours de congé selon que
M. le Principal le jugeroit à propos. On pourroit commencer dès la Quatrième à les y me-
ner : par-là les Etudians apprendroient dès leur
jeunesse ce que l'on ignore communément toute
la vie, faute d'en avoir été instruit vers ce
temps ; & cependant cette connoissance seroit
souvent plus d'usage que quantité d'autres pour
lesquelles on se donne bien de la peine. On se

E iv

rendroit utile à soi-même & aux autres : fouvent on s'exempteroit de la néceffité de recourir aux Médecins & aux Chirurgiens, en employant des remedes fort fimples qui guéri-
roient fans rifque & fans dépenfe, des bleffu-
res ou d'autres maux dont on feroit attaqué. Il
faudroit auffi faire connoître aux jeunes gens
les autres drogues fimples qui font le plus en
ufage, comme la Manne, la Caffe, la Rhubar-
be, le Séné, le Quinquina, &c.

XXXV. Voici encore une obfervation
de pratique par rapport aux Livres que l'on
met entre les mains des jeunes Etudians. On
leur donne des Dictionnaires François & Latins
pour y chercher les mots; ils en ont befoin
pour les Thêmes & les Traductions, foit des
Verfions, foit des Auteurs : mais il faut éviter
de leur en donner pour les matieres qui demandent un ordre fuivi; par exemple, s'il s'a-
giffoit de Phyfique, de Chymie, de Botanique, d'un Traité des Animaux, &c. il ne faudroit pas leur mettre entre les mains des Dictionnaires fur ces matieres, parce qu'elles s'y
trouvent pêle-même & fans fuite. Si c'eft, par
exemple, fur les Animaux, un Article fait la
defcription d'un Poiffon, le fuivant d'un Oi-
feau, celui d'après d'un Reptile, & ainfi des
autres articles qui n'ont prefque jamais de rapport entr'eux, quoiqu'ils fe fuivent : ce qui eft
capable de jetter de la confufion dans l'efprit
des jeunes gens, au lieu qu'il faut les accoutumer à mettre de l'ordre & de la méthode dans
leurs études. D'ailleurs un Dictionnaire des
Animaux entre les mains des jeunes gens leur
feroit fouvent perdre un temps confidérable,
lorfqu'ils voudroient le confulter pour connoî-

tre ce qu'ils auroient en vûë ; car au lieu de lire seulement l'article dont ils auroient besoin, ils en liroient presque toujours quantité d'autres qui tomberoient sous leurs yeux, & y passeroient souvent tout le temps de leurs études : ainsi ce temps qui étoit destiné à remplir quelque devoir, ils le perdroient à contenter une curiosité indiscrete qui ne produiroit que de la confusion dans leur esprit : c'est même ce qui arrive encore à bien d'autres qu'à des jeunes gens, auxquels les Dictionnaires deviennent souvent pernicieux pour cette raison, je veux dire, à cause de la perte du temps qu'ils occasionnent ; outre qu'ils ne donnent ordinairement qu'une connoissance superficielle des matieres qu'on y lit. Des Traités suivis touchant ces matieres seroient plus utiles, sur-tout s'ils étoient accompagnés de bonnes tables : ils contribuent à les faire entendre (les matieres) & à les retenir plus facilement. D'abord ils servent à l'intelligence des matieres, à cause qu'on y commence par des notions & des connoissances générales qui servent de principes à ce qui vient après, & que d'ailleurs on y traite de suite les choses qui ont du rapport les unes aux autres ; & par cette autre raison, les premieres servent de même à faire entendre les suivantes. Cet ordre est encore favorable à la mémoire, car il fait que les unes rappellent le souvenir des autres, à cause du rapport qu'il y a entr'elles.

XXXVI. On a remarqué dans un Ecrit public, qu'il seroit aussi à souhaiter qu'il y eût dans les Colléges un Cabinet de plusieurs Machines & d'Instrumens dont la connoissance pût être utile à la plûpart de ceux qui ont reçu

E v

une éducation honnête. Faute d'avoir eu cette occasion favorable on ignore jusqu'à un âge assez avancé, & souvent pendant toute la vie, des choses que les gens d'étude voudroient assez souvent connoître. Il faudroit que ce Cabinet contînt, par exemple, les Machines simples de la méchanique & quelques Machines composées; une Machine Pneumatique; des Pompes aspirantes & foulantes, des Globes terrestres & célestes, des Sphères, sur-tout l'Armillaire, une Horloge un peu grosse, dont on pût faire voir aisément les Parties principales; quelques Piéces détachées semblables à celles de l'Horloge, afin qu'on les pût examiner plus facilement, des Télescopes, des Microscopes, des Miroirs convexes transparens, un Aimant, une Boussole, &c. Il faudroit qu'il y eût aussi un Herbier, dans lequel on auroit rassemblé les principales Plantes d'usage pour la Médecine & plusieurs Drogues, soit simples, soit composées. Il seroit bon qu'il y eût dans la même chambre ou dans une autre quelques-uns des Instrumens les plus ordinaires de la Chymie, afin que les jeunes gens en eussent une idée. Ce Cabinet seroit sur-tout pour l'instruction des Pensionnaires & des Boursiers; mais il pourroit servir aussi pour celle des Externes qui seroient en Troisiéme ou dans quelqu'une des Classes supérieures. Quand les jeunes gens n'apprendroient que le nom, la figure, & l'usage des Instrumens qu'on leur feroit voir, ce seroit déja une connoissance qui seroit utile à plusieurs. Il faut cependant convenir qu'il y a moins d'avantage à retirer de cet article que des précédens, j'entends pour le plus grand nombre des Ecoliers. Or, il faut estimer les connoissances par leur utilité plutôt que par un certain brillant qui frappe davantage la plûpart des hommes, & attire leur admiration.

XXXVII. N°. 1. On auroit peine à accorder cette maxime dictée par la droite raison avec le zèle excessif de quelques Auteurs qui voudroient qu'on fît apprendre à tous les jeunes Etudians des Colléges un grand nombre de Sciences & d'Arts qui seroient inutiles à la plûpart. Il y auroit de quoi accabler les jeunes gens, tant est grande la multitude des connoissances dont ils veulent charger leur mémoire & leur esprit : on diroit que c'est à qui en proposera le plus. Une bonne partie de la vie d'un homme suffiroit à peine pour achever la tâche qu'ils exigent des Eleves dans l'espace de huit ou neuf années, dont les premieres doivent être comptées pour peu, à cause de la foiblesse de leur corps & de leur esprit. En un mot, ce que l'on demande d'eux est impossible, sur-tout à la plûpart. J'ajoute qu'il seroit nuisible à la Société & à eux-mêmes, bien loin de leur être utile. En effet, qu'arriveroit-il si la plûpart des Ministres de l'Eglise, des Magistrats, des Marchands, des Commerçans & autres savoient quantité de Sciences ou d'Arts qui ne les regardent pas ? ils négligeroient souvent les devoirs de leur état & l'application qu'ils sont obligés d'y donner, & cela pour suivre leur goût particulier & leur vaine curiosité, par rapport à certaines Sciences ou à quelques Arts, dont la connoissance ne serviroit qu'à contenter leur vanité. Si peu qu'on connoisse les hommes, on conviendra facilement de ce que nous avançons ici, sans qu'il soit nécessaire d'y insister davantage. D'ailleurs, cette multiplicité de

E vj

Sciences disparates seroit cause que les jeunes gens n'auroient que des connoissances superficielles dont ils ne pourroient pas faire d'application, faute d'être assez claires & bien distinctes dans leur esprit. Ainsi elles leur deviendroient inutiles pour eux & pour les autres: leur multiplicité seroit même nuisible aux jeunes gens, soit parce que s'ils s'étoient bornés aux Sciences qui leur conviennent, ils les auroient approfondies & auroient été en état d'en faire un plus grand usage, soit à cause que les connoissances superficielles nuisent à la justesse d'esprit par la confusion qu'elles y causent, laquelle devient d'autant plus grande que le nombre de ces connoissances s'augmente. Il suffit donc que dans les Classes les jeunes gens apprennent ce qui est nécessaire, ou du moins utile dans le cours de la vie à la plûpart de ceux qui sont distingués entre les Citoyens, les uns plus, les autres moins, & qu'on se mette en état de pouvoir acquérir facilement les Sciences ou les Arts qui ne sont nécessaires qu'à quelques particuliers, ou à certaines conditions.

Nº. 2 Voilà, je crois, ce que la droite raison & la considération du bien, soit public, soit particulier, demandent sur cet article: le surplus ne seroit qu'illusion & éblouissement. Je conviens qu'il y a des changemens considérables à faire dans les Classes des Colléges pour que les Eleves en retirent tout l'avantage qu'ils peuvent en recevoir; mais ces changemens devroient se faire plutôt à l'égard de la qualité des matieres qu'on y enseigne, que de leur quantité, & encore par rapport à la maniere de les enseigner, ou plutôt de les digérer & de les traiter dans les Livres qu'on leur mettroit entre les mains. En général, les Ecoliers font affez chargés de travail : cela n'empêche pas cependant qu'il ne foit vrai qu'en faifant les changemens néceffaires, ils apprendroient non-feulement des connoiffances plus utiles, mais auffi un plus grand nombre de connoiffances ; parce que les matieres étant mieux digérées & traitées avec plus de clarté & de méthode, les Etudians les apprendroient avec plus de facilité & en moins de temps

XXXVIII. N°. 1. L'émulation étant un des meilleurs foutiens des Etudes, & la principale caufe des progrès que l'on y fait, on doit employer tous les moyens convenables pour l'exciter dans les jeunes gens. Or des examens faits de temps en temps en préfence de quelques perfonnes refpectables, font très-propres à produire ce bon effet. il faudroit donc en faire au moins quatre pendant l'année pour les Penfionnaires & les Bourfiers (ce feroit aux Maîtres de Penfion à imiter cet exemple dans leur Maifon) le premier à la fin de Janvier (a) ; le fecond un peu après Pâques ; le troifieme vers le milieu de Juin ; & le quatrieme vers la fin des Claffes de différens Ordres, & par conféquent plutôt pour les Philofophes que pour les Rhétoriciens, & de même plutôt pour ceux-ci que pour les Ecoliers des Claffes inférieures : ce dernier examen foutiendroit l'émulation jufqu'à la fin de l'année. Les Prix pour lef-

(a) Il vaudroit mieux remettre cé premier examen vers la fin de Janvier que de le faire plutôt, à caufe que dans le commencement de l'année Scholaftique l'émulation des Ecoliers fe foutient par le renouvellement des exercices qui avoient été interrompus pendant les Vacances.

quels on compose vers ce temps ne regardent
presque que les Ecoliers les plus forts de chaque Classe ; & les autres ne sont pas excités par
ce motif, parce que voyant qu'il y en a plusieurs qui réussissent mieux qu'eux, ils perdent
l'espérance d'y parvenir. Ainsi sur environ
soixante Ecoliers, souvent il y en a peut-être
à peine vingt qui soient animés au travail par
les Prix ; les examens au contraire les animeroient tous, ou presque tous : on pourroit établir qu'il n'y auroit de reçus à l'examen que
ceux qui auroient eu dans quelqu'une des compositions précédentes depuis le dernier examen
une place au-dessus du milieu, ensorte que ce
seroit une honte de n'être pas admis à l'examen :
la crainte d'être de ce nombre feroit travailler
les plus foibles jusqu'à la derniere composition
avant l'examen, & le desir d'y bien répondre
animeroit les autres au travail jusqu'à cette
épreuve. Ainsi, ce moyen d'exciter l'émulation feroit beaucoup plus avantageux que les
Prix, parce qu'il auroit son effet sur le très-
grand nombre des jeunes gens ; & c'est ce grand
nombre qu'il faut toujours avoir en vue : il seroit bon qu'il y eût aussi un examen tout au
commencement de l'année Scholastique, outre
les quatre marqués ci-dessus dont la matiere
feroit tout ce que les Etudians auroient vû dans
le cours de l'année précédente, afin de les engager à repasser pendant les vacances ce qu'ils
auroient étudié dans cette année : ce feroit le
meilleur moyen de bien sçavoir ce qu'ils auroient appris, & de le retenir : & de plus ils
s'accoutumeroient par-là à revenir de temps en
te ps sur leurs pas, en repassant ce qu'ils auroient déja appris : c'est une pratique nécessaire

pour s'inſtruire ſolidement, car ſans cela on n'acquierre que des connoiſſances ſuperficielles dont on ne peut preſque faire aucun uſage : on s'expoſe à une confuſion d'idées qui ne manque pas de jetter dans l'erreur, faute d'avoir aſſez réfléchi ſur les matieres.

N°. 2. On preſcriroit la matiere de chacun des autres examens, & même on indiqueroit les Livres à l'uſage des Ecoliers, que les Examinateurs ſuivroient dans les queſtions qu'ils propoſeroient. On les interrogeroit ſur différentes matieres qu'on leur auroit enſeignées, ſur la Religion, ſur l'Hiſtoire Sacrée qu'ils auroient appriſe, ſur la Grammaire, ſur la Traduction du Latin ou du Grec en François, en leur faiſant expliquer quelques endroits de leurs Auteurs, ſur la Verſion du François en Latin, en leur propoſant des phrâſes à mettre en Latin. On demanderoit à ceux qui étudieroient l'Eloquence, les choſes qui appartiennent à cet Art : on leur feroit expliquer pluſieurs morceaux des Auteurs qu'ils auroient vus ; & ils reciteroient quelques-uns des plus beaux par cœur. Pour ce qui eſt des Philoſophes, il faudroit auſſi leur faire des queſtions, dont les réponſes ſe trouveroient, au moins implicitement, dans les Traités qu'ils auroient vus ; enſorte qu'ils ſoient aſſurés qu'en ſçachant bien ces Traités, ils répondront d'une maniere ſatisfaiſante à ce que l'on pourroit leur demander dans l'examen. Il faudroit y employer les queſtions beaucoup plus que les argumens qui tiennent trop de temps, & qui ſouvent, dégénerent en ſubtilités, ſoit en eux mêmes, ſoit à l'égard des réponſes qui, aſſez ſouvent, viennent plutôt de quelque facilité de parler que d'un

fond de sçavoir ou de justesse : & quand on pro-
poseroit quelques argumens , il faudroit qu'ils
fussent fondés sur des difficultés qui se présentent d'elles-mêmes à un bon esprit , & dont la
solution contribue à éclaircir la matiere , & non
pas sur de vaines subtilités qui ne servent qu'à
l'obscurcir.

N°. 3. En général , il faudroit comme on
vient de le dire , interroger les Ecoliers , de maniere que ceux qui sçauroient bien la matiere
qu'on leur auroit donné à apprendre , fussent
comme assurés qu'ils réussiront bien & qu'on
sera content d'eux. Or cela dépend beaucoup
des questions qu'on leur fait , & de la maniere
dont on les propose ; il ne faudroit leur demander que ce qui se trouve dans le Traité ou autre Livre qu'on leur aura donné pour matiere
de leur examen , & le faire clairement & sans
superfluité de paroles , car cet exercice né seroit
pas établi pour faire briller les Examinateurs ;
alors ceux qui auront bien étudié & qui sçau-
ront bien leur matiere , répondront d'une maniere satisfaisante. Si au contraire , on leur demande autre chose que ce qui est dans leur Auteur , ou qu'on les interroge d'une façon obs-
cure , pour l'ordinaire ils ne répondront pas
bien. Or , on doit éviter de leur causer cette
peine qui pourroit les rebuter ; ce seroit leur
donner lieu de se plaindre.

Je crois qu'on pourroit se contenter d'examiner seulement les Ecoliers qui seroient parvenus
en Quatriéme ou en Troisiéme , & ceux qui seroient dans les Classes supérieures ; parce que
les Enfans des basses-Classes ne seroient peut-
être pas assez sensibles au succès de ces examens
qui leur paroîtroient communément fort éloi-

gnés. De plus, on feroit obligé d'employer déja bien du temps pour les autres Ecoliers dans les Colléges où il y auroit bien des Penfionnaires, & plufieurs Bourfiers : car on feroit dans la néceffité de partager ceux d'une même Claffe en plufieurs bandes, afin de pouvoir les interroger tous pendant un temps convenable : ce qui demanderoit plufieurs féances.

Il eft certain que des examens qui fe feroient ainfi de temps à autre pendant l'année, feroient capables de foutenir & de renouveller l'ardeur des Ecoliers pour l'étude. fur-tout s'ils fe faifoient en préfence de quelques perfonnes refpectables qui ne foient pas du Collége. On a parlé dans un autre Mémoire d'un examen fait dans chaque Collége par M. le Recteur, conjointement avec plufieurs Membres refpectables de l'Univerfité, & on a fait voir que ces examens feroient beaucoup plus propres à exciter l'émulation dans le gros des Ecoliers, que les Prix de l'Univerfité. Ce petit Ouvrage ou Mémoire eft intitulé *Réflexions fur les Prix de l'Univerfité.* D'ailleurs, les examens que nous propofons étant réunis aux deux moyens dont nous avons parlé, je veux dire, 1°. la facilité que l'on procureroit aux Etudians de réuffir dans leurs études, en levant les difficultés qui ont coutume de les arrêter & de les rebuter ; ce qui exciteroit en eux le goût & l'application à caufe du fuccès qu'ils auroient ; 2°. l'utilité & l'agrément des matieres qu'on propoferoit à leur travail, en choififfant celles qui leur feroient plus convenables & intéreffantes pour eux : les examens, dis-je, réunis à ces deux moyens feroient très-fuffifans avec le moyen expliqué dans l'article fuivant, pour foutenir l'é-

mulation, & ne feroient pas fujets aux inconvéniens confidérables qui ont été expofés en
partie dans le Mémoire qui vient d'être cité.
   XXXIX. N°. 1. Il faut mettre au nombre
des principaux moyens de perfectionner les
études, l'attention des Maîtres pour infinuer à
leurs Eleves dans les différentes occafions qui
s'en préfenteront, la néceffité de combattre les
paffions, de réfifter aux attraits de la volupté,
aux fuggeftions de la cupidité, de l'orgueil &
de l'amour-propre, de ne point fe livrer à l'in-
quiétude & aux craintes, par rapport aux évé-
nemens fâcheux de la vie, mais de s'abandonner en toutes chofes aux difpofitions de la Pro-
vidence divine, de qui tout dépend. Je dis que
cette attention des Maîtres pour infinuer ces
maximes à leurs Eleves, eft un des principaux
moyens de perfectionner les études, parce que
fi les jeunes gens ne s'y attachent pas & ne
font pas leurs efforts pour s'y conformer, ils
fe laifferont aller à la pareffe & à la noncha-
lence, ils s'occuperont des objets de leurs paffions, ils concevront du dégoût pour le travail, ils ne pourront fouffrir l'ordre & la difcipline ; & les perfonnes prépofées pour les
faire obferver leur deviendront odieufes ; ils
feront indociles & leur réfifteront : peut-être
même fe rendront-ils infolens & un fujet de
fcandale pour leurs compagnons qu'ils détour-
neront de l'étude & de l'application à remplir
leur devoir, par leur exemple, par leurs difcours & par leurs railleries : ce font là les fuites ordinaires des paffions, quand elles s'em-
parent de l'efprit des jeunes gens. Il eft donc
vrai que ce font de grands obftacles aux progrès de leurs études : ainfi il eft du devoir des

Maîtres de les détruire autant qu'ils le peuvent.

N°. 2. Peut-être dira-t-on que les passions sont nécessaires pour exciter les hommes à cultiver les Arts & les Sciences, & que sans elles tout languiroit, tout périroit par le défaut d'émulation ; & qu'ainsi c'est une nécessité de les exciter pour soutenir un Royaume dans un état florissant.

Voilà sans doute l'objection la plus spécieuse, pour tâcher d'étayer l'amour-propre, & de le rendre supportable ou même important à la Société. Mais s'il est vrai que l'amour-propre enflammé par les passions, apporte quelques avantages à la Société, combien n'y cause-t-il pas de maux incomparablement plus grands ? S'il n'épargne pas ceux qui en sont possédés, en leur causant une infinité d'agitations, d'inquiétudes & de tourmens, on peut bien croire, & on ne le sçait que trop par l'expérience, qu'il ne ménage guère les autres.

Mais remontons plus haut, & allons jusqu'au principe pour détruire de fond en comble ce retranchement de l'amour-propre : il est impossible que le cœur de l'homme soit privé d'amour : en lui tout est amour ou en vient : quand il ne se porte pas vers un objet il est nécessaire qu'il se tourne vers un autre. Si donc l'amour qui domine dans un homme ne se portoit pas vers des biens qui lui sont particuliers, il se tourneroit vers le bien public, le bien de la Société, comme il arrivoit souvent chez les Grecs ou chez les Romains, dans certains temps de leur République, car je suppose ici que l'amour ne s'éleve pas encore jusqu'au seul objet qui en soit digne. Or si l'amour de l'homme se porte vers le bien de la Société, ne lui sera-t-il pas infiniment plus utile (à la Société) que s'il ne respire que son bien particulier ? On nous dispensera sans doute de la preuve d'une vérité qui saute aux yeux. Il n'est donc pas vrai que l'amour-propre ou les passions qui en sont des productions, ou si on veut, des émanations & des développemens sont nécessaires pour le bien de la Société. On diroit avec bien plus de vérité qu'elles en sont la peste.

Mais épurons & ennoblissons l'amour du bien public, en supposant qu'il devienne l'amour du prochain par rapport à Dieu ; & voyons si cet amour de la patrie ainsi christianisé ne lui sera pas bien aussi utile que celui qui dominoit dans quelques-uns des Grecs & des Romains ; celui-ci étoit toujours fondé sur l'amour-propre, sur le desir de la gloire, qui en étoit tellement la base & le soutien, que sans l'espérance d'en acquérir, l'amour de la patrie seroit aussi-tôt tombé, & se seroit évanoui : aussi l'amour pour chaque particulier, n'ayant pas le même appui, n'étoit pas réuni en eux à celui de la patrie. Au contraire, un homme animé du premier, c'est-à-dire, de l'amour véritable du prochain, est disposé à se sacrifier pour son Roi, pour sa Patrie, pour le moindre de ses freres, quand même il devroit se couvrir de honte devant les hommes. Comparons présentement l'amour-propre avec celui du prochain, pour voir comment il soutiendra ce parallele. Celui-ci, comme nous venons de le dire, met les hommes qu'il anime, dans la disposition de perdre tout, & leur vie même, s'il est nécessaire de la donner pour leurs freres, & sur-tout pour leur Roi, comme étant le

Miniſtre de Dieu , qu'il a placé ſur nos têtes pour nous protéger & nous procurer la paix & la tranquillité de cette vie : mais un Héros de l'amour-propre ſacrifieroit ſa Patrie pour contenter ſon avidité , il feroit deſcendre ſon Roi du Trône , s'il le pouvoit, pour y monter à ſa place , afin de ſatisfaire ſon ambition.

N°. 3. Pour mieux ſentir les effets favorables de l'amour du prochain par rapport aux Sciences dont il s'agit particuliérement dans ce Mémoire , joignons l'exemple au raiſonnement , & prenons-en un général qui ſera d'autant plus propre pour confirmer ce que nous diſons qu'il en renferme pluſieurs autres particuliers , & qu'il eſt plus connu à cauſe du tems & du lieu où il s'eſt paſſé : je veux parler de Meſſieurs de P. R. qui ont éclairé la France & l'Europe preſque dans tous les genres de Sciences véritablement utiles , par des Ecrits pleins de lumiere , qui ne peuvent manquer de paſſer à la poſtérité la plus reculée , par l'eſtime publique qu'ils ſe ſont acquiſe. Sans nous arrêter ici ni à leurs Ouvrages de piété dont on connoît le goût ſolide & l'excellence , ni à ceux de controverſe qui ſont remplis , comme tout le monde ſçait , d'une lumiere & d'une force qui ſurprennent les lecteurs ; je dis , ceux même qui s'attendoient à y trouver des raiſons convaincantes ; quel ſervice n'ont-ils pas rendu aux Siences naturelles , depuis les premieres qu'on apprend aux enfans juſqu'à celles qui terminent l'éducation des jeunes gens (1).

(1) On connoît le mérite de la *Grammaire générale & raiſonnée* , dite de Port-Royal , & de l'*Art de pen-*

Il seroit trop long d'indiquer ici, je ne dis pas les principaux Ecrits qu'ils ont composés, mais seulement les différentes matieres dont ils traitent. Nous nous contenterons donc de dire que ce sont ces grands hommes qui ont mis les autres sur la voie, ensorte qu'on peut les regarder comme les premiers Auteurs des bons Ouvrages qui ont été faits depuis eux, & qui se feront dans la suite. Leurs noms seront à jamais mémorables & respectables chez les Sçavans : & ceux qui se proposent de le devenir ne peuvent mieux faire que de profiter de leurs lumieres & de celles qu'ils ont procurées. Or l'on sçait à n'en pas douter que ce qui les a engagés à entreprendre tant de travaux, a été l'amour du prochain, le zèle pour la Religion. O Religion divine que vous êtes aimable ! que vous êtes digne d'occuper toute la capacité de notre cœur ! c'est vous seule qui pouvez faire le bonheur public & particulier : il n'y a que vous qui puissiez nous procurer la souveraine félicité dans la vie future, & nous en donner l'avant goût dans celle-ci. Puissiez-vous vous emparer de nos cœurs, & vous en rendre la maîtresse, afin de nous conduire au terme que vous nous proposez ; faites que ce soit l'objet de nos vœux les plus ardens!

Après ces considérations oseroit-on encore

---

ser, appellé de même communément, la Logique de Port-Royal : ce sont comme les deux termes de l'éducation de la Jennesse ; d'autant que dans le premier il y a des observations excellentes pour apprendre à lire, dont on se sert aujourd'hui avec un grand succès envers bien des enfans, & que le dernier renferme des réflexions importantes sur les différentes parties de la Philosophie.

dire que le bien d'un Etat demande qu'on excite l'amour-propre & les passions qui en naif-
sent comme d'un germe, qu'on les excite,
dis-je, dans les sujets de l'Etat, & qu'il ne
peut se soutenir autrement : non, espérons
plutôt que l'on dira (je parle des justes esti-
mateurs des choses) qu'il faut travailler à l'af-
foiblir le plus qu'il est possible, & même qu'il
faudroit l'exterminer si on le pouvoit, pour les
former (les sujets) à s'attacher au bien de l'E-
tat, & à procurer l'avantage des autres, autant qu'ils en seroient capables. Nous espérons qu'on voudra bien nous pardonner de
nous être un peu étendu sur cette matiere ;
nous avons cru qu'il étoit à propos de renver-
ser jusqu'au fondement ce rempart de l'amour-
propre que ses défenseurs lui ont élevé. Il nous
a paru que cela seroit utile pour convain-
cre de plus en plus de la nécessité de combattre continuellement les passions, & de l'obligation dans laquelle sont les Maîtres de s'occuper à régler le cœur de leurs Eleves pendant
tout le temps qu'ils sont chargés de leur éducation.

XL. Les Précepteurs, soit communs, soit
particuliers, avec lesquels les Ecoliers conver-
sent plus familiérement, pouvant beaucoup
contribuer à l'éducation de leurs Eleves, tant
pour former leur cœur que pour cultiver leur
esprit, il seroit à souhaiter que les Principaux
assemblassent de temps en temps ceux qu'on
appelle Maîtres de quartiers pour les entretenir des moyens les plus propres pour réussir
dans la fin importante qu'ils se proposent (1),

____

(1) Le Principal pourroit aussi y appeller les nouveaux Maîtres particuliers, s'il le jugeoit à propos.

leur indiquer les meilleurs Ouvrages sur cette matiere, les engager à les lire, & charger même ceux d'entr'eux, qui seroient plus capables d'y bien réussir, d'en rendre compte dans quelques-unes de ces assemblées. Si le temps ne permettoit pas à un Principal de s'appliquer autant qu'il seroit nécessaire pour faire lui-même les Discours qui conviendroient dans ces rencontres, il seroit à propos qu'il chargeât quelque personne connue & respectable pour faire ces Conférences. On pourroit aussi en employer quelques-unes à expliquer & développer certaines parties ou les plus difficiles ou les plus importantes de quelques-unes des Sciences particulieres qui font les plus nécessaires aux Maîtres. Si ces Conférences étoient bien faites, elles ne serviroient pas seulement à instruire les Maîtres, sur-tout les plus jeunes ; mais elles animeroient tous ceux qui aimeroient leur devoir & les exciteroient à s'en acquitter avec plus de soin & d'exactitude : & les Maîtres s'appliquant ainsi à leurs fonctions, quels avantages n'en retireroient pas leurs Eleves ? Il faut employer tous les moyens possibles pour réussir dans l'affaire dont il s'agit, comme étant de la plus grande conséquence. Or celui que l'on propose ici est très-propre pour parvenir à cette fin si désirable. Ces Conférences donneroient lieu aux Principaux de connoître mieux les talens des Maîtres, & de faire un choix plus sûr & plus éclairé des Sujets pour remplir les places des Professeurs quand elles seroient vacantes. On sent bien qu'elles exciteroient aussi beaucoup l'émulation des Maîtres pour les études qui leur conviendroient.

XLI.

XLI. Il y auroit une autre chose à faire pour l'utilité des Colléges ; ce seroit un réglement général qui prescrivît les exercices des Ecoliers qui y demeurent, les temps auxquels ils devroient commencer, & leur durée, en un mot tout ce que devroient faire les Pensionnaires & les Boursiers pendant le jour. Un Réglement qui seroit fait par l'Université & confirmé par l'autorité publique, contiendroit sans doute ce qui seroit le plus avantageux pour l'éducation de la Jeunesse ; & par conséquent devroit être observé partout, non-seulement dans les Colléges, mais aussi dans les Pensions. Tant que la maniere d'élever les enfans & les jeunes gens ne sera pas fixée & prescrite en détail, il y aura toujours des variétés & des systêmes particuliers de conduite & d'instruction qui ne tourneront pas à l'avantage de la Jeunesse. On en a sous les yeux une expérience bien triste par rapport aux enfans qu'on envoie aux petites Ecoles : ils y pourroient apprendre dans sept ou huit mois ou même moins, s'ils étoient bien dirigés, & qu'on les instruisît comme il convient, ce qu'ils n'apprennent souvent que dans deux ou trois ans, & quelquefois dans un plus long-temps ; & encore y en a-t-il beaucoup qui ne sçavent jamais lire, ou qui le sçavent si imparfaitement, qu'ils ne peuvent presque faire usage de ce qu'ils ont appris : & ceux mêmes qui sont parvenus à lire assez bien, sont si mal dirigés dans leur lecture qu'ils n'en retirent presqu'aucun profit, parce que les Maîtres & Maîtresses d'Ecole manquent à pratiquer deux choses essentielles au progrès des enfans, la premiere d'expliquer les mots & les phrases de leurs leçons

F

qu'ils n'entendent pas ; la seconde de faire des questions sur ce qui est renfermé dans ces leçons, afin qu'ils y fassent attention, qu'ils le comprennent & qu'ils le retiennent (Art. XX). Faute d'employer ces deux moyens, les lectures qu'on leur fait faire deviennent inutiles. Que le sort de ces pauvres enfans est à plaindre ! Qu'il seroit à souhaiter que l'autorité publique y pourvût par un Réglement qui prescriroit la maniere la plus facile & la plus naturelle d'apprendre à lire, & qui ordonneroit les exercices nécessaires pour que les enfans profitassent des lectures qu'ils font à l'Ecole ou ailleurs ! Au reste je ne parle ici que de la plûpart des petites Ecoles & non pas de toutes absolument ; il y en a plusieurs qui sont gouvernées par des Maîtres ou Maîtresses qui s'acquittent de leur devoir avec beaucoup de fruit pour les enfans commis à leurs soins.

En général, soit qu'il s'agisse de petites Ecoles ou d'autres, c'est une maxime de très-grande importance par rapport à l'éducation de la Jeunesse, que la maniere d'élever & d'instruire les enfans & les jeunes gens dans les Ecoles publiques ne doit pas être abandonnée au jugement & à la discrétion des Maîtres. Il faut donc nécessairement un Réglement public pour les Colléges & pour les Pensions, qui détermine les exercices des Ecoliers dans les différens temps de la journée. Ce Réglement dirigeroit les Maîtres dans leurs fonctions, en leur montrant ce qu'ils auroient à faire dans tous les temps & tous les momens, & de plus il exciteroit leur zèle : car alors ceux qui seroient tentés de se relâcher & de se laisser aller à la négligence, en seroient détournés par la crainte qu'ils auroient que le Public & les Parens fur-tout, ne remarquaffent aifément les négligences dans lefquelles ils tomberoient envers leurs Eleves. Ce Réglement feroit comme un flambeau qui éclaireroit les Maîtres, les Ecoliers un peu avancés, les Parens & le Public.

XLII. Me feroit-il permis de propofer une pratique qui n'eft guère d'ufage dans les Colléges, mais qu'il feroit bon d'y faire obferver, & de la faire entrer dans le Réglement dont nous venons de parler : c'eft à l'égard des jeunes gens dont on auroit lieu d'être mécontent par rapport à ce qui feroit directement contraire à la Religion : ceux fur-tout, qui, non-feulement paroiffent n'avoir aucune inclination pour la piété, mais qui donnent des marques d'une difpofition oppofée ; qui, bien-loin de prier Dieu avec refpect & recueillement à la Meffe & aux Offices, y apportent un efprit de diffipation qui eft un fujet de fcandale & de diftraction pour les autres : on oblige ces jeunes gens d'aller à la Meffe les jours ouvriers auffi bien que les autres Ecoliers, qui heureufement ne font pas dans le même cas : ne vaudroit-il pas mieux les en empêcher quelquefois ces jours-là, eu égard à leurs mauvaifes difpofitions qui fait que le faint Sacrifice de la Meffe qui par lui-même eft une fource de graces, devient pour ces jeunes gens un nouveau fujet de condamnation ? Je crois que cette forte de punition qui feroit humiliante pour eux, feroit capable d'en faire rentrer quelques-uns en eux-mêmes : elle pourroit être utile pour eux, & le feroit pour les autres qui ne feroient plus détournés par leur diffipation & leur mauvais

exemple. Je suppose qu'il y ait un Maître pour
veiller sur eux durant le temps de la Messe,
qui les feroit travailler à leur devoir pendant
que les autres y assisteroient ; & afin que cette
punition fût plus propre à faire impression sur
eux, il seroit bon qu'on les fît mettre à ge-
noux, & qu'ils fussent découverts durant tout
ce temps. Dans les Colléges où il y auroit
beaucoup de Pensionnaires, il faudroit qu'il y
eût deux Maîtres pour cette fonction ; l'un
pour garder les petits , & l'autre pour les
grands. Quand il s'agit sur-tout d'une action
aussi sacrée que l'assistance au saint Sacrifice de
la Messe, il vaut mieux l'omettre que de la
pratiquer mal de maniere à se rendre coupable d'une prophanation ; au reste, il ne s'agit
ici que d'une punition passagere qui ne dureroit que quelques jours : car si un Ecolier
avoit le cœur tellement gâté, qu'il fallût l'employer habituellement , il faudroit plutôt le
séparer des autres, de peur qu'il ne leur devînt
pernicieux.

XLIII. L'établissement d'une Ecole pour les
Maîtres, avec l'accessoire que nous y avons
joint ; sçavoir, les petits Colléges dans les
quartiers éloignés de celui de l'Université, contribueroit aussi, & même plus que tout autre
moyen , à l'éducation de la Jeunesse & au progrès des études par plusieurs endroits : 1°. parce
qu'il donneroit des Maîtres à l'Université qui
seroient habiles, attachés à leur devoir, affec-
tionnés à leurs fonctions ; 2°. parce que les enfans des Parens éloignés du quartier de l'Université, seroient instruits avec tout le soin &
l'application qu'on peut souhaiter ; 3°. parce
que le desir d'avoir une place dans cette Ecole

exciteroit l'émulation d'un très-grand nombre d'Ecoliers, tant pour la sageſſe que pour la ſcience, & cette émulation ne pourroit manquer de ſe communiquer, par la force du bon exemple, aux autres Ecoliers qui ne ſe propoſeroient pas de devenir membres de cette Ecole. Nous parlons aſſez au long de cet établiſſement dans le cinquiéme Mémoire du Recueil, à cauſe qu'il eſt la baſe de l'édifice que l'on veut élever, & qu'il eſt le fondement ſans lequel tout le reſte ne peut ſe ſoutenir.

XLIV. Ce que nous diſons ici de l'établiſſement d'une Ecole de Maîtres, il faut l'entendre auſſi d'un réglement pour le choix des Chefs de l'Univerſité; c'eſt-à-dire, que ce réglement contribueroit auſſi beaucoup à l'éducation de la Jeuneſſe, en ce qu'il maintiendroit l'ordre le plus régulier & une diſcipline exacte dans l'Univerſité. (On a expoſé dans le ſixiéme Mémoire du Recueil comment il faudroit faire ce choix.) En effet, peut-on douter qu'une bonne diſcipline obſervée exactement, dans un Corps conſacré à l'inſtruction de la Jeuneſſe, ne ſoit un moyen très-propre pour parvenir à la fin à laquelle il eſt deſtiné. Or, rien ne peut tant contribuer à la diſcipline exacte d'un Corps que le choix toujours éclairé & judicieux de ſes Chefs. D'ailleurs ce réglement ſeroit néceſſaire pour maintenir l'Ecole des Maîtres dans la régularité qui lui conviendroit, parce qu'il ſeroit ſeul capable d'aſſurer une ſucceſſion non-interrompue de bons Chefs dans cette Maiſon.

XLV. Outre ces deux établiſſemens; il y en a encore un autre à former qui ſeroit glorieux pour l'Univerſité de Paris, & d'une grande

utilité pour les jeunes gens , qui , étant au-
deſſus de l'âge où l'on a coutume d'apprendre
les Elémens du Latin, n'oſent pas aller dans
les baſſes - Claſſes où on les enſeigne. Je ſuppoſe qu'ils aient ſeize à dix-huit ans ou même
plus ; prendront - ils ſur eux d'aller ſe mêler
avec des enfans de huit à neuf pour faire les
même exercices dans leſquels ils réuſſiroient
moins bien que pluſieurs de leurs Condiſciples,
quoique ce ne ſoit que des enfans? Du moins
cela arriveroit-il ſouvent, ſur - tout dans les
commencemens. Il ſeroit donc à ſouhaiter qu'il
y eût quelques Claſſes ou même un ou deux
Colléges dont les enfans ſeroient exclus, &
qui ſeroient deſtinés pour ces jeunes gens, qui
ſont en aſſez grand nombre. Et comme il faudroit abréger le temps du cours des études
pour des Ecoliers de cet âge , il ne devroit y
avoir que quatre Profeſſeurs dans ces Colléges
pour les Claſſes ordinaires, l'un pour la Sixiéme
& la Cinquiéme , un autre pour la Quatriéme
& la Troiſiéme , un autre pour la Seconde & la
Rhétorique , & enfin un quatrieme pour la
Philoſophie. Il eſt viſible qu'un tel établiſſement conviendroit mieux à l'Univerſité de Paris qu'à toute autre , & qu'il y manquera toujours un ſecours très-utile pour ne pas dire
néceſſaire à l'inſtruction publique, juſqu'à ce
que cet établiſſement ait lieu , non ſeulement
en faveur de ceux qui voudroient commencer
leurs études lorſqu'ils ſeroient ſortis de l'enfance , mais auſſi pour beaucoup d'autres qui
les ayant mal faites , voudroient recommencer
au moins quelques Claſſes, comme la Rhétorique & la Philoſophie. Or , rien ne ſeroit
plus facile que de faire l'établiſſement en queſ-

tion dans Paris où il y a dix Colléges de l'U-
niverfité dont les baffes-Claffes ne fervent que
pour les enfans : il n'en couteroit rien ni à l'E-
tat ni aux Particuliers. Les enfans mêmes en
profiteroient, parce qu'il y auroit plus d'émulation dans leur Claffe en plufieurs Colléges,
qu'il n'y en a dans la fituation préfente. Tout
cela eft prouvé manifeftement dans le quatorzieme Mémoire du Recueil, où l'on indique
les moyens qu'il faudroit prendre pour exécuter cet établiffement avantageux, qui, avec
les autres propofés dans le préfent Mémoire,
rendroit cette célebre Ecole, fur-tout la Faculté des Arts, beaucoup plus utile & plus chere
aux Citoyens qu'elle n'a encore été.

XLVI. La lecture réfléchie de quelques
Hiftoires bien écrites, mêlées de réflexions
judicieufes faites à propos fur les caufes des évé-
nemens, & fur le caractere & la conduite des
hommes, peut encore être regardée comme un
moyen très-propre pour perfectionner les études : car l'étude de l'Hiftoire, quand elle eft
bien dirigée, eft un des principaux moyens
pour éclairer l'efprit & perfectionner la raifon :
elle tient lieu d'une longue expérience pour
fçavoir comment il faut fe conduire avec les
hommes : elle apprend à les connoître : ce
qui eft très-utile à la plûpart des hommes, &
néceffaire à ceux qui ont autorité fur les autres, afin de fçavoir comment il faut fe com-
porter à leur égard, pour les amener au but
que l'on fe propofe. Mais afin de tirer de
l'étude de l'Hiftoire l'avantage qu'on y doit
chercher, il ne fuffit pas de lire indiftincte-
ment toutes fortes d'Hiftoires, on y perdroit
bien du temps, & on ne finiroit pas, à caufe

de la multitude immenſe des Livres en ce
genre ; il y a un choix à faire : il faut lire
l'Hiſtoire de ſon pays préférablement à celles
des pays étrangers. Il faut encore choiſir entre les Hiſtoires de ſon pays ; car ſouvent il y
a une grande différence entre celles qui ont
été compoſées par les différens Auteurs. Et
par rapport aux pays étrangers & aux Hiſtoires anciennes, il faut communément s'en tenir à celles qui s'arrêtent ſeulement à rapporter les Révolutions des Empires, leurs
cauſes, le caractere & la conduite des grands
hommes qui y ont eu le plus de part : quand
ces ſortes d'Ouvrages ſont bien faits, il y a
plus de profit à en tirer que de la plûpart de
ceux qui rapportent les faits en détail ; outre
qu'il n'eſt pas poſſible de lire le grand nombre de ceux-ci. Il y a pluſieurs Ouvrages en
ce genre qui ſont eſtimés, entr'autres quelques-uns de l'Abbé Vertot. Nous avons déja
parlé de l'Hiſtoire Univerſelle par M. Boſſuet,
auquel on peut ajouter ſon Hiſtoire des Varia-
tions qui ſont auſſi des eſpeces de Révolutions
qui ont eu en partie les mêmes cauſes que celles des Empires.

Dans le nombre d'Ouvrages de cette eſpece,
qui eſt aſſez grand, chacun pourra, s'il en a la
commodité, lire ceux dont il croira que la lecture lui ſera utile. Il y a auſſi des Hiſtoires particulieres de grands hommes, ſoit Princes, ſoit
Miniſtres, qui ſont fort propres à former l'eſprit des jeunes gens, comme celle de Théodoſe
le Grand, par M. Fléchier, de Henri VII, Roi
d'Angleterre, par M. de Marſollier, celle du
Cardinal Ximénès, par le même, & par M.
Fléchier, celle du Cardinal d'Amboiſe, Mi-

niſtre du Roi Louis XII, celle du Cardinal Commendon, traduite par M. Fléchier, celle du Cardinal Martinuſius, Régent du Royaume de Hongrie, &c. mais il faut ſçavoir ſe borner dans ces lectures; autrement on y employeroit trop de temps; & d'ailleurs lorſqu'on a lû quelques-uns de ces ſortes d'Ouvrages, on ne retrouve plus qu'à peu près la même choſe dans les autres de ce genre, quant à ce qui eſt capable de former l'eſprit: il vaut mieux alors relire ce qu'on a déja lû, que de faire de nouvelles lectures. C'eſt une maxime qu'il ſeroit à ſouhaiter qu'on ſuivît auſſi dans les autres études. Quand on a vu pluſieurs bons Ouvrages ſur une matiere, il y a ordinairement plus à profiter à relire ce qu'on a lû qu'à lire d'autres Livres ſur la même matiere. L'étude de l'Hiſtoire conviendroit fort après la Claſſe d'Eloquence: ce ſeroit alors que les jeunes gens ſeroient plus en état d'en profiter: & au défaut de cette Claſſe, il faudroit s'y appliquer après la Philoſophie.

XLVII. Il y a deux autres objets qui ſeroient encore liés très-étroitement au progrès de l'inſtitution des Eleves de l'Univerſité: ce ſont la répartition de l'honoraire expoſée dans le huitieme Mémoire du Recueil de 1763, & les prix de ſageſſe dont il eſt parlé dans le quinzieme. Mais nous croyons qu'il ſuffit ici d'indiquer ces deux Mémoires, ſans nous arrêter à faire ſentir le rapport que ces deux objets ont avec le progrès des jeunes gens dans la ſcience & la vertu. Si après tout ce que nous avons propoſé pour perfectionner les études, quelqu'un vouloit encore conteſter qu'en faiſant uſage de ces moyens, elles ne feroient pas beaucoup meilleures , tant par rapport au choix de leur objet , que par rapport à l'étendue des connoiſſances que le gros des Etudians acquerroit , qu'elles ne l'ont été juſqu'à préſent , il nous ſemble que ce feroit nier qu'il fait jour en plein midi. Il nous reſte à ajouter dans ce Mémoire quatre autres moyens aux précédens.

XLVIII. N°. 1. Nous avons déja parlé en pluſieurs endroits de moyens très-propres à faire naître & entretenir l'émulation ; mais comme leur exécution ne dépend pas de chaque Maître en particulier , il eſt à propos d'en indiquer encore d'autres : ce ſont les fins que ſe peuvent propoſer les Etudians , & de montrer quelles ſont celles que l'on doit exclurre, quoiqu'au préjudice des enfans , on s'en ſerve ſouvent à leur égard. Il eſt néceſſaire d'exciter l'émulation des jeunes gens , afin que les études ſoient animées ; car ſi elles ſont languiſſantes , elles deviennent plus pénibles qu'elles ne le feroient , & preſque ſans fruit ; d'où il arrive que tôt ou tard les Etudians ſe rebutent, & s'ils continuent le cours de leurs études, ce n'eſt plus que pour la forme , & parce qu'ils y ſont forcés. Mais ſi l'émulation s'empare de leur eſprit, elle leur donnera de l'amour pour l'étude ; ils s'y porteront avec plaiſir , & ſurmonteront avec ardeur les difficultés qui s'y rencontrent ; elle produira & entretiendra l'attention , & l'attention , ſi elle eſt ſoutenue, cauſera infailliblement un progrès rapide qui renouvellera à ſon tour l'émulation & l'application. Que ſi ces diſpoſitions favorables ſont accompagnées des ſecours que l'on trouve dans les bons Maîtres , on a lieu d'attendre les plus

grands succès dans les études. Mais quel moyen
faut-il employer pour exciter l'émulation ? Il
est certain que tout moyen qui tendroit à cor-
rompre le cœur, doit être rejetté. Un Auteur
très-connu par la réputation qu'il s'est acquise
(feu M. Crevier qui avoit été Professeur de
Rhétorique dans l'Université) n'approuvoit
pas que l'on donnât aux enfans de l'argent comme une récompense de leurs succès, de peur
de leur inspirer du goût pour l'argent ; en quoi
il ne disoit rien qui ne fût conforme aux principes des Auteurs qui ont traité de l'éducation
de la Jeunesse, car ils ne veulent pas que l'on
propose aux enfans pour récompenses, des
ajustemens & des friandises afin de les encou-
rager ; de peur qu'elles ne réveillent en eux
les passions de la vanité & de l'amour du plaisir des sens. En effet, nous portons tous en
nous-mêmes un fond de corruption toujours
prêt à produire de mauvais fruits, pour peu
qu'on y donne occasion : rien cependant de
plus commun que de voir des Parens & des
Gouvernantes exciter des jeunes gens à faire
ce que l'on demande d'eux par l'appas d'un
habillement qu'on leur fait envisager comme
quelque chose de fort estimable & de bien précieux. Les amis des Parens se joignent à eux :
ils louent & félicitent les jeunes gens, sur-tout
de l'autre sexe, au sujet de leurs habits & de
leurs ajustemens ; ils les admirent en se ré-
criant sur le goût & la magnificence de leurs
parures. On ne seroit pas surpris de voir que
la Jeunesse prît plaisir à avoir des ajustements,
c'est une suite & un penchant d'une nature
viciée dans son origine ; mais des Parens & autres qui leur sont attachés, sont inexcusables

d'exciter & de fomenter cet effet de la vanité & de l'orgueil. C'eſt à peu près comme s'ils excitoient leurs enfans à la vengeance, à la gourmandiſe, ou à quelque autre affection contraire à la Loi de Dieu; voilà néanmoins comment on forme le cœur de la Jeuneſſe dans pluſieurs familles.

N°. 2. Mais, je le demande, riſqueroit-on moins de faire naître l'orgueil dans les jeunes Etudians ſi on les animoit à l'étude en leur repréſentant que c'eſt par la ſcience que l'on s'attire de l'eſtime & de la conſidération dans le monde, que c'eſt le moyen de parvenir aux honneurs & aux grands emplois, que rien n'eſt plus propre à ſe faire un grand nom parmi les hommes de ſon temps & ceux qui viendront dans la ſuite, que rien n'eſt plus glorieux & plus ſatisfaiſant que de l'emporter ſur tous les autres, & de leur être ſupérieur par les talens de l'eſprit? Pourroit-on, à cauſe de quelques ſuccès qu'ils auroient eus, leur donner des louanges ſans meſure & ſans précaution, qui leur feroient croire qu'ils ſont beaucoup au-deſſus de leurs Condiſciples? N'eſt-il pas évident que de tels diſcours ou d'autres ſemblables exciteroient en eux des ſentimens d'orgueil & de vanité? Si l'on appréhende que de l'argent donné en récompenſe aux enfans & aux jeunes gens, n'excite en eux la cupidité, n'eſt-il pas beaucoup plus à craindre que de pareils diſcours ne leur cauſent de l'orgueil, dont ils ſont bien plus ſuſceptibles que de l'avarice? Ainſi on leur gâteroit certainement le cœur, en voulant les animer à cultiver leur eſprit, ce qui ſeroit un renverſement viſible de l'ordre; car les connoiſſances de l'esprit doivent être employées à régler le cœur. L'homme peut parvenir à la fin à laquelle il est destiné, sans avoir acquis les sciences naturelles ; mais il ne le peut s'il n'a le cœur réglé : sans cela il sera malheureux, même dès cette vie, à cause du trouble & de la violence des passions dont il sera agité. Un jeune homme qui aura conçu le dessein de l'emporter sur les autres, & qui aura contracté l'habitude de ce desir, se rendra insupportable dans la Société, & trouvera par-tout des contradictions ; souvent même il ne pourra réussir dans son dessein, parce qu'il y en aura quelques autres qui le surpasseront ; & tout cela lui causera des peines & des chagrins cuisans qui dureront autant que sa vie, s'il ne parvient à rompre cette malheureuse habitude qu'il s'étoit formée. Combien de Parens & de Maîtres sont en partie cause de ce mal, faute d'y faire assez d'attention ! On croit faire beaucoup en apprenant bien des choses curieuses aux jeunes gens ; on les y anime par des motifs de vanité, & toutes ces connoissances ne leur servent souvent de rien ; ou, ce qui est bien plus fâcheux, ils n'en font usage que pour leur perte, & pour se rendre misérables, en les employant à nourrir l'orgueil que l'on a excité en eux.

Cette passion est si funeste, qu'elle rend ceux qui en sont possédés, ennemis de Dieu qui leur résiste, & des hommes qui ne souffrent qu'avec peine qu'on veuille dominer sur eux ; elle est le bourreau de ceux dont elle s'est rendue maîtresse, par le trouble & l'agitation qu'elle leur cause & par les contradictions qu'elle leur attire ; d'ailleurs s'ils acquierent des connoissances, l'usage qu'ils en font, répond communément au principe d'où elles viennent : car s'ils ont des talens distingués, ils s'en servent souvent au préjudice de leurs Concitoyens, & quelquefois au malheur de l'Etat, ou peut-être à sa ruine s'ils en ont l'occasion. On peut dire que c'est la cause la plus ordinaire des dissentions, des querelles, des troubles, des guerres dans l'Etat, des divisions, des disputes & des hérésies dans l'Eglise. Après cela croiroit-on pouvoir exciter & fomenter une passion qui produit tant & de si grands maux, qui est si pernicieuse & aux Particuliers & à l'Etat ?

N°. 3. On peut présenter aux jeunes gens d'autres motifs capables de les animer au travail : s'ils ont des sentimens de Religion, & de la crainte de Dieu, il suffira de leur faire bien sentir la nécessité indispensable du travail, & même d'un travail pénible & laborieux : *In sudore vultús tui vesceris pane.* Gen. cap. 3, ℣. 19. Il faut leur inculquer que chacun doit s'acquitter des devoirs de son état, que sans cela il est impossible de plaire à Dieu & de faire son salut, & que le devoir de leur état est de s'appliquer à l'étude. On leur représentera que ce seroit être ingrat à l'égard de leurs Parens, de ne pas répondre aux peines & aux soins qu'ils se donnent, & aux dépenses qu'ils font pour eux, & que l'ingratitude est un vice honteux, indigne d'un honnête homme ; qu'il faut se mettre en état de rendre service aux autres, aux siens sur-tout & à la Patrie, chacun selon le rang dans lequel il se trouve ; qu'il faut tâcher de s'attirer la confiance du Public, afin de pouvoir le servir

plus utilement dans les fonctions que l'on exercera. On peut auffi fe fervir de quelques louanges pour témoigner aux jeunes gens que l'on
eft content de leur application ; il faut le faire
fur-tout s'ils font timides, & qu'ils tombent
dans le découragement, croyant n'être pas
capables de réuffir. Mais en général les louanges que l'on donne, doivent toujours être
modérées ; il faut les faire tomber ordinairement plutôt fur le travail que fur le fuccès :
en un mot, elles doivent être affaifonnées de
maniere qu'elles n'excitent pas l'orgueil ; autrement on leur corrompt le cœur, & on les
expofe à devenir malheureux dans cette vie &
dans l'autre. Que s'il y avoit des fujets que
l'on ne pût engager à l'application, ni par ces
motifs ou d'autres femblables, ni par l'exemple des autres, ni par les menaces, ni par les
punitions, ce ne feroit pas une raifon qui au-
torifât à fe fervir de moyens qui leur feroient
nuifibles par rapport au cœur : car comme il
eft plus néceffaire de le former que de cultiver l'efprit, & même que toutes les connoiffances que l'on acquiert doivent toujours tendre à régler le cœur, felon que nous l'avons
déja obfervé, ce feroit un renverfement de
l'ordre de cultiver l'efprit aux dépens du cœur :
c'eft néanmoins ce qui n'arrive que trop fouvent.

Mais les deux principaux moyens d'exciter
le goût des études & l'application dans les enfans & les jeunes gens, font contenus dans
quelques uns des articles précédens ; c'eft 1°.
de prendre les mefures que nous avons expofées pour lever les difficultés capables de rebuter ou d'arrêter les Etudians ; 2°. de leur

faire expliquer des Auteurs dont la matiere les attire, & de leur préfenter dans les Verfions, les Thêmes & autres devoirs, des objets intéreffans pour eux. En levant les difficultés qui les auroient embarraffés dans les devoirs qu'on leur donne, par exemple, dans les Verfions, ils y réuffiront, & toutes les Phrâfes qu'ils traduiront, feront comme autant de découvertes qu'ils feront, qui ne manqueront pas de les animer par le plaifir qu'ils éprouveront à les faire; fi donc à ce plaifir fe joint encore celui qu'ils reffentiront par l'intérêt qu'ils prendront aux matieres choifies fur lefquelles ils s'exerceront, ils fe plairont dans leur travail, & s'y appliqueront volontiers : ainfi il ne faudra plus à l'égard du grand nombre, au moins pour l'ordinaire, ni réprimandes, ni punitions &peu de menaces pour les obliger à s'appliquer à leurs devoirs : & par-là quelle fatisfaction n'éprouveront pas les Parens & les Maîtres ? (Ces deux moyens regardent directement l'efprit : il y en a un dont l'objet direct eft le cœur : il s'agit de travailler à éteindre fes paffions qui empêchent l'application de l'efprit aux étüdes. Voyez l'art. XXXIX.)

XLIX. Il feroit avantageux aux jeunes Etudians qui fréquentent les Penfions ou qui y habitent, tant par rapport au progrès des études que pour la fûreté de leurs mœurs, qu'il y eût au moins deux fortes de Penfions, dont les unes ne fuffent deftinées que pour des enfans depuis les premiers commencemens jufqu'en Troifiéme inclufivement, & les autres ne fuffent que pour des Ecoliers des Claffes fupérieures. L'attention des Maîtres de Penfion feroit moins partagée ; ainfi ils pourroient fe rendre plus utiles à leurs Disciples. Il est très-difficile qu'une même personne dirige bien les études des petits & des grands : cela demande une étendue de connoissances que l'on exigeroit inutilement du commun des Maîtres : celui qui réussit avec les grands Ecoliers, souvent n'auroit pas le même succès avec les petits : à plus forte raison, un bon Maître des petits, ne seroit pas toujours propre pour conduire & enseigner les grands : les talens sont partagés.

Ajoutons que les Maîtres de Pension ne peuvent pour l'ordinaire avoir le nombre de Précepteurs qui seroit nécessaire pour les Ecoliers de toutes ou presque toutes les Classes : il en faudroit cinq ou six quand même il n'y auroit point de Philosophes · & cela est ordinairement impraticable dans une Pension où il n'y a qu'environ trente à quarante Ecoliers. De plus, s'il arrive des désordres parmi ceux des basses-Classes, cela vient quelquefois de leur fréquentation avec les grands (1). Ceux-ci sont encore souvent de mauvais exemple pour les petits par leur indocilité envers les Maîtres : enfin les Maîtres de Pension outre qu'ils pourroient s'acquitter de leur devoir beaucoup plus facilement ; trouveroient aussi leur avantage dans cette séparation des Eco-

____

(1) Ces inconvéniens ne sont pas les mêmes dans les Colléges : les Principaux ont des secours & des facilités que n'ont pas les Maîtres de Pension : ils peuvent se faire aider pour les études par les Professeurs ; & d'ailleurs ils sont en état d'avoir autant de Maîtres de quartier qu'il y a de Classes. Enfin, ils ont beaucoup plus de logement, ce qui leur donne lieu de séparer les petits d'avec les grands, & même les différentes Classes, les unes d'avec les autres.

liers, ſi elle étoit une fois établie, parce qu'ils n'auroient pas beſoin d'un ſi grand nombre de Précepteurs. Pour faire cet établiſſement, ils opteroient entre les grands & les petits Ecoliers. Je ne ſerois pas ſurpris qu'on trouvât quelque embarras dans l'exécution de ce réglement touchant le partage des Penſions. Il pourroit arriver, par exemple, qu'il y eût pluſieurs freres dont la différence des Claſſes demanderoit la ſéparation ; ce qui feroit quelque peine aux Parens. Mais ſi on eſt arrêté par de ſemblables conſidérations, il faut renoncer à tout réglement, quelque avantageux qu'il puiſſe être pour l'éducation de la Jeuneſſe. J'ajoute qu'on pourroit admettre quelque exception à la régle ou donner diſpenſe en certains cas, ſi cela paroiſſoit néceſſaire.

L. Quoique la principale choſe qu'on doive ſe propoſer dans l'éducation de la Jeuneſſe ſoit de cultiver le cœur & l'eſprit, il ne faut cependant pas négliger les ſoins néceſſaires du corps & de la ſanté : ſans elle les jeunes gens ne ſeroient pas en état de faire uſage des moyens propoſés ci-deſſus. Or, on peut rapporter à trois points principaux ce qui regarde cet objet : ce ſont la nourriture, le bon air, & le mouvement ou l'agitation à laquelle les jeunes gens ſont fort portés. Je ne parle pas ici de la nourriture : chacun ſçait ce qu'il eſt à propos de faire à ce ſujet. Quant au bon air qui contribue auſſi beaucoup à la ſanté, il ſeroit à ſouhaiter que les cours de pluſieurs Colléges de Paris fuſſent plus grandes qu'elles ne ſont, tant afin qu'on y reſpirât un air plus libre, qu'afin que les jeunes gens euſſent plus d'eſpace pour leurs jeux & leurs exercices. Si les cours étoient plus grandes, les bâtimens qui les environnent pourroient être moins élevés, parce qu'ils seroient plus étendus en longueur : ce qui seroit encore un nouvel avantage par rapport à l'air de la cour qui y circuleroit plus aisément. Peut-être que la réunion des Boursiers des petits Colléges dans celui de Louis le-Grand, pourra donner occasion à l'élargissement de quelques-uns des grands qui sont dans le voisinage d'autres petits. Comme il s'agit ici d'une chose qui intéresse les Citoyens, il semble qu'il conviendroit assez que la Ville voulût bien y contribuer : ce qui pourroit donner lieu d'espérer qu'elle ne négligera pas cet objet, ce sont les Ouvrages publics qu'elle entreprend souvent, pour la commodité, l'utilité & la santé des Citoyens.

Mais ce que nous avons principalement en vue ici, c'est la nécessité d'accorder aux enfans de temps en temps la liberté de se récréer & de se donner du mouvement, par exemple, après les Classes. C'est une contrainte bien violente pour eux d'être obligés de se tenir assis pendant deux heures ou deux heures un quart : ainsi ils ont besoin après ce temps de se délasser de cet état pénible qu'ils ont souffert : & c'est aussi ce qu'on leur accorde après la Classe du soir, & encore quelquefois après celle du matin dans les grands froids ; mais je crois qu'il seroit à propos de leur donner en tout temps un quart-d'heure ou environ une demi-heure de récréation après la Classe du matin comme après celle du soir. Il seroit même à souhaiter qu'il y eût une cour séparée où

ils puſſent aller jouer & ſe récréer. Je dis une
cour ſéparée, afin qu'ils ne détournaſſent pas
les autres Ecoliers qui étudieroient pendant ce
temps , c'eſt-à-dire , à la ſuite de la Claſſe du
matin. Le mouvement modéré qui eſt avantageux à tous les âges pour entretenir la flexibi-
lité des muſcles & pour diſſiper les mauvaiſes
humeurs par la tranſpiration , eſt néceſſaire aux
jeunes gens & ſur-tout aux enfans, qui, ſans
cela ne peuvent acquérir la force proportionnée à leur âge ni une ſanté ſolide : Auſſi l'Auteur de la Nature leur a-t-il imprimé une grande inclination au mouvement, afin de les avertir du beſoin qu'ils en ont : cette inclination eſt
par rapport à eux comme la faim & la ſoif dans
tous les hommes, qui ſont avertis par ces ſentimens du beſoin qu'ils ont de prendre de la
nourriture.

L I. N°. 1. Je crois que pour abréger la durée de la contrainte où ſont les enfans pendant
le temps de la Claſſe, laquelle eſt capable de
nuire à leur ſanté, il ſeroit à propos de diminuer ce temps environ d'une demi-heure le
matin & autant le ſoir. Il ſeroit plus aiſé de les
contenir dans l'ordre & la tranquillité ſi le
temps des Claſſes étoit moins long : ce qui ſeroit encore un avantage pour les Ecoliers qui
ſeroient moins expoſés à s'attirer des déſagrémens, & cet avantage réjailliroit ſur les Maîtres. Si ce réglement avoit lieu, il vaudroit
mieux que la demi-heure ſe prît ſur la fin de
la Claſſe que ſur le commencement, afin d'é-
viter le tumulte qui vient du grand nombre
des Ecoliers qui ſortent en même-temps de
toutes les Claſſes. Les Ecoliers de Septiéme,
de Sixiéme, de Cinquiéme, & peut-être auſſi

ceux de Quatriéme auroient besoin de la con-
descendance dont il s'agit, qui leur deviendroit utile même par rapport à l'esprit, si on
faisoit en même-temps un autre établissement
auquel le premier donneroit lieu. Comme l'é-
tude du soir seroit un peu longue en retranchant une demi-heure de la Classe, il leur seroit avantageux qu'on les réunît chacun dans
leur Classe les trois derniers quarts-d'heure,
avant le souper, (je parle des Pensionnaires
& des Boursiers du Collége) afin de faire des
exercices utiles, soit en leur apprenant à compter de la maniere qui est expliquée dans la
premiere addition qui est à la fin de ce Mémoire, soit en leur enseignant les premiers
principes de l'Arithmétique, & quelques notions touchant les Figures les plus simples des
élémens de Géométrie, comme des Lignes
droites, tant perpendiculaires qu'obliques &
paralleles, des Angles, des Cercles, des
Rayons, des Diamètres. Les enfans entendroient aisément ces premieres notions si on
leur montroit les Figures auxquelles elles auroient rapport. De même en leur montrant un
Globe terrestre ou une Sphère armillaire, ils
apprendroient facilement à connoître les Cercles qui y sont représentés ; ce qui leur donneroit de la facilité pour entendre les principes
de la Géographie, & ensuite on leur montreroit quelle partie on voudroit de cette Science
en leur mettant des Cartes devant les yeux,
sur lesquelles on leur feroit voir les Pays, les
Villes, les Rivieres, les Mers, &c. que l'on
jugeroit à propos, (Ces différentes connoissances sont indiquées en général dans la premiere
addition après ce Mémoire,) Rien ne seroit

plus propre pour attirer & foutenir leur attention que ces Figures & ces Cartes qu'on expo-
feroit à leurs yeux, fur-tout fi elles étoient
grandes, bien tracées & bien colorées. Comme le temps des Claffes de ces enfans feroit
abrégé, Meffieurs les Profeffeurs pourroient fe
prêter volontiers à ces exercices qui ne fe feroient au plus que quatre fois la femaine;
fçavoir les jours où il y auroit deux Claffes.
Ce feroit une forte de dédommagement pour
leurs Ecoliers, qui leur feroit plus utile que le
temps dont les Claffes auroient été abrégées:
car ces exercices ferviroient d'abord à leur
apprendre à compter, & enfuite à leur enfeigner plufieurs notions d'Arithmétique, de la
Géométrie la plus élémentaire, de la Sphère,
de la Géographie, toutes connoiffances dont
ils auroient befoin dans la fuite : mais ce qui
feroit plus important, c'eft qu'elles contribueroient plus que les autres études qu'ils feroient,
à leur ouvrir l'efprit, à leur procurer une intelligence qui feroit caufe qu'ils étudieroient
avec goût ce qu'on préfenteroit à leur application, parce qu'ils l'entendroient, au lieu que
dans l'état préfent un grand nombre n'entend
prefque rien à la plûpart des chofes qu'on leur
fait apprendre.

N°. 2. Toutes les connoiffances que nous
avons indiquées en général, ne conviennent
pas également aux trois ou quatre Claffes dont
il s'agit. Il faudroit donc les expofer un peu
en détail, & fpécifier celles qui conviennent à
chacune : mais cela demanderoit un difcours
plus étendu que celui que nous nous fommes
propofé ici. Si on veut adopter l'arrangement
que nous avons expofé, il ne fera pas difficile

de faire cette diſtribution. Pour ce qui eſt du détail des connoiſſances on le trouvera dans la premiere addition, mais ſans la diſtribution pour chacune des Claſſes, ni le détail de ce qui appartient à la Géographie, qui n'y étoit pas néceſſaire.

En tout cas ſi on vouloit faire jouir les enfans des avantages qui leur reviendroient de cet arrangement, il ſeroit facile de compoſer un petit Traité qui contiendroit l'expoſition de toutes les notions & les connoiſſances qui conviendroient à chacune des Claſſes. Mais il ſeroit à ſouhaiter que cette expoſition fût claire & méthodique, afin qu'elle ſervît de modele dans ce genre aux Maîtres. Il n'y a pas lieu de douter que cet exercice ne procurât bientôt aux enfans une ouverture d'eſprit qu'ils n'acquerroient que dans un long temps, s'ils ne jouiſſoient pas de cet avantage.

Mais outre cette conſidération qui eſt de la plus grande importance, on peut ajouter que les connoiſſances qu'ils apprendroient par ce moyen leur ſeroient plus utiles que la plûpart de celles qu'on leur enſeignoit autrefois dans le cours des Claſſes des Colléges. Or, ils ne pourront jouir auſſi facilement & auſſi abondamment de ces avantages qu'en exécutant l'arrangement propoſé; ſoit parce que le temps des Claſſes étant trop long pour eux, ils ne peuvent ſoutenir leur attention pendant tout ce temps, ſoit à cauſe du grand nombre des enfans qui cauſe néceſſairement de la diſſipation qui augmente encore à cauſe de la longueur. Ces raiſons ſeules ſuffiroient, pour engager à exécuter l'arrangement dont il s'agit, quand même la conſidération de la ſanté des enfans ne l'exigeroit pas. Afin que les enfans fuſſent mieux difpofés à profiter du temps de ces exercices, on pourroit leur accorder quelques momens de récréation dans leur Salle d'étude avant qu'ils allaffent le foir dans la Claffe ou dans une Salle.

LII. Voici une pratique qu'il feroit à fouhaiter pour le foulagement des enfans que l'on obfervât en attendant mieux. Les Commentaires expofés à l'Article VII étant de la plus grande conféquence pour les Commençans, fur-tout ceux qui n'ont point de Précepteur particulier, à caufe qu'ils leur épargneroient des peines capables de les rebuter, & même infurmontables pour plufieurs ; & d'ailleurs pouvant arriver qu'ils ne puiffent en jouir jufqu'à un temps plus ou moins long dont la durée dépendra des perfonnes qui pourroient leur procurer cet avantage, nous croyons qu'en attendant qu'ils puiffent en profiter, les Profeffeurs des baffes-Claffes pourroient y fuppléer jufqu'à un certain point, en dictant chaque jour dans leur Claffe les éclairciffemens les plus néceffaires, & en particulier la fignification des mots latins que les enfans auroient le plus de peine à trouver dans leur Dictionnaire faute d'en fçavoir l'origine qu'ils devroient chercher. C'eft ce qui eft contenu au fecond Article du fecond *alinea* de la page 13. On leveroit auffi quelques autres difficultés, qui l'exigeroient, lefquelles font indiquées dans les différens Articles du même *alinea*. Par ce moyen ils ôteroient au moins les principales difficultés qui font le plus pénibles aux enfans. Il feroit à fouhaiter qu'ils puffent dicter tous les éclairciffemens qui devroient être dans le Commentaire, mais le temps ne le permettroit pas. Ils feroient

donc

donc obligés alors à s'en tenir à ceux qui seroient les plus néceſſaires. Cela n'empêcheroit
pas qu'ils n expliquaſſent de vive voix la leçon
qu'ils donneroient à traduire. Mais cette explication ne ſuffiroit pas, comme nous l'avons
déja dit, tant à cauſe de la légereté des enfans
qui en empêcheroit le plus grand nombre de
ſuivre ce que le Profeſſeur diroit, que-parce
que ceux même qui écouteroient avec attention, oublieroient une partie de ce qu'ils auroient entendu dire, & en conséquence ils ſe
trouveroient dans le plus grand embarras lorſqu'il s'agiroit de faire la traduction dans leur
particulier. Quand bien même ils auroient un
Maître commun ; & il y en a effectivement dans
les Colléges & les Penſions, il n'oſeroient aller
de temps-en-temps le conſulter ; & d'ailleurs
l'ordre ne le permettroit pas, s'ils étoient un
certain nombre dans la Salle d'étude, comme
il arrive ordinairement, à cauſe que les allées
& les venues continuelles des enfans cauſeroient à tout moment des diſtractions aux autres, auxquelles les explications que le Maître
ſeroit obligé de donner contribueroient auſſi,
ou par l'organe des oreilles ou par celui des
yeux.

LIII. N°. 1. Nous allons faire une récapitu-
lation des moyens qui ont été proposés pour
perfectionner les Etudes dans les Claſſes de
Grammaire, de Belles-Lettres & de Philoſophie. Il y en a de particuliers à quelqu'une
de ces Facultés, & d'autres qui ſont communs
à deux ou aux trois.

Les moyens pour les Claſſes de Grammai-
res ſont une Méthode partagée en quatre Parties, compoſée comme nous l'avons dit (Art.

G

VI), des Commentaires ou Manuels des Commençans , tels qu'ils ont été expliqués , les petits Traités dont il a été parlé , les Devoirs imprimés , le changement alternatif des Classes entre les Professeurs de Sixiéme , de Cinquiéme , & de Quatriéme , un Devoir par semaine composé par le Professeur , tant pour les Thêmes dans les Classes où l'on en fera , que pour les Versions , outre les Devoirs de Composition.

Comme on ne peut trop faciliter le travail aux Commençans qui dans les Colléges sont toujours des enfans , on pourroit encore ajouter deux autres moyens aux précédens. 1°. Il faudroit mettre dans le Commentaire des Sommaires en françois à la tête de chaque Chapitre , ou Section de l'Auteur qu'on voudroit leur faire traduire , afin qu'ils sçachent bien de quoi il s'agit. 2°. Il seroit même à propos qu'après qu'on leur auroit expliqué la leçon de leur Auteur , on leur en lût encore la traduction ou imprimée ou faite exprès par le Maître. Ces deux moyens serviroient à éclairer les Commençans , qui par-là travailleroient avec encore plus d'intelligence , & par conséquent avec plus de goût , au lieu que dans la pratique actuelle ils ne vont souvent qu'à tâton & en aveugles : mais le fond du travail ne laisseroit pas de subsister , (cela est nécessaire pour qu'ils aient de quoi s'exercer) puisqu'il resteroit toujours à faire la traduction , qui seroit fort différente de celle qu'ils auroient entendu lire : car avec les secours qu'on leur auroit fournis , ils ne pourroient encore la faire que littérale. Je crois qu'il seroit utile d'employer le premier de ces deux moyens , non-seulement en Septiéme , mais aussi en Sixiéme , en Cinquiéme & en Quatriéme, en évitant néanmoins de donner précisément la traduction des Phrases mêmes dont on mettroit en partie le sens dans le Sommaire ou l'Argument.

N°. 2. Les principaux moyens pour les Classes de Belles - Lettres, ce sont de bonnes traductions de nos meilleurs Ouvrages françois qui traitent des matieres convenables aux Etudians de ces Classes, les Devoirs imprimés ; un de chaque genre de la composition du Professeur chaque semaine & ceux pour les compositions des Ecoliers ; des Commentaires sur les anciens Auteurs, lesquels soient proportionnés aux besoins des jeunes gens par de bonnes Notes à leur usage ; le choix non-seulement des Auteurs, mais aussi des parties des Auteurs, en ne donnant aux Ecoliers que ce qui leur conviendroit le mieux : un Traité qui contînt des observations & des régles pour connoître les beautés répandues dans les Auteurs & pour en juger sainement : on renverroit souvent à ce Traité dans les Notes qu'on feroit sur les Auteurs à ce sujet, & par-là elles seroient beaucoup moins longues qu'elles ne devroient être sans cela ; le changement alternatif des Classes entre les Professeurs de Troisiéme & de Seconde ; la division de la Rhétorique en deux Classes, dont la Seconde soit remise après la Philosophie.

N°. 3. La Classe de Troisiéme mérite une attention particuliere à cause qu'elle est la derniere pour plusieurs Ecoliers qui prennent un autre parti que celui des études : comme ils ne font pas leur Philosophie, il faut leur procurer quelques connoissances qui suppléent jusqu'à un certain point à celles qu'ils y auroient apprifes , & c'eft pour cela que les derniers des petits Traités dont nous avons parlé leur conviendroient très-bien. Ce font ceux de la Sphère & des principes de la Géographie, de l'Hiftoire Naturelle , & fur-tout des quatre Elémens qui contiendroient quantité de connoiffances intéreffantes , comme on le peut voir dans la feconde Addition aux Réflexions fur les Prix de l'Univerfité. Mais ce qui leur feroit plus utile, feroit un petit Traité dont on a parlé (Art. XV.) qui contiendroit des obfervations fur les principales fources des erreurs dans lefquelles on tombe fouvent , foit dans les fciences, foit dans l'ufage & le commerce ordinaire de la vie. Ces Traités comme on voit feroient très-avantageux aux jeunes gens qui quittent leurs études avant la Philofophie, foit après la Troifiéme immédiatement, foit après l'une ou l'autre des deux Claffes fuivantes , & ils difpoferoient les autres à faire leur Philofophie avec plus de fruits , parce qu'ils entendroient beaucoup plus aifément ce qu'on leur enfeigneroit dans la Claffe de Phyfique.

N°. 4. Le principal moyen pour la Philofophie , lequel renferme prefque tous les autres , ce feroit de compofer une Philofophie exacte & bien digérée qui feroit imprimée, & deftinée à l'ufage de tous les Colléges. Elle devroit renfermer fur-tout deux avantages, l'un d'être claire, & facile autant qu'il feroit poffible, l'autre de ne traiter que des matieres utiles au commun des Etudians. C'eft un fecours indifpenfable pour que les jeunes gens puiffent remporter dans tous les Colléges le fuccès qu'ils peuvent retirer de cette étude importante. Mais ce qui mérite une attention particuliere, ce sont les Démonstrations métaphysiques de plusieurs propositions de Mathématiques qui procureront aux Etudians plus de pénétration & de justesse, & les rendront capables de trouver par eux-mêmes quelquefois des raisons ou des preuves qu'ils voudroient sçavoir de quelques vérités connues, comme aussi certaines vérités qu'ils chercheront avec application.

N°. 5. Voici les moyens qui sont communs & convenables à toutes les Classes. Le premier sont les bons Livres touchant la Religion qu'il faut mettre entre les mains des Etudians, & avoir soin qu'ils en fassent l'usage qu'il convient, en leur demandant compte de ce qu'on leur auroit donné à étudier. Un autre moyen général pour exciter l'émulation dans les Classes de Quatriéme & des autres d'un degré supérieur, ce sont des examens qu'il faudroit faire environ quatre fois l'année dans chaque Collége par les soins & sous la direction des Principaux, outre ceux faits sous la direction de M. le Recteur, comme on l'a expliqué dans les Réflexions sur les Prix de l'Université. Un troisiéme moyen encore plus général que le précédent & qui doit être mis en usage plus fréquemment afin d'exciter l'émulation, c'est de rendre intéressantes pour les Etudians les matieres dont traitent les Livres qu'on leur met entre les mains, en leur représentant l'utilité qu'ils en retireront, en leur donnant une idée des personnages dont il est parlé & en leur exposant ce qui est plus capable de les intéresser. Enfin un quatrieme moyen pour empêcher que les Etudians ne se rebutent, ce seroit d'avoir égard à leur facilité & à leur disposition pour la longueur des devoirs, sur-tout par rapport aux leçons de mémoire : ainsi il faudroit donner une moindre tâche aux uns qu'aux autres.

N°. 5. Entre les Etudians ce sont les Commençans, lesquels sont toujours des enfans, au moins dans les Colléges & les Pensions, qui méritent le plus d'attention ; il faut donc leur procurer toutes les facilités possibles. Or, on peut voir que par les moyens qui ont été proposés on leve sept difficultés principales, dont plusieurs leur causent des peines continuelles ; (je parle sur-tout de ceux qui n'ont point de Précepteurs particuliers , & on sçait que c'est le grand nombre :) voici ces difficultés. La premiere est d'entendre les régles de la Méthode & de la Syntaxe : elle sera levée par l'Article VI ; la seconde de faire la construction ; la troisieme de voir quel est le mot qu'il faut chercher dans le Dictionnaire latin ; la quatrieme de choisir la signification qui convient aux mots latins dans les Phrases de l'Auteur : ces trois difficultés seront levées par les Commentaires de l'Art. VII ; la cinquieme pour le choix des mots latins dans la composition des Thêmes ; cette difficulté & la suivante seront levées par l'Art. IX ; la sixieme pour l'application des régles de la Méthode : elles seroient indiquées par des chiffres dans les Thêmes imprimés, lorsque cela paroîtroit nécessaire ; la septieme enfin pour la longueur des devoirs & sur-tout des leçons de mémoire ; voyez Article XVIII. Plusieurs de ces difficultés sont souvent insurmontables aux Commençans & capables de les rebuter. Or, ces difficultés ne font pas inséparablement attachées à l'étude du Latin, puiqu'on peut aisément les lever par les moyens qui ont été exposés : pourquoi donc ne le feroit-on pas ?

LIV. Nous avons montré la nécessité d'un Réglement, tant pour fixer l'ordre & la discipline des Colléges & des Pensions, que pour prescrire les Exercices des Classes, les Auteurs qu'on y devroit expliquer, les Livres d'instructions & de piété que l'on y feroit voir; afin que l'on fît la même chose par-tout; c'est-à-dire, dans toutes les Classes du même degré, par exemple de Troisiéme, qu'on y donnât les mêmes instructions, & que tout cela se fît le mieux qu'il seroit possible. Or, pour que ce Réglement se fasse avec la prudence & la sagesse requises pour une affaire de cette importance, il faut que l'Esprit de religion préside à sa composition : *Nisi Dominus ædificaverit Domum, in vanum laboraverunt qui ædificant eam.* Il ne suffiroit donc pas pour y réussir, d'avoir des talens naturels, ou acquis quand même ils seroient supérieurs; il faut que cet Esprit de religion dirige les Auteurs, sans cela on ne cherchera que le brillant & l'éclat qui peuvent se trouver dans l'instruction de la jeunesse : on ne s'occupera essentiellement que des moyens de cultiver l'esprit, & on négligera ceux de former le cœur, qui ne seront regardés que comme un petit accessoire dans l'éducation de la Jeunesse en comparaison du soin & de l'attention qu'on aura pour cultiver les qualités de l'esprit, & alors cette éducation sera plutôt pernicieuse qu'utile, tant aux jeunes gens, qu'à la Société même : on peut comparer les talens de l'esprit aux richesses; lorsqu'ils sont séparés des qualités louables du cœur, on en fait infailliblement un mauvais usage qui tourne au préjudice & au malheur, tant des Particuliers qui ont ces talens, que des autres avec lesquels ils ont rapport, en un mot, de la Société.

LV. N°. 1. Il en est du Réglement dont il s'agit, considéré par rapport aux principes & à l'esprit qui doivent servir de guides, comme du choix des Maîtres à qui on veut confier l'instruction de la Jeunesse : si on ne prend pas la Religion pour guide dans ce choix, on ne fera presque attention qu'à la science & aux talens brillans : cependant il y a une qualité qui est encore plus nécessaire à un Maître : c'est celle de sçavoir se mettre à la portée des jeunes gens. (Nous supposons qu'il a non pas une science profonde ni des talens brillans, mais seulement une science compétente.) C'est même cette seconde qualité qui est la plus difficile à acquérir par soi-même : voilà ce qui est requis dans un Maître pour cultiver l'esprit de ses Eléves : mais il est encore plus nécessaire qu'il sçache former leur cœur. Or, pour pouvoir y parvenir, il doit avoir une connoissance assez étendue de la Religion, qui n'est pas toujours réunie à celle des sciences naturelles & à l'érudition. Outre ces trois qualités, la science qu'il faut enseigner, acquise jusqu'à un certain degré, le talent de se mettre à la portée des jeunes gens, & une connoissance suffisante de la Religion ; il y en a encore une quatrieme qui est nécessaire, sur-tout pour un Maître public qui est chargé d'enseigner des jeunes gens dans une Classe assez nombreuse, c'est de sçavoir les contenir dans l'ordre & la discipline, sans néanmoins ufer d'une certaine contrainte, & fans employer des châtimens févères, fi ce n'eft dans des cas très-rares, & pour des fautes qui l'exigent indifpenfablement.

Nº. 2. C'eft donc une erreur groffiere que de croire qu'un homme qui a bien de la fcience, ou peut-être bien du brillant, eft dès-là même propre à être un bon Maître. On peut dire que cette qualité portée jufqu'à un degré fupérieur, eft la moins néceffaire des quatre que nous venons de marquer, parce qu'il fuffit abfolument d'avoir une fcience compétente, & que d'ailleurs il eft facile de l'acquérir à un degré fupérieur quand on la poffede déja à un degré moindre, telle à peu prés qu'elle fe trouve dans un jeune homme qui a fait fes Claffes avec fuccès; il ne faut pour devenir plus habile, que de l'étude & de l'application. Il n'en eft pas de même de la feconde & de la quatrieme qualités : on ne les acquiert ordinairement, du moins la feconde, qu'après bien des années d'exercice; & cependant un Maître ne peut être auffi utile à fes Ecoliers qu'il le doit, fans cette qualité qui confifte à expofer les matieres avec beaucoup d'ordre & de clarté, afin de les mettre à la portée des Ecoliers & de les rendre attentifs. Quand un Maître poffede bien ce talent, il n'y a rien de ce qu'il doit enfeigner qu'il ne puiffe faire entendre à fes Eleves, à ceux mêmes qui n'ont que des difpofitions médiocres pour les Sciences.

LVI. Nº. 1. C'eft ce qui fait voir la néceffité d'une Maifon d'inftitution pour élever des Maîtres, où l'on formeroit des jeunes gens, non-feulement pour les fciences & la piété, mais auffi où l'on s'appliqueroit particuliére-

G v

ment à montrer la maniere d'enseigner avec le plus de méthode & de netteté qu'il seroit possible. Et de plus on leur apprendroit comment il se faut conduire à l'égard des Ecoliers, surtout dans une Classe, afin de les contenir, & encore afin d'attirer leur confiance, sans laquelle il n'est presque pas possible de leur être utile pour leur former le cœur. Il est certain que sans cet établissement, jamais l'instruction & l'éducation publiques de la Jeunesse ne se feront avec le succès que l'on désireroit : (j'entends dans la plûpart des Ecoles.)

N°. 2. Mais si cet établissement est à désirer dans tous les temps, on peut dire qu'il est devenu nécessaire dans celui où nous sommes, pour conserver les bonnes mœurs, & sur-tout la Religion dans les Sujets que l'on choisit pour Maîtres des jeunes Etudians, ou au moins pour avoir une assurance raisonnable qu'ils en ont. On sçait quels efforts l'irréligion & l'impiété font pour s'étendre & s'introduire par-tout, tant par les discours que par les Livres remplis de faux principes que l'on avance pour attaquer la Religion ; on voudroit la détruire, s'il étoit possible, afin de pouvoir s'abandonner à ses passions sans remords. Ce ne seroit pas assez dire qu'on n'a jamais vû tant de Livres impies : il y a quarante à cinquante ans qu'ils étoient très-rares, & qu'on en trouvoit à peine quelques-uns, sur-tout de ceux qui sont à la portée du commun des Lecteurs ; aujourd'hui il y en a en foule ; il faut même être sur ses gardes, pour ne pas tomber sur quelqu'un de ce genre, lorsqu'on veut s'appliquer à la lecture ou faire quelque acquisition de Livres. Or, il arrive souvent que les jeunes

gens pendant le cours de leurs études, ou
après les avoir faites, ont la curiosité de lire
quelques-uns de ces mauvais Livres, dont ils
entendent parler, & peut-être avec éloge,
sous prétexte qu'ils sont bien écrits ; ils se li-
vrent à leur curiosité, & comme ordinairement
ils sont presque comme des enfans à l'égard de
la connoissance des fondemens de la Religion
& des principes qui en établissent la certitude,
ils sont ébranlés par des difficultés que les Auteurs proposent avec un air d'assurance, comme font les Charlatans à l'égard de leurs Drogues. Or cet air d'assurance est capable d'en
imposer à des jeunes gens inconsidérés qui sont
sans armes & sans défense sur cette matiere, au
lieu qu'ils regarderoient ces mêmes difficultés
comme de vaines subtilités & de mauvaises
chicanes qui ne valent pas la peine de s'en occuper, s'ils étoient bien instruits des preuves
démonstratives & évidentes de la vérité de la
Religion Chrétienne.

Nº. 3. Une Maison d'institution les préserveroit de ces Livres & de ces discours capables
de les pervertir. De plus, on les y instruiroit
des fondemens solides de la Religion : car cette
étude est devenue nécessaire aux jeunes gens
qui s'appliquent aux Belles-Lettres & aux
Sciences, à cause des dangers ordinaires dont
nous venons de parler. Enfin, on pourroit les
connoître avec assurance par rapport aux mœurs
& à la Religion, lorsqu'il s'agiroit d'en prépo-
ser quelques-uns à l'instruction de la Jeunesse,
puisqu'on les auroit suivis depuis l'âge d'environ douze à quatorze ans, plus ou moins, lorsqu'ils seroient entrés dans cette Maison ; au
lieu qu'il est presqu'impossible de connoître

avec quelque aſſurance ceux qui n'ont pas été
ſuivis de la ſorte. On peut bien exiger d'eux
des certificats de Mœurs & de Religion qui
leur ſont accordés par des Curés ou des Ma-
giſtrats, ou même des Evêques des lieux d'où
viennent ces jeunes gens : mais trop ſouvent
ces témoignages ne ſont que des preuves incertaines, malgré les noms reſpectables dont ils
ſont décorés : on ſçait aſſez combien il eſt facile
d'en impoſer à cet égard aux perſonnes qui donnent ces témoignages : peut-être même qu'un
Curé ne les donne en certains cas que parce
qu'il craint d'y être comme forcé, n'ayant
point de preuves juridiques à alléguer pour
autoriſer ſon refus. Or, quel malheur ne ſe-
roit-ce pas pour l'Egliſe & pour l'Etat, ſi des
Sujets, dont l'eſprit ſeroit infecté par l'irréligion, étoient admis pour inſtruire la Jeuneſſe, ſur-tout dans des Ecoles publiques, établies pour l'y élever chrétiennement ? Ce ſeroit comme l'abomination de la déſolation in-
troduite dans le Lieu-ſaint.

LVII. N°. 1. On ne peut donc trop prendre
de précautions pour que les Etudians aient toujours de bons Maîtres, ſoit pour l'enſeignement, ſoit pour la maniere de les élever & de
les conduire, il faut prémiérement former avec
le plus grand ſoin les jeunes gens que l'on deſ-
tine à cette fonction, & enſuite choiſir entr'eux
ceux qui y ſont les plus propres. Dans l'Univerſité de Paris ce choix appartient aux Principaux des Colléges : & tout conſidéré, ce
choix eſt mieux entre leurs mains qu'en celles
de tout autre, tant à cauſe qu'ils ſont à portée
de bien connoître les Sujets, ſoit Maîtres communs, ſoit Précepteurs particuliers, qui ſont

dans leurs Colléges, que parce qu'ils ont toute forte d'intérêts de faire un bon choix ; car d'abord c'eſt un devoir eſſentiel pour eux, en ſecond lieu cela eſt de leur honneur, & de plus les bons Profeſſeurs attirent les Penſionnaires dans un Collége. Ajoutez que c'eſt le principal moyen 1°. de récompenſer les Maîtres ſubalternes qui leur ont rendu ſervice par rapport à l'éducation de la Jeuneſſe : 2°. d'entretenir l'union entre le Chef & les Profeſſeurs ; car ceux-ci lui étant redevables de leur place, il eſt naturel qu'ils aient pour lui les égards & les déférences néceſſaires pour conſerver le concert & la bonne intelligence dans le Collége, qui ſans cela ſeroit expoſé à la diſcorde. Il paroît donc que cet uſage de l'Univerſité eſt le plus avantageux pour le bon ordre & pour l'éducation de la Jeuneſſe.

N°. 2. Il ſeroit hors de propos d'objecter des cas particuliers où il y auroit de l'inconvénient à laiſſer ce droit entre les mains de certains Principaux. En fait de Réglement, il faut prendre le parti qui pour l'ordinaire eſt le plus avantageux. Il y a ſeulement un cas, où il conviendroit que le choix du Principal fût confirmé par quelques autres perſonnes connues pour leur probité : ce ſeroit quand il nommeroit un proche parent, comme un frere ou un neveu : il ſeroit bon que dans ce cas ſon droit fut reſtraint, de peur qu'il ne fût ſéduit ou trompé par la forte inclination qu'il auroit de faire du bien à un homme auquel il tiendroit de ſi près par les liens du ſang. Au reſte on pourroit rendre encore les Principaux plus attentifs à choiſir des Sujets convenables aux Chaires de Profeſſeurs, en chargeant une Compagnie du soin de veiller aux nominations qu'ils feroient. Il conviendroit que ce fût le Tribunal de la Faculté des Arts, dans l'Univerſité de Paris, & le Bureau du Collége dans les Villes où il n'y auroit point d'Univerſité. La crainte d'être repris & déſaprouvés par ce Tribunal, engageroit les Principaux le moins réguliers à ſuivre la régle de leur devoir dans cette importante fonction.

LVIII. On pourroit étendre l'objet de l'inſpection de ce Tribunal, (celui de l'Univerſité de Paris,) à d'autre cas, afin que tous les Maîtres fuſſent exacts à remplir leurs devoirs. Il feroit à ſouhaiter qu'il fût compoſé des Procureurs & des Cenſeurs des Quatre Nations, & qu'il y eût une forme d'élection pour les choiſir, qui fût telle que l'on pût être moralement aſſuré que ces places importantes feroient toujours remplies, toutes ou preſque toutes par des Sujets qui mériteroient la confiance du Public: (a) & afin qu'il y eût moins de changement dans le gouvernement académique, il faudroit que ces Chefs fuſſent chacun deux ans en place, enſorte qu'une Nation nommeroit ſon Procureur une année, & ſon Cenſeur l'année ſuivante. A plus forte raiſon faudroit-il que le premier Chef, c'eſt-à-dire, M. le Recteur fût pour deux ans en place, ſans qu'il eût beſoin pour y reſter de nouvelles élections de trois mois en trois mois, afin qu'il fût plus libre pour veiller à la diſcipline, & pour l'entretenir. Rien ne contribueroit plus à maintenir une

____

(a) Il y a un Mémoire touchant la maniere de faire le choix de M. le Recteur, des Procureurs & des Cenſeurs : c'eſt le ſixieme du Recueil imprimé en 1763.

bonne difcipline & un ordre convenable dans l'Univerfité, que ce Tribunal compofé d'un Chef & de Membres auffi refpectables, qui feroient en place pendant plus long-temps qu'ils n'y font felon l'ufage actuel. On fent bien qu'ils feroient les chofes avec douceur & avec les ménagemens qui conviennent à l'état des Maîtres, étant eux-mêmes les Confreres de ceux qui feroient fujets à leur infpection, & chacun d'eux y étant auffi expofé. Cette confidération eft dés plus importantes, & fuffit pour faire juger qu'ils n'employeroient le pouvoir attaché à leur place, que de la maniere que pourroient raifonnablement demander ceux qui en feroient l'objet. Et afin de ménager l'honneur des Maîtres, & qu'ils ne perdiffent pas la confiance des Ecoliers, il paroîtroit à propos que les affaires ordinaires qui feroient de la compétence de ce Tribunal, y fuffent Jugés en dernier reffort, à moins qu'il ne fût queftion de priver un Maitre de fon état. Ce feroit à peu près comme dans les Préfidiaux qui Jugent fans appel des caufes dont l'objet ne monte pas au-delà d'une certaine fomme. Par la même raifon il ne faudroit pas pour l'ordinaire & fans une néceffité indifpenfable citer un Maître pour venir rendre raifon de fa conduite devant le Tribunal, mais feulement devant M. le Recteur qui lui diroit ce dont il feroit chargé. Il paroît par ce qu'on vient de dire que l'infpection qu'on fuppofe être attribuée au Tribunal de la Faculté des Arts, ne conviendroit pas à d'autres qu'à des Membres de l'Univerfité, fi ce n'eft peut-être dans des cas paffagers & extraordinaires.

Nous ajouterons encore par rapport à ce

Tribunal que lorsque les affaires seroient plus importantes qu'à l'ordinaire, il seroit à propos que l'on appellât l'Ex-Procureur & l'Ex-Cen-seur de chaque Nation avec l'Ex-Recteur pour juger conjointement avec les Membres ordinai-res du Tribunal : les Jugemens qui y seroient portés en seroient plus respectés ; on y défére-roit plus volontiers ou avec moins de peine. Il seroit même à souhaiter que la Faculté des Arts s'en remît pour l'ordinaire dans les affaires qui la regardent, au jugement de cette Com-pagnie qui seroit composée de personnes éclai-rées & prudentes qu'elle auroit choisies elle-même, par l'organe de chaque Nation. On au-roit plus de confiance aux décisions d'une Com-pagnie telle que celle dont il s'agit, & on com-pteroit plus sur sa sagesse & ses lumieres que sur celles de la multitude.

PREMIERE ADDITION.

NOTIONS D'ARITHMETIQUES.

AVERTISSEMENT.

Tout ce qui eſt dans cette Addition n'eſt pas également convenable aux enfans qui commencent leurs études : il y a des choſes qui ſuppoſent qu'ils ſont déja un peu plus avancés : telles ſont celles que l'on trouvera ſur les uſages de la diviſion, ſur les fractions, & quelques autres notions qui ſont à la ſuite. Mais la plûpart de celles que l'on trouvera ſur les premieres notions de la Géométrie s'entendront aiſément, parce qu'on peut les rendre ſenſibles par le moyen des Figures. J'en dis à peu près autant de celles qui regardent la Sphère & le Globe terreſtre; il eſt aiſé, par exemple, à un jeune Eleve de concevoir ce que c'eſt que l'équateur, en lui montrant ce cercle ſur un Globe, car il verra facilement, ſi on le lui montre, que ce cercle eſt également éloigné des deux poles, & qu'il coupe le Globe en deux parties égales, l'une ſeptentrionale, & l'autre méridionale. Il en eſt de même des autres cercles dont il concevra aiſément la ſituation, en les lui montrant ſur le Globe.

Il ſeroit à ſouhaiter qu'il y eût quelque exercice pour accélérer & augmenter l'ouverture d'efprit dans les enfans, afin qu'ils foient en état d'entrer plus aifément dans les connoiffances qu'on veut leur apprendre. Or, je crois qu'il n'y auroit rien de plus propre à cette fin que certaines notions & opérations de l'Arithmétique qui feroient à leur portée, & auffi les premieres notions des élémens de Géométrie. Je fuppofe les enfans d'environ huit ans, un peu plus, un peu moins. Je fuppofe auffi qu'on les inftruife fur l'Arithmétique, non dans une Claffe où il y ait beaucoup d'enfans qui fe détournent les uns les autres, mais étant en moindre nombre.

Art. I. On leur apprendroit, par exemple, à compter par dix jufqu'à cent. On leur feroit donc rapporter les nombres de dix en dix, en difant, dix, vingt, trente, quarante, &c. & on leur feroit remarquer que vingt c'eft 2 fois 10, que trente eft 3 fois 10, que quarante eft 4 fois 10, &c. ou autrement, que deux fois 10 font 20, trois fois 10 font 30, ainfi de fuite jufqu'à cent. On leur demanderoit donc combien font 2 fois 10, 3 fois 10, 4 fois 10, jufqu'à 10 fois 10; & après leur avoir fait dire ces multiplications de fuite, on les leur demanderoit fans ordre. On feroit à peu près la même chofe pour le nombre cinq.

On reviendroit au nombre dix : on l'ajouteroit plufieurs fois fucceffivement à un nombre comme 18, en difant, 18 & 10 c'eft 28, 28 & 10 c'eft 38, 38 & 10 c'eft 48, & ainfi de fuite. On leur feroit remarquer que quand on fçait les fommes qui viennent par l'addition de dix, on trouve aifément celles qui fe forment en ajoutant des nombres un peu plus petits ou un peu plus grands que 10, comme 8, 9, ou les autres 11, 12. Car fi l'on fçait que 28 & 10 font 36, on verra aifément que 26 & 8 font 34, & que 26 & 12 font 38 , c'eft-à-dire deux de moins ou de plus que fi on ajoutoit 10.

On leur fera remarquer que comme on dit vingt & un , vingt-deux, vingt-trois, vingt-quatre, &c. & de même par rapport à trente, quarante , cinquante & les autres multiples ou compofés de dix, **on devroit dire auffi dix-un, dix-deux, dix-trois, dix-quatre, dix-cinq, dix-fix** , comme l'on dit dix-fept , dix-huit, dix-neuf : mais qu'à caufe du fréquent ufage de ces premiers nombres qui fuivent dix , on leur a donné des noms particuliers, qui font onze , douze , treize, quatorze, quinze & feize.

II. On leur apprendra à nommer les nombres qui contiennent environ 4 ou 5 chiffres, ou tout au plus 7. On leur dira donc 1°. que le dernier chiffre d'un nombre marque toujours des unités ; 2°. que l'avant dernier marque des dixaines ; 3°. le précédent des centaines ; 4°. celui qui eft avant les centaines marque des mille ; le précédent des dixaines de mille ; 6°. le précédent des centaines de mille ; 7°. enfin, le précédent des millions ; enforte qu'il faut qu'il y ait fept chiffres dans un nombre pour que le premier fignifie des millions. Dans 53 , le 5 marque cinq dixaines ou cinquante ; dans 653, le 6 marque fix centaines ou fix cens ; dans 8653 , le 8 marque des mille ; ainfi ce dernier nombre fignifie huit mille fix cens cinquante-trois. Quand il y a un zéro en quelque rang on obmet ce rang en nommant le nombre; par exemple, 8053 ne contient point de centaines, & 8003 ne contient ni centaines ni dixaines ; ainfi pour nommer 8003 , on dit huit mille trois.

III. Outre qu'il faut fçavoir nommer les nombres marqués en chiffres, on a encore befoin de les fçavoir écrire. Or, pour cela il faut obferver qu'il y a une tranche de trois rangs, ou de trois chiffres pour chaque claffe, ou chaque divifion des nombres. Voici quatre de ces claffes qui font plus que fuffifantes pour l'ufage ordinaire, celle des milliards, celle des millions, celle des mille, & celle des unités. Chacune de ces claffes contient trois rangs, fçavoir celui des centaines, celui des dixaines, & celui des unités : il y a par exemple, des centaines, des dixaines, & des unités de mille; des centaines, des dixaines, & des unités fimples. On dit des unités de millions ou de mille, quand il y en a moins de dix : ainfi 8 millions, 6 mille font des unités de millions & de mille. Nous appellons unités fimples les nombres moindres que dix, comme 9, 5, 4.

Nous avons dit qu'il y a trois rangs à chaque tranche d'un nombre; il faut pourtant en excepter la premiere qui n'en a quelquefois que deux ou même un feul. Ainfi dans ce nombre 68407, la tranche des mille n'a que deux rangs marqués par 6 & 8, & dans cet autre 4500 elle n'en a qu'un marqué par 4. Quand il y a fix ou fept chiffres dans un nombre ou davantage, on en fépare fouvent les tranches par des virgules comme on le voit ici, 15, 640, 032.

Cela pofé, pour marquer un nombre en chiffres, on écrira chaque tranche fans faire attention à ce qui fuit, comme fi la tranche que l'on écrit devoit être feule : ainfi, pour marquer en chiffres trente-fix millions, huit cens quatre mille, foixante-cinq, j'écrirai d'a-

bord la tranche des millions fans m'embarraffer
des fuivantes, & de même celle des mille, &
enfin celle des unités : Je mettrai donc 36, enfuite 804, & enfin 065, ce qui fera le nombre 36804065. J'ai mis un zéro au rang des
dixaines de mille, & un au rang des centaines
fimples, parce que ces parties de nombre ne
font pas énoncées dans le nombre propofé. Le
nombre trente millions cent vingt-trois s'écrit
ainfi, 30, 000, 123, en mettant des zéros
dans les quatre rangs de fuite pour lefquels il
n'y a point de parties de nombre énoncées. Ces
quatre rangs font les unités des millions, & les
trois rangs des mille. Tout cela foit dit pour les
jeunes gens un peu avancés. Quant aux enfans d'environ huit à neuf ans, il fuffit qu'ils fçachent écrire les nombres qui ne contiennent pas
plus de quatre chiffres.

IV. On demandera encore aux enfans les
parties les plus ordinaires de plufieurs nombres ; je veux dire la moitié, le quart, le tiers ;
quelle eft, par exemple, la moitié de 12 ; de
16, de 20, de 24, de 36, de 40, le quart de
ces mêmes nombres, & d'autres ; le tiers de
12, de 15, de 18, de 24, de 30, de 60. Il
faut les exercer quelque-temps à trouver ces
parties des nombres.

On leur fera remarquer que le quart d'un
nombre eft la même chofe que la moitié de la
moitié de ce nombre. Ainfi pour avoir le quart
de 20 on en peut prendre d'abord la moitié qui
eft 10, & enfuite la moitié de 10 qui eft 5, &
par-là on voit que le quart de 20 eft 5, parce
que 5 eft la moitié de la moitié de 20.

On leur feroit obferver qu'un cinquieme,
un fixieme, un huitieme, font la même chofe

que la cinquieme partie , la sixieme , la huitieme ; & par conséquent qu'un sixieme est moindre qu'un cinquieme , parce que si l'on partage
quelque chose comme un pain , en six parties
égales , chacune de ces parties est moindre que
si on n'avoit partagé le pain qu'en cinq parties
égales. La chose que l'on partage est appellée
le Tout. De même un vingtieme est moindre
qu'un dixieme ; il n'en est que la moitié, parce
que 20 est double de 10. Pareillement un douzieme n'est que la moitié d'un sixieme , & un
huitieme n'est aussi que la moitié d'un quatrieme que l'on appelle autrement un quart. Par
une raison semblable un douzieme est le tiers
d'un quatrieme.

V. On pourroit pour exercer les enfans leur
faire quelques questions semblables aux suivantes : on leur demanderoit , par exemple , quel
est le tiers & demi d'un nombre , comme de 10:
ils seroient fort embarrassés de le dire , si on
ne leur faisoit pas remarquer que le tiers & demi d'un nombre est la même chose que la moitié , parce que dans un Tout il y a trois tiers.
Mais après cette observation ils verront aisément que le tiers & demi de 10 est 5. Pareillement , en supposant qu'une douzaine d'œufs
coute 12 sols , on peut leur demander quel est
le prix de chacun : quoique la chose soit claire ,
plusieurs ne pourront répondre à la question
proposée faute d'exercice en ce genre. Mais
après qu'on leur aura dit que le prix de chaque
œuf seroit un sol , parce qu'il y auroit autant
d'œufs que de sols ; on pourra leur demander
quel seroit le prix de chacun si la douzaine
coutoit 18 sols , c'est-à-dire 12 sols , plus 6 sols ;
on leur dira que puisqu'à douze sols la dou-

zaine chacun coute un sol, & que 6 est la moitié de 12, il s'ensuit que si la douzaine coute
12 s. plus 6 s. chacun coutera un sol, plus la moitié d'un sol, c'est-à-dire en tout, un sol & demi.
On leur feroit entendre de même qu'à 9 sols la
douzaine un œuf couteroit les trois quarts d'un
sol, c'est-à-dire, trois liards, parce que 9 est
les trois quarts de 12. De même, si la douzaine coutoit 20 sols, chaque œuf reviendroit
à un sol 8 deniers, qui sont les deux tiers d'un
sol, parce que 20 sols c'est la même chose que
12 sols, plus 8 sols; or, 8 font les deux de
12. Quand bien même les jeunes Eleves ne
pourroient pas donner la solution de ces questions, il seroit néanmoins utile de les leur proposer, en leur faisant sentir la vérité de la solution qu'on leur donneroit.

VI. Après cela, on leur apprendra à multiplier les dix premiers nombres les uns par les
autres, par exemple, par trois en disant, 3
fois 1 c'est 3, 3 fois 2 c'est six, 3 fois 3 c'est 9,
3 fois 4 c'est 12, &c. De même par 4, par 5,
par 6, jusqu'à 10. On leur dira les noms des
trois nombres qui appartiennent à la Multiplication, sçavoir le multiplicande, le multiplicateur & le produit. Le multiplicande ou multiplié, c'est le nombre qu'on multiplie, le multiplicateur, c'est le nombre par lequel on multiplie, & le produit, c'est le nombre qui vient
de la Multiplication. Ainsi, quand on multiplie 5 par 3, le multiplicande est 5, le multiplicateur est 3, & le produit est 15. Le multiplicande & le multiplicateur s'appellent aussi
racines du produit. 5 & 3 sont les racines
de 15.

VII. Lorsque les deux racines sont égales le

produit eſt appellé *quarré* : le quarré de 5 eſt 25, le quarré de 6 eſt 36, celui de 8 eſt 64. Le quarré de 1 n'eſt pas différent de la racine, parce que une fois 1 c'eſt 1. Les deux racines égales n'en ſont proprement qu'une. Ainſi, on peut dire qu'un quarré eſt le produit d'un nombre multiplié par lui-même : ce nombre eſt la racine. Quand on multiplie le quarré par la racine, le produit s'appelle *cube*. Ainſi le cube de 5 eſt 125, parce qu'en multipliant 25 quarré de 5 par 5, le produit eſt 125. Pareillement le cube de 3 eſt 27, & le cube de 2 eſt 8 ; mais le cube de 1 eſt 1, de même que 1 eſt auſſi le quarré de 1. Nous aurons beſoin dans la ſuite de cette notion du cube.

Dans la multiplication des dix premiers nombres les uns par les autres, il faut faire remarquer les quarrés aux enfans : ils ne ſont pas difficiles à retenir ; car il n'y en a que neuf après celui de 1 : ce ſont 4 quarré de 2, 9 quarré de 3, 16 celui de 4, 25 celui de 5, 36 celui de 6, 49 celui de 7, 64 celui de 8, 81 celui de 9, & 100 celui de 10. Quand on ſçait ces quarrés, on peut aiſément trouver les produits qui en approchent le plus, ou en moins ou en plus. Si on ſçait que 7 fois 7 font 49, on verra aiſément que 8 fois 7 font 56 en ajoutant 7 à 49. Mais pour faire entendre plus facilement aux jeunes gens que 49 & 7 font 56, on pourra leur demander d'abord combien font 50 & 7, ils répondront ſans peine que c'eſt 57, & alors ils verront que 49 & 7 font 56, parce que 49 eſt moindre que 50 d'une unité. Ils verront de même que 48 & 8 font 56, à cauſe que 48 eſt moindre que 50 de 2.

VIII. On ſuppoſe ordinairement ſans le
prouver

prouver que le produit de deux nombres eſt le même, ſoit qu'on multiplie le premier par le ſecond, ſoit qu'on multiplie le ſecond par le premier; ainſi le produit des deux nombres 3 & 5 eſt le même en multipliant 3 par 5, ou bien 5 par 3. Cela eſt vrai; mais non pas auſſi évident qu'on le ſuppoſe: on peut même dire que cette vérité priſe en général a beſoin de preuve. En voici une que l'on pourra expliquer aux jeunes gens un peu avancés: Prenons un exemple pour y faire l'application. 6 fois 8 eſt la même choſe que 8 fois 6. Pour le prouver, je partage le plus grand nombre 8 en parties dont la premiere ſoit 6 qui eſt égale au premier nombre, & les deux autres ſont 1 & 1, ainſi au lieu du ſeul nombre 8 il faut prendre les trois 6 + 1 + 1, (ce ſigne + ſignifie plus.) Or, je dis que le produit de 6 + 1 + 1 par 6 eſt le même que celui de 6 par 6 + 1 + 1, parce que l'un & l'autre contiennent préciſément les mêmes parties, comme il eſt aiſé de le voir; car l'un & l'autre produits contiennent 36 + 6 + 6.

Mais quoiqu'il ſoit indifférent, pour la grandeur du produit, lequel des nombres on prenne pour multiplicateur, lorſqu'on en veut multiplier deux l'un par l'autre, ſouvent il ne l'eſt pas pour la facilité de trouver le produit. Par exemple, ſi les jeunes gens ſçavent le produit de 7 par 7, la plûpart trouveront plus facilement celui des deux nombres 8 & 7 en multipliant 7 par 8 qu'en multipliant 8 par 7.

IX. On avertira auſſi les jeunes gens que rien n'eſt plus facile que de multiplier un nombre par 10; car il n'y a qu'à mettre un zéro à la ſuite de ce nombre marqué en chiffres ordinaires qu'on appelle *arabes* : ainsi le produit de 6 par 10 est 60, celui de 64 par 10 est 640. On trouvera par-là assez aisément les produits par 9 & par 11, en retranchant le multiplicande du produit par 10, si c'est par 9 qu'on multiplie, ou en ajoutant le multiplicande à ce produit, si c'est par 11. On verra donc que le produit de 6 par 9 est 54 qui est moindre que 60 de 6, & que le produit de 6 par 11 est 66 plus grand que 60 de 6.

On pourra faire entendre aux jeunes gens la raison de cette pratique pour multiplier par 10. La voici ; c'est qu'en ajoutant un zéro à la suite d'un nombre, la valeur de chacun de ses chiffres devient dix fois plus grande. Dans le nombre 64, le 4 marque seulement quatre unités qu'on exprime en disant simplement quatre, au lieu de dire quatre unités, & le 6 signifie 6 dixaines ou autrement soixante : mais dans 640 le 4 marque 4 dixaines ou 40, & le 6 signifie 6 centaines ou six cens.

Le produit par 10 fera connoître encore plus aisément le produit par 5 que celui par 9 ou par 11, puisqu'il n'y aura qu'à prendre la moitié du produit par 10. Ainsi le produit de 6 par 5 est 30, moitié de soixante ; celui de 64 par 5 est 320, parce que ce nombre est la moitié de 640, produit de 64 par 10.

Si on vouloit multiplier un nombre par 100, il faudroit écrire deux zéros à la suite de ce nombre, & pour le multiplier par 1000 il en faudroit écrire trois : ainsi le produit de 64 par 100 est 6400, & celui de 64 par 1000 est 64000.

On fera remarquer aux jeunes gens que quand on multiplie le zéro d'un nombre, le pro-

duit n'est qu'un zéro ; ainsi, si on multiplie 50
par 7, le produit de zéro sera zéro, & le produit entier de 50 sera 350. Ce zéro n'est pas
inutile, puisqu'il sert à augmenter la valeur des
chiffres précédens.

Il faut aussi leur apprendre à faire l'Addition
& la Soustraction des nombres incomplexes,
c'est-à-dire, ceux qui ne contiennent qu'une
espece de quantité, par exemple, des livres
sans sols ni deniers. Ces deux opérations leur
feront plaisir, sur-tout si les nombres sur lesquels ils auront à opérer ne sont pas considérables.

X. On les exercera de même utilement à
trouver la moitié des nombres marqués en chiffres en prenant la moitié de chaque chiffre &
l'écrivant au - dessous comme on le voit ici
$\begin{cases} 5274. \\ 2637. \end{cases}$ On les avertira que quand un chiffre
marque un nombre impair, on en ôte une uni-
té qui est une dixaine à l'égard du chiffre suivant : ainsi dans l'exemple qu'on vient de rapporter on ôte 1 de 5, il reste 4 dont la moitié
est 2 que l'on écrit sous 5. Ensuite on dit 10 &
2 c'est 12 dont la moitié est 6. La dixaine que
l'on a ajoutée avec 2 c'est l'unité qui a été ôtée
du 5 précédent ; car chaque unité d'un chiffre
vaut une dixaine du chiffre suivant.

S'il n'y a qu'une unité dans un rang & qu'on
n'ait rien retenu du chiffre précédent, on écrira
zéro sous l'unité, & on retiendra 10 pour le
chiffre suivant. On écrira de même zéro sous
zéro si on n'a rien retenu du chiffre précédent. Voici un exemple pour les deux cas

$\begin{cases} 6140. \\ 3070. \end{cases}$ Si on a retenu quelque chofe du chiffre précédent, on fe réglera fur l'exemple fuivant $\begin{cases} 7130. \\ 3565. \end{cases}$

On pourra appliquer les notions précédentes à quelques exemples : ainfi on peut s'en fervir pour faire trouver aux jeunes gens combien il y a de jours dans l'année ; en les avertiffant qu'il y a cinquante-deux femaines, & un jour ou deux de plus ; ils multiplieront 52 par 7 à caufe que 52 femaines font 52 fois 7 jours, ou ce qui revient au même, 7 fois 52 jours. Ils pourront prendre les parties qui fe préfentent dans 52 qui font 50 & 2 qu'ils multiplieront chacune par 7. Ils auront les deux produits 350 & 14 qu'ils ajouteront enfemble, & la fomme 364 fera le produit de 52 par 7. Si donc on ajoute 1 on aura la fomme 365 qui eft le nombre de jours contenus dans l'année commune : & l'année biffextile qui arrive de quatre en quatre ans, en contient 366.

XI. Après ces notions de la Multiplication, on peut donner celles-ci fur la Divifion qui eft l'Opération oppofée à la Multiplication, de même que la Souftraction eft oppofée à l'Addition, (on fuppofe les jeunes gens un peu plus avancés pour la fuite.) La Divifion eft une opération par laquelle on partage un nombre en plufieurs parties égales ; par exemple, fi on partage 20 en 4 parties égales qui feront chacune cinq, cela s'appelle divifer 20 par 4. Il y a trois nombres qui appartiennent à la Divifion de même qu'il y en a trois dans la Multiplication, ces trois nombres font le dividende qui

eſt le nombre à diviſer, le diviſeur qui eſt celui par lequel on diviſe, & le quotient qui eſt
chacune des parties égales du dividende.

Dans l'exemple qu'on vient de rapporter,
20 eſt le dividende, 4 eſt le diviſeur, & 5 eſt
le quotient. Le dividende eſt toujours partagé
en autant de parties qu'il eſt marqué par le diviſeur, par exemple, en 4 parties égales ſi le
diviſeur eſt 4, & en 10 parties, ſi le diviſeur
eſt 10. Il ſuit delà que ſi le diviſeur eſt 4, le
quotient ſera la quatrieme partie du dividende ;
& ſi le diviſeur eſt 10, le quotient ſera la dixieme partie du même nombre.

XII. Pour diviſer un nombre par 10 il faut
en effacer le dernier chiffre ; par exemple pour
diviſer 640 par 10 il faut ôter le zéro, & le
nombre reſtant 64 ſera le quotient de 640 diviſé par 10 ; ce qui fait voir que 64 eſt la dixieme partie de 640. De même 50 eſt le quotient
de 500 diviſé par 10 ; ainſi 50 eſt la dixieme
partie de 500.

Si le dernier chiffre qu'on retranche eſt poſitif, c'eſt-à-dire, différent du zéro qui eſt un
chiffre négatif, parce qu'il ne ſignifie rien par
lui-même, mais qu'il ſert ſeulement à augmenter la valeur des chiffres précédens ; ſi, dis-je,
ce dernier chiffre eſt poſitif, comme ſi le nombre étoit 645 au lieu de 640, alors il y auroit
un reſte à ajouter à 64 ; ce reſte ſeroit la fraction $\frac{5}{10}$ qu'on nomme en diſant cinq dixiemes,
(nous parlerons dans la ſuite des fractions) le
quotient de 507 diviſé par 10 eſt 50, plus $\frac{7}{10}$
c'eſt-à-dire, ſept dixiemes.

Après ce qui a été dit touchant la Multiplication par 10, on voit bien qu'en retranchant le
dernier chiffre d'un nombre les autres ne va-

H iij

lent plus que la dixieme partie de ce qu'ils va-
loient, & c'est ce qu'on cherche en divisant par
10, car le quotient doit être alors le dixieme
du nombre proposé.

Si on vouloit diviser par 5 on pourroit d'a-
bord diviser par 10, & ensuite multiplier le
quotient par 2, parce que un cinquieme contient deux dixiemes. Ainsi pour avoir le cinquieme de 90 on divisera d'abord par 10 en
ôtant le zéro, puis on multipliera le quotient
9 par 2, le produit 18 sera le quotient de 90
divisé par 5... S'il faut diviser 94 par 5, on divisera d'abord par 10, le quotient sera 9, plus
la fraction $\frac{4}{10}$. On multipliera ensuite ce quotient par 2, on aura 18 plus $\frac{8}{10}$ qui sera le quotient de 94 par 5.

Pour avoir la fraction $\frac{8}{10}$ qui est double de la
premiere $\frac{4}{10}$, on a multiplié le chiffre supérieur
4 de cette fraction par 2, & c'est ainsi qu'il faut
opérer pour avoir le produit d'une fraction par
un nombre entier, c'est-à-dire, qui n'est pas
une fraction, car ce mot *entier*, quand il s'a-
git de nombres, est opposé à fraction : ainsi le
produit de $\frac{3}{10}$ par 2 est $\frac{6}{10}$ & celui de $\frac{3}{10}$ par 3
est $\frac{9}{10}$, c'est-à-dire, neuf dixiemes.

XIII. Si on vouloit diviser par 20, on di-
viseroit d'abord par 10, ensuite on prendroit
la moitié du quotient, parce que le vingtième
d'un nombre n'est que la moitié du dixième :
ainsi, pour diviser 640 par 20, on le divisera
d'abord par 10, le quotient sera 64, dont on
prendra la moitié, qui est 32, c'est le quotient
de 640, divisé par 20 ; & si le nombre à diviser par 20 étoit 645, on chercheroit d'abord
le quotient par 10, c'est 64, plus $\frac{5}{10}$, & ensuite on prendroit la moitié de ce quotient :

c'est 32 plus $\frac{5}{10}$, qui est le quotient cherché. Pour avoir la moitié de la fraction $\frac{5}{10}$, on l'a divisée par 2, en multipliant le nombre inférieur par 2 ; car c'est ainsi qu'on divise une fraction, sçavoir ; en multipliant le nombre inférieur par le diviseur, parce qu'en rendant ce nombre plus grand, la valeur de la fraction diminue, la fraction $\frac{5}{20}$ vaut moins que la fraction $\frac{5}{10}$; elle n'en est que la moitié, puisque la vingtième partie d'un tout n'est que la moitié de la dixième.

On tire de ces pratiques, une méthode facile, pour trouver le dixième ou le vingtième d'une somme de livres. Pour avoir, par exemple, le dixième de 836 livres, on retranchera le dernier chiffre 6, que l'on doublera, & le double 12 marquera des sols : mais les deux chiffres restans, 83, feront des livres : ainsi le dixième de 836 livres, est 83 livres 12 sols. Voici la raison de cette méthode : On voit bien, par ce qui a été dit, que s'il y avoit 830 livres, il faudroit ôter le zéro, & le reste 83 livres seroit le dixième de 830 livres ; mais comme 836 livres contient 6 livres de plus que 830 livres, il faut encore prendre le dixième de 6 livres. Or le dixième d'une livre ou de 20 sols est 2 sols : ainsi le dixième de 6 livres est 6 fois 2 sols, ou, ce qui revient au même, 2 fois 6 sols, c'est-à-dire, qu'il faut doubler le dernier chiffre 6, que l'on a retranché du nombre 836, & que ce chiffre doublé exprimera des sols, qu'il faut ajouter au nombre de livres, marquées par 83 : ainsi la somme 83 livres 12 sols est le dixième de 836 livres. Que si on vouloit avoir seulement le vingtième de ce nombre 836 liv. il faudroit, après avoir trouvé le dixième 83 l.

12 fols, en-prendre la moitié, qui eft 41 livres 16 fols ; ces 16 fols viennent de ce qu'en prenant la moitié de 3 livres, il eft refté une livre, qu'il faut joindre à 12 fols, ce qui fait 32 fols, dont la moitié eft 16 fols. On prend la moitié du dixième, pour avoir le vingtième, parce que, comme on l'a déja dit, un vingtième n'eft que la moitié d'un dixième.

XIV. Quand les jeunes gens fçauront ce qui précéde, il fera bon de les exercer un peu fur les fractions, en leur donnant des notions qui feront à leur portée. Entre celles que l'on va expofer, il y en a quelques-unes qui fuppofent qu'ils font déja un peu avancés. On leur dira d'abord qu'une fraction fuppofe qu'une chofe, qu'on appelle un *Tout*, eft divifée en plufieurs parties égales, eft divifée, dis-je, ou réellement ou au moins par la penfée, comme fi on conçoit qu'une fomme de 15 fols eft partagée en cinq parties égales, auquel cas chacune de ces parties feroit trois fols, parce que 5 fois 3 font 15. Une fraction eft compofée de deux nombres pofés l'un au-deffus de l'autre, & féparés par une petite ligne, comme $\frac{3}{5}$, que l'on exprime, en difant *trois cinquièmes*. Un cinquième, veut dire la cinquième partie d'un tout. Le chiffre fupérieur fe nomme *Numérateur*, & l'inférieur *Dénominateur*. Dans cette fraction $\frac{3}{5}$, 3 eft le numérateur, & 5 eft le dénominateur. On les appelle auffi les deux termes de la fraction. Le dénominateur marque en combien de parties égales le tout eft divifé ou réellement ou feulement par la penfée ; & le numérateur indique combien la fraction renferme de ces parties. Si on veut marquer un cinquième, on met $\frac{1}{5}$. De même $\frac{1}{4}$ & $\frac{1}{3}$, signifient un quart, un tiers; ou, autrement un quatrième & un troisième. Si on vouloit marquer le tiers du quart, on mettroit $\frac{1}{3}$ de $\frac{1}{4}$: & pour connoître quelle partie du tout est marquée par cette expression, il faut multiplier les numérateurs l'un par l'autre, & aussi les deux dénominateurs: ce qui feroit un $\frac{1}{12}$: ainsi un $\frac{1}{3}$ de $\frac{1}{4}$ est $\frac{1}{12}$. Cela paroîtra en l'appliquant à un exemple: $\frac{1}{4}$ d'un pied est 3 pouces, & $\frac{1}{3}$ de 3 pouces est 1 pouce, qui est $\frac{1}{12}$ d'un pied. L'ensemble des deux fractions $\frac{1}{3}$, $\frac{8}{4}$ forme une fraction composée, qui est $\frac{1}{3}$ de $\frac{1}{4}$. On voit donc, par ce que nous venons de dire, que pour réduire une fraction composée à une fraction simple, il faut multiplier l'un par l'autre les numérateurs, & en faire de même par rapport aux dénominateurs, & les deux produits qui font ici, 1 & 12, forment la fraction réduite $\frac{1}{12}$, qui marque la valeur de la fraction composée, dont on auroit peine à appercevoir la valeur, si on ne la réduisoit pas à une fraction simple, telle que $\frac{1}{12}$, qui signifie un douzième, ou la douzième partie d'un tout; par exemple, d'un pied, d'un sol, &c.

XV. Ce qu'il y a de singulier dans les fractions, c'est qu'on peut augmenter ou diminuer la grandeur des nombres ou des termes qui les composent, quoique la valeur de la fraction demeure la même, pourvû que l'augmentation ou la diminution des deux termes se fasse dans la même proportion; par exemple $\frac{3}{2}$ est de la même valeur que $\frac{6}{4}$. En général, lorsqu'on multiplie les deux termes d'une fraction par un même nombre, la fraction ne change pas de valeur. Ainsi comme on a multiplié les

H v

deux termes de la fraction $\frac{3}{12}$ par 2, la nouvelle fraction $\frac{6}{24}$ est de même valeur que la premiere $\frac{3}{12}$. La raison en est que si le numérateur 6 marque deux fois plus de parties, aussi le dénominateur 24 montre que ces parties sont deux fois plus petites que celles qui sont marquées par 12 : car, si on divise un Tout en 24 parties égales, chacune ne sera que la moitié de celles qu'on auroit eues en le divisant seulement en 12 parties égales.

XVI. On peut tirer de ce que nous venons de dire un moyen aisé de connoître la différence de la valeur de deux fractions qui ont des dénominateurs différens : il faut pour cela les réduire au même dénominateur sans en changer la valeur. Or pour cet effet, il n'y a qu'à multiplier les deux termes de chacune par le dénominateur de l'autre. Soient par exemple les deux fractions $\frac{2}{3}$ & $\frac{3}{4}$ d'une aune : on veut sçavoir quelle en est la différence. Pour cela on multiplie les deux termes de la premiere par 4 dénominateur de la seconde, & de même les deux termes de la seconde par le dénominateur 3 de la premiere; on aura les deux nouvelles fractions $\frac{8}{12}$ & $\frac{9}{12}$ qui ont même dominateur, & qui d'ailleurs sont de même valeur que les deux premieres. Or il est évident que la premiere des deux réduites est moindre que la seconde d'un douzieme; c'est-à-dire, de la douzieme partie d'une aune. Par la même méthode on trouvera que les deux fractions $\frac{1}{2}$ & $\frac{2}{3}$ différent entr'elles d'un sixieme, parce qu'en les réduisant au même dénominateur elles deviennent $\frac{3}{6}$ & $\frac{4}{6}$: de même les deux suivantes $\frac{1}{5}$ & $\frac{1}{6}$ différent d'un trentieme, parce qu'en les réduisant elles deviennent $\frac{6}{30}$ $\frac{5}{30}$.

Si on n'augmente que le numérateur sans changer le dénominateur, la fraction sera plus grande. La fraction $\frac{6}{12}$ est plus grande que $\frac{3}{12}$, puisque les parties sont égales de part & d'autre, sçavoir des douziemes, & qu'on en prend 6 dans la premiere fraction & 3 seulement dans la seconde. Si au contraire on n'augmente que le dénominateur, la valeur de la fraction devient moindre : la fraction $\frac{3}{24}$ est plus petite que $\frac{3}{12}$. On sent bien que de pareilles notions sont propres à exercer l'esprit des jeunes gens & à leur donner de l'ouverture. En voici encore d'autres capables de produire le même effet.

XVII. Pour multiplier une fraction par une autre fraction on multiplie les deux numérateurs l'un par l'autre, & aussi les deux dénominateurs de la même maniere : ainsi le produit des deux fractions $\frac{2}{3}$ & $\frac{6}{12}$ est $\frac{12}{36}$ qui est égale à $\frac{4}{12}$, parce que les termes de celles-ci sont chacun le tiers des termes de l'autre $\frac{12}{36}$.

On remarquera que cette fraction $\frac{12}{36}$ ou son égale $\frac{4}{12}$ est moindre que $\frac{6}{12}$: elle n'en est que les deux tiers, puisque 4 n'est que les deux tiers de 6 : cependant cette fraction $\frac{12}{36}$ ou $\frac{4}{12}$ est le produit de $\frac{6}{12}$ par $\frac{2}{3}$. Or comment se peut-il faire que le produit soit moindre que le multiplicande ? En voici la raison : multiplier par $\frac{2}{3}$ c'est prendre les deux tiers du multiplicande, comme multiplier par trois c'est prendre le triple du multiplicande. Or il est clair que les deux tiers du multiplicande sont moindres que le multiplicande. En général le produit est moindre que le multiplicande, lorsque la fraction qui sert de multiplicande, c'est-à-dire, quand le numérateur est moindre que l'unité, que le dénominateur.

Je dis que la fraction est moindre que l'unité
quand le numérateur est moindre que le dénominateur. L'unité c'est le tout que l'on conçoit
divisé en autant de parties égales qu'il est marqué par le dénominateur. Or il est évident que
si le numérateur est égal au dénominateur, la
fraction contiendra toutes les parties du Tout,
ni plus ni moins. Elle sera donc égale au Tout
qui est l'unité. Par conséquent si le numérateur
est moindre que le dénominateur, la fraction
est plus petite que l'unité : & au contraire si le
numérateur est plus grand que le dénominateur,
la fraction sera plus grande que l'unité : par
exemple $\frac{14}{12}$ d'un pied, c'est-à-dire, 14 pouces
sont plus grands qu'un pied ; mais $\frac{12}{12}$ d'un pied
ou 12 pouces sont égaux à un pied.

XVIII. Il suit de ce qui a été dit, que, si une
fraction est moindre que l'unité, son quarré est
plus petit que cette fraction : prenons par
exemple la fraction $\frac{2}{3}$. Pour en avoir le quarré,
on multipliera chacun de ses deux termes par
lui-même, & on aura $\frac{4}{9}$ qui est par conséquent
le quarré de $\frac{2}{3}$. Or cette fraction $\frac{2}{3}$ est plus grande
que $\frac{4}{9}$, puisqu'en multipliant les deux termes 2
& 3 par 3, ce qui ne changera pas la valeur de
la fraction, on aura $\frac{6}{9}$ égale à $\frac{2}{3}$. Or cette fraction $\frac{6}{9}$ est plus grande que $\frac{4}{9}$, puisque le numérateur de la première est plus grand que celui
de la seconde, & que les dénominateurs sont
égaux.

D'ailleurs, le produit est moindre que le multiplicande lorsque le multiplicateur est plus
petit que l'unité. Or le quarré d'une fraction qui est la fraction même, le multiplicateur
qui est la fraction même, est moindre que l'u-
nité. Donc le produit qui est ici le quarré, doit

être moindre que le multiplicande qui est aussi la fraction, car elle est multiplicande & multiplicateur, lorsqu'on en prend le quarré, puisqu'un quarré est le produit d'un nombre multiplié par lui-même.

Nous remarquerons encore qu'une fraction peut être énoncée en plusieurs manieres : par exemple, on peut énoncer la fraction $\frac{4}{12}$ en disant, quatre douziemes ; ou la douzieme partie de 4, ou enfin 4 divisés par 12. Toutes ces expressions reviennent au même. Supposons qu'il s'agisse d'un pied en longueur, qui, comme on sçait, contient 12 pouces ; 4 douziemes d'un pied font 4 pouces, & de même la douzieme partie de 4, c'est-à-dire, ici de 4 pieds est aussi 4 pouces, puisque la douzieme partie de chaque pied est un pouce : enfin 4 pieds divisés par 12 donnent pareillement 4 pouces. Cette derniere expression présente la même idée que la seconde. Or, cette seconde marque la même valeur que la premiere, comme il paroît en comparant l'une & l'autre avec celle-ci $\frac{1}{12}$ dont le numérateur est l'unité ; car il est clair que chacune des deux signifie une quantité quatre fois plus grande que $\frac{1}{12}$ d'un pied, c'est-à-dire, un douzieme ou la douzieme partie d'un pied. De même la fraction $\frac{3}{5}$ de 20 sols peut être exprimée par 3 cinquiemes de 20 sols, ou par la cinquieme partie de 3 fois 20 sols. Chacune de ces expressions marque une quantité 3 fois plus grande que $\frac{1}{5}$ de 20 sols.

XIX. Nous avons parlé de six opérations de l'Arithmétique, qui sont 1°. la numération ou l'énonciation des nombres marqués en chiffres ; 2°. l'expression des nombres en chiffres, ou écrire des nombres en chiffres ; 3°. l'Addition, 4°. la Souftraction , 5°. la Multiplication , 6°. enfin la Divifion. On n'en compte ordinairement que quatre qui font les quatre dernieres; elles font fondamentales , parce qu'elles fervent à toutes les autres dont la principale eft la Régle de trois, autrement Régle de proportion : elle confifte à trouver un nombre proportionnel à trois autres qui font connus, comme fi on difoit, en 4 jours un homme a fait 10 toifes d'ouvrage, combien en fera-t-il en 8 jours en travaillant également chaque jour ? Les trois nombres connus font 4, 10, 8 ; & le nombre de jours que l'on cherche eft le quatrieme terme proportionnel à ces 3 , c'eft 20 : car fi un homme a fait 10 toifes en 4 jours , il en fera 20 en 8 jours.

XX. Cela nous donnera occafion d'expliquer ici ce que c'eft qu'une raifon & une proportion , dont les notions pourront être entendues par des Ecoliers de Cinquiéme ou de Quatriéme. La raifon de deux nombres eft la maniere dont le premier nombre contient le fecond : ainfi la raifon ou le rapport de 12 à 4 eft 3 ou doit être marqué par 3 , parce que le premier nombre 12 contient 3 fois le fecond.

Le premier nombre qui eft comparé à l'autre s'appelle *antécédent* : c'eft ici 12 ; & le fecond eft appellé *conféquent* , c'eft 4. L'antécédent peut être moindre que le conféquent , comme dans la raifon de 7 à 14 ; & alors l'antécédent ne contient le conféquent qu'en partie : dans ce dernier exemple le 7 ne contient que la moitié de 14. L'antécédent & le conféquent s'appellent *termes* de la raifon ou du rapport.

Quand on compare deux raifons l'une avec

l'autre, elles peuvent être égales ou inégales. Elles font égales, lorfque les deux antécédens contiennent chacun leurs conféquens de la même maniere : ainfi la raifon de 12 à 4 eft égale à celle de 15 à 5 ; & alors on dit que les deux raifons forment une porportion.

Une proportion eft donc l'égalité de deux raifons. On a coutume de la marquer en mettant 4 points entre les deux raifons & un point feulement entre les deux termes de chacune, en cette maniere, 12 . 4 :: 15 . 5. On exprime cette proportion en difant : 12 eft à 4 comme 15 eft à 5, ou bien 12 & 4 font entr'eux comme 15 & 5, & encore, la raifon de 12 à 4 eft égale à celle de 15 à 5 ; enfin, on dit auffi, 12, 4, 15, 5 font en proportion ou bien font proportionnels. Quatre nombres ou quatre termes font donc en proportion lorfque la raifon des deux premiers eft égale à celle des deux autres, ou ce qui revient au même, lorfque le premier contient le fecond de la même maniere que le troifieme contient le quatrieme. Ce n'eft pas feulement les nombres qui peuvent être en proportion ; mais auffi les lignes, les furfaces, les corps & toutes fortes de grandeurs.

Les deux termes qui font entre le premier & le quatrieme, s'appellent *moyens* ; & les deux autres fe nomment *extrêmes* : ainfi dans notre exemple, 4 & 15 font les deux moyens, & 12 & 5 font les extrêmes.

Voici la propriété fondamentale ou principale de la proportion : *le produit des extrêmes eft égal à celui des moyens* : ainfi dans l'exemple propofé le produit de 12 par 5 eft égal à celui de 15 par 4 : l'un & l'autre eft 60. On donnera la preuve de cette proportion dans la troifieme Addition. Quand les antécédens ne contiennent pas également les conféquens, les raifons font inégales. Ainfi la raifon de 12 à 4 & celle de 10 à 5 font inégales : la feconde eft moindre que la premiere.

La raifon & la proportion dont nous venons de parler s'appellent *géométriques* pour les diftinguer d'une raifon & d'une proportion qu'on nomme *arithmétiques* qui ne font pas à beaucoup près d'un fi grand ufage que les premieres. Auffi quand on dit fimplement raifon & proportion fans rien fpécifier, cela s'entend de la raifon & de la proportion géométriques.

XXI. On pourroit conjointement avec ces notions d'Arithmétique exercer utilement les enfans fur une quantité de chofes qui fe comptent par fept, cela donneroit lieu de leur procurer un grand nombre de notions qui leur feroient utiles dans la fuite & qui feroient la fource d'autres connoiffances. Nous en apporterons plufieurs exemples en commençant par quelques-uns de ceux qui ont rapport à la Religion : les fept Dons du Saint-Efprit, les fept Vertus, dont trois *théologales* & quatre appellées *cardinales* ou *morales*, (a) fept fortes d'Œuvres de miféricorde fpirituelles & autant de corporelles, (Catéchifme de Montpel. part. 2, fect. 2 ch. 4.) fix chofes odieufes au Seigneur & une feptieme qu'il détefte, c'eft celui qui feme des diffenfions entre les Freres, (Proverbes, chap. VI.) les fept Demandes du Pater, les fept Péchés capitaux, les Sept Sacremens, les fept degrés

____

(*a*) On voit bien qu'il faudroit dire aux enfans les membres de chacune de ces divifions & des fuivantes, & les expliquer.

du Sacrement de l'Ordre, dont trois appellés *majeurs* & quatre *mineurs*, les sept premiers Livres de l'ancien Testament, qui tous ensemble se nomment *heptateuque*, & dont les cinq premiers composés par Moïse s'appellent *pentateuque*, les sept Epîtres Catholiques, les sept Jours de la Semaine, dont les six premiers sont caractérisés par les Ouvrages que Dieu a créés chacun de ces Jours : le Dimanche est remarquable entre les autres par la Résurrection de N. S. arrivée en ce premier Jour. Les sept Vaches grasses & les sept Vaches maigres du Songe de Pharaon, Roi d'Egypte, & aussi les sept Epis pleins & les sept autres, les sept Jours auxquels les Israélites conduits par Josué firent le tour de Jéricho, en portant l'Arche, une fois chacun des six premiers Jours & sept fois le dernier. Sept années pour bâtir le Temple de Salomon à Jérusalem. Naaman, Général des Armées de Benadad, Roi de Syrie, fut guéri de la lépre après s'être lavé sept fois dans le Jourdain par l'ordre du Prophéte Elisée. Les sept années de punition de Nabuchodonosor, Roi de Babilone, pendant lesquelles il fut réduit à l'état des bêtes. Les sept Freres Machabées, qui souffrirent le martyre par l'ordre de l'impie Antiochus, Roi de Syrie. Les sept Diacres choisis par les premiers Fidèles à Jérusalem selon l'ordre des Apôtres. Le nombre de sept se trouve appliqué bien d'autres fois, tant dans l'ancien que dans le nouveau Testament. Nous passons à d'autres applications.

Sept Fêtes chomées, établies en mémoire d'autant de circonstances de la Vie de N. S. La Fête de l'Incarnation, celle de la Naissance, de la Circoncision, de la Manifestation ou Epipha-

nie , de la Préfentation au Temple, de la Ré-
furrection & de l'Afcenfion. Pour ce qui eft de
la Fête du Saint-Sacrement, elle a été inftituée
pour honorer N. S. J. C. dans l'Euchariftie,
plutôt que pour faire mémoire de quelques circonftances de fa Vie. Il y a auffi fept principales Fêtes de la Sainte Vierge, celle de la Con-
ception , de la Nativité, de fa Préfentation,
de l'Annonciation, de la Vifitation, de la Puri-
fication & de l'Affomption. Deux de ces Fêtes
ne font pas chomées, celles de la Préfentation
& de la Vifitation. On compte fept dégrés de
Fêtes : Annuel, grand Solemnel, petit Solemnel, double Majeur, double Mineur, femi-
Double & Simple. Sept Propriétés ou Caracteres de l'Eglife, l'Unité, la Sainteté, la Catho-
licité, l'Apoftolicité, la Vifibilité, l'Infaillibité
& la Perpétuité. Les fept époques principales
de l'Hiftoire de la Religion, la Création du
Monde, le Déluge univerfel au temps de Noé,
la Vocation d'Abraham, la Sortie des Ifraélites
hors de l'Egypte, la Fondation du Temple de
Jérufalem par Salomon, la fin de la Captivité
de Babylone, & enfin la Naiffance de N. S. de
laquelle on commence à compter les années,
quand on dit, par exemple, que nous fommes
en 1769. Ces époques font les commencemens
des fept âges du Monde, dont le dernier qui a
commencé à la Naiffance de N. S. ne fe termi-
nera qu'à la fin des fiécles

XXII. Voici quelques autres exemples du nombre de fept, tirés de chofes naturelles ou des
établiffemens des hommes. Il y a fept Planetes, fept Métaux, fept Points remarquables du
Monde, le Centre, les deux Poles, le Nord, le
Sud, l'Orient & l'Occident qu'on appelle l'Eft

& l'Oueft. On peut remarquer fept principaux Cercles dans la Sphère, l'Équateur, le Méridien, l'Horifon, l'Ecliptique, le Zodiaque & deux autres efpeces qui font les deux Tropiques, & les deux Cercles polaires. Sept efpeces d'Animaux, l'Homme qui eft le feul raifonnable, & fix autres, les Quadrupédes, les Oifeaux, les Poiffons, les Reptiles, les nfectes & les Coquillages ou Teftacés. Les fept Couleurs primitives, le rouge, l'orangé, le jaune, le verd, le bleu, l'indigo & le violet. Sept Voyelles fimples en comptant les trois efpeces d'e. Sept Lettres numérales qu'on appelle Chiffres Romains : ce font les Lettres majufcules fuivantes, I, V, X, L, C, D, M. Entre les Arts manuels il y en a fept généraux employés à fatisfaire aux principaux befoins de l'homme ; chacun des fept en renferme plufieurs autres. Ces fept Arts font l'Agriculture, la Boulangerie à laquelle fe rapporte la mouture des grains, l'Architecture la plus fimple pour bâtir des maifons, la Métallurgie ou l'Art de façonner les Métaux & particuliérement le Fer, celui de préparer les Matieres pour les Habits, qui renferme fur-tout ceux de faire des Toiles & des Etoffes, & de façonner les Peaux ; l'Art de faifir ou de prendre les Animaux qui fervent de nourriture aux Hommes & à d'autres ufages : il renferme la Chaffe & la Pêche ; enfin la Chirurgie. Le premier après ces fept Arts eft l'Ecriture à laquelle fe rapporte l'Imprimerie : cet Art de l'Ecriture paroît être celui qui a été le plus difficile à inventer à caufe de la difficulté qu'il y a eu à remarquer les différens fons qu'il falloit repréfenter par les lettres. On compte auffi fept Arts libéraux qui étoient fort célèbres dans le moyen âge : ce font la Grammaire, la Rhétorique, la Dialectique, l'Arithmétique, l'Astronomie & la Musique. Il y a sept Mois de 31 jours chacun qui arrivent alternativement avec les autres, excepté Juillet & Août qui sont de suite. Déc. & Janv. qui ont chacun 31 jours sont aussi de suite ; mais en les prenant ainsi ils n'appartiennent pas à la même année. Sept Semaines depuis le Dimanche de la Quinquagésime jusqu'à Pâques, & encore sept depuis Pâques jusqu'à la Pentecôte : ces quatorze Semaines font le quart de l'année. Sept Républiques en Europe, celle de Vénise, celle des sept Provinces unies, celle des Suisses, de Geneve, de Gênes, de Lucques & de Raguse : celle-ci est en Dalmatie, les deux précédentes en Italie aussi bien que la premiere. Les sept Merveilles du Monde. On appelle ainsi de grands & magnifiques Ouvrages dont presque tous sont des édifices : ce sont les Murailles & les Jardins de Babylone que l'on attribue à Semiramis, Reine des Assyriens, les Pyramides d'Egypte, le Phare d'Alexandrie, Capitale d'Egypte, c'étoit une Tour élevée, sur laquelle on allumoit un fanal ou un feu pour servir de signal aux Vaisseaux qui approchoient de la Ville; le Mausolée ou le Tombeau qu'Artemise, Reine de Carie dans l'Asie mineure, fit élever pour Mausole son mari, le Temple de Diane d'Ephése, celui de Jupiter Olympien à Pise dans le Péloponnese, & le Colosse de Rhode, qui étoit une Statue de bronze, haute de soxante-dix coudées. Les sept Sages de la Grece, Thalès de Milet, Pittacus de Mitylene, Bias de Priene, Solon d'Athènes, Cléobule de l'Inde, Périandre de Corinthe, Chilon de

Sparte. Sept Rivieres de l'ancien Monde, remarquables entre les autres, ou par leur grandeur, ou par leur renommée : ce sont l'Inde,
le Tigre, l'Euphrate, le Jourdain, le Volga,
le Nil & le Danube; les cinq premieres sont
dans l'Asie, la sixieme en Afrique, & la septieme en Europe. On pourroit de même remarquer sept principales Rivieres de France,
& sept principaux Royaumes dans l'Europe.

Il est facile de voir que cet exercice sur les
nombres de sept peut se faire de maniere qu'il
devienne un amusement & une espece de jeu
pour les enfans. Il faut les engager à chercher
par eux-mêmes quelques membres de la division
dont il s'agt, lorsque les Maîtres voient que cela
se peut : mais il faudra toujours leur en dire plusieurs pour les mettre sur la voie.

Indication de plusieurs Notions de Géométrie qui
sont à la portée des jeunes gens.

XXIII. On pourroit aussi donner aux jeunes
gens des basses-Classes quelques notions des
premiers élémens de Géométrie : elles serviroient à la même fin que celles d'Arithmétique,
& les mettroient en état d'entendre ce qu'on
leur pourra dire dans la suite, ou ce qu'ils pourront lire, par exemple touchant la Sphère & l.
Géographie. Les notions, dont il s'agit, son
sur-tout celles des lignes, des angles, des cer
cles, &c. On leur diroit donc qu'il y a deu
sortes de lignes, la droite & la courbe ; qu'il y
a trois sortes de lignes droites comparées l'une
à l'autre, les perpendiculaires, les obliques &
les paralleles. On leur feroit remarquer que
toutes les perpendiculaires entre deux paralleles

font égales, & que de même les lignes également inclinées entre deux paralleles font auffi égales entr'elles, que fi on tire d'un même point fur une ligne une perpendiculaire & une oblique, la premiere fera plus courte que la feconde ; & que s'il y a plufieurs obliques tirées de ce point fur une ligne droite, la plus éloignée de la perpendiculaire fera la plus longue. Après leur avoir donné la notion de l'Angle, on leur dira qu'il y en a de trois fortes, le droit, l'obtus & l'aigu, que tous les angles droits font égaux, & qu'il n'en eft pas de même des angles obtus, non plus que des angles aigus. On leur fera remarquer que la grandeur d'un angle ne dépend pas de la longueur des côtés, mais uniquement de leur ouverture vers le fommet. On pourra auffi leur faire remarquer que les angles oppofés au fommet font égaux, & que les angles alternes formés par deux paralleles, & une ligne qui les coupe, font auffi égaux entr'eux ; que quand une ligne eft tirée fur une autre, elle forme deux angles dont la fomme eft égale à deux angles droits, & que fi deux lignes fe coupent, elles forment quatre angles dont la fomme eft égale à quatre angles droits. De même fi plufieurs lignes fe coupent au même point, la fomme de tous les angles qu'elles forment autour de ce point eft encore égale à quatre angles droits.

XXIV. On leur donnera auffi des notions touchant le Cercle : on leur expliquera ce que c'eft que le centre & la circonférence, les arcs, les degrés, les rayons, les diamètres & les cordes : on leur dira que tous les rayons font égaux, & que les diamètres font auffi égaux entr'eux, que le rayon eft la moitié du diamètre, que les cordes sont d'autant plus grandes qu'elles sont plus proches du centre , & que le diamètre est la plus longue de toutes les cordes; qu'il passe par le centre & coupe le cercle & la circonférence , chacun en deux parties égales. Je suppose qu'on leur ait fait remarquer la différence entre le cercle & la circonférence, quoiqu'on donne souvent le nom de cercle à cette ligne courbe; la circonférence est donc la ligne courbe qui termine un espace de tout côté , & le cercle est cet espace terminé par la circonférence. On pourra aussi leur dire que quand un angle a son sommet au centre , il a pour mesure l'arc compris entre ses côtés, que la mesure d'un angle droit est un quart de la circonférence ou 90 degrés , & que celle d'un angle aigu est moindre que 90 degrés. On trouvera toutes ces notions expliquées dans le Traité in-12 , intitulé *Instruction pour la Jeunesse* , imprimé en 1758. Les enfans des basses-Classes les entendront fort bien par le moyen des Figures que l'on peut tracer aisément sur une planche ou sur un carton , & qui ont cela d'avantageux qu'elles fixent l'attention des enfans au moins pendant quelque-temps. Il vaut mieux leur faire sentir la vérité de ces notions par l'inspection des Figures & quelques observations, que par des Démonstrations détaillées , telles que celles que l'on a coutume de donner.

XXV. Voici une application des quarrés en nombre dont on a parlé dans les notions d'Arithmétique, laquelle est tirée des élémens de Géométrie, il s'agit de trouver combien il y a de parties d'un certain genre dans un quarré en surface. Un quarré en surface, autrement une surface quarrée est celle dont la largeur est

égale à la longueur, en supposant que les côtés
qui terminent la surface forment quatre angles
droits, par exemple, si la largeur d'une table
est égale à sa longueur, le dessus de cette table
sera un quarré. (On suppose ici que les côtés
de la table ne sont pas obliques ou inclinés l'un
sur l'autre.) Cela posé, si on a un quarré d'un
pied; c'est-à-dire, dont chaque côté soit d'un
pied en longueur on trouvera combien le
pied en quarré contient de pouces quarrés en
prenant le quarré du nombre de pouces que
contient le pied en longueur. Or, il en contient
12 : ainsi 144, qui est le quarré de 12, est le
nombre de pouces quarrés contenus dans le pied
quarré. On ne croiroit pas qu'il y eût un si grand
nombre de ces pouces dans un quarré d'un pied.
Une toise quarrée contient 36 pieds quarrés,
parce que 36 est le quarré de 6, & qu'il y a 6
pieds dans la toise en longueur : mais elle contient 5184 pouces quarrés, parce que ce nombre est le quarré de 72, qui marque combien
il y a de pouces de longueur dans la toise. Cet
exemple peut servir à faire remarquer que les
quarrés différent beaucoup plus entr'eux que
les racines. Les quarrés 36 & 5184 différent
bien autrement que leurs racines 6 & 72.

Notions de la Sphère.

XXVI. Il y a aussi plusieurs notions de la
Sphère que l'on peut rendre sensibles aux Commençans par le moyen d'un Globe terrestre. Je
suppose qu'on leur ait expliqué ce que c'est
qu'un cercle & une circonférence, comme
nous l'avons fait ci-dessus, qu'on leur ait
dit qu'on la conçoit partagée en 360 parties
égales qu'on appelle *degrés*, & qu'il y en a autant

tant dans une petite circonférence que dans
une grande ; enfin qu'on leur a donné l'explication d'arc, de diamètre, de corde, de rayon.
Cela posé, on leur dira qu'il y a quatre grands
cercles & quatre petits à remarquer entre les
autres, soit dans la Sphère qu'on nomme *armillaire*, soit dans le Globe terrestre qui en
peut tenir lieu. Les grands cercles partagent la
Sphère ou le globe en deux parties égales que
l'on appelle *hémisphéres*. Ils ont le même centre
que la Sphère. Les petits la divisent en deux
parties inégales.

XXVII. Les quatre grands cercles qu'il faut
remarquer sont le Méridien, l'Equateur, l'Horizon, & l'Ecliptique. On leur dira, par exemple, pour leur donner une idée de l'Equateur
qu'il est également éloigné des deux poles de la
Sphère, & qu'il la partage en deux hémisphéres, dont l'un est appellé *septentrional* & l'autre
méridional.

Le Méridien passe par le point vertical qu'on
appelle *zénith*, par le point opposé qu'on nomme *nadir*, & par les deux poles du monde, le
septentrional & le méridional, qu'on appelle
aussi *arctique* & *antarctique*. Dans toute la partie septentrionale de la terre, le premier de ces
poles est sur l'Horizon, & l'autre, qui lui est
opposé, est au-dessous. Pour faire entendre la
situation de l'Horizon, on dira que les objets
dont la position est droite sur la terre, comme
un homme qui est debout, les arbres & les édifices, sont perpendiculaires à ce cercle, & que
son plan est situé comme la continuation d'une
plaine qui n'est pas en pente ou inclinée. Quant
à l'Ecliptique, on leur montrera qu'il coupe
obliquement l'Equateur, & qu'il touche les

deux tropiques. Il sert à montrer la route que suit le Soleil dans son mouvement annuel qui se fait d'Occident en Orient. Les quatre petits cercles remarquables, sont les deux tropiques & les deux cercles polaires. Ces quatre petits cercles partagent la surface du Globe & de la Sphère qui représente le Ciel en cinq bandes qu'on appelle zones, qui sont la zone torride, les deux zones tempérées, & les deux glaciales; la zone torride est entre les deux tropiques, chaque zone tempérée est entre un tropique & le cercle polaire du même côté, & chacune des zones glaciales est terminée par un des cercles polaires. Ces deux dernieres zones sont plutôt des calottes que des zones ou ceintures.

L'Equateur & l'Ecliptique sont les mêmes pour tous les lieux de la terre, aussi bien que les quatre petits cercles : mais le Méridien & l'Horizon changent selon les lieux, avec cette différence néanmoins qu'il n'y a que deux lieux qui puissent avoir le même Horizon ; sçavoir, les deux points diamétralement opposés, l'un d'un côté de l'Horizon & l'autre du côté opposé; au lieu que tous les points qui sont dans la même direction d'un pole à l'autre ont le même Méridien : ainsi le Méridien n'est différent que pour les lieux qui sont plus ou moins orientaux les uns que les autres.

XXVIII. On dira aussi qu'il y a trois situations principales de la Sphère ou plutôt de l'Equateur par rapport à l'Horizon : ce qui donne lieu à la distinction des trois Sphères, la droite, l'oblique & la parallele.

Les Peuples qui habitent l'Equateur de la terre ont la Sphère droite ; c'est-à-dire, que l'Equateur est perpendiculaire à leur Horizon :

les cercles que le Soleil & les autres Astres dé-
crivent chaque jour sont droits sur leur Horizon , ou plutôt lui sont perpendiculaires. Les
Peuples qui seroient aux poles de la Terre auroient la Sphère parallele , & enfin tous les autres qui habitent entre l'Equateur & les poles
ont la Sphère oblique.

Dans cette derniere Sphère , les révolutions
journalieres des Astres sont obliques ou inclinées à l'Horizon , au lieu qu'elles sont paralleles à l'Horizon dans la Sphère parallele. Les
jours sont égaux aux nuits pendant toute l'année dans la Sphère droite ; & dans la Sphère
parallele il n'y a qu'un jour & une nuit pendant l'année entiere , mais ils sont l'un & l'autre de six mois chacun. Dans la Sphère oblique
il y a deux jours égaux aux nuits pendant l'année , c'est aux équinoxes , l'un du Printems ,
l'autre d'Automne.

XXIX. On peut remarquer douze principaux points dans la Sphère sans compter le
centre ; sçavoir , quatre sur l'Horizon : ce sont
le Nord , le Sud , l'Orient & l'Occident , que
l'on appelle aussi le *Septentrion* , le *Midy* , *l'Est*
& *l'Ouest* ; de même quatre sur le Méridien ,
qui sont les deux poles du monde , le point vertical ou zénith , & le point opposé appellé *nadir*. Enfin , il y a aussi quatre points sur l'E-
cliptique , les deux Equinoxiaux , & les deux
Solstitiaux. Les 2 premiers sont ceux où ce cercle coupe l'Equateur , & les 2 autres touchent
les Tropiques. Ces 4 points déterminent les
commencemens des 4 Saisons de l'année ;
car lorsque le Soleil est parvenu à ces points
par son mouvement annuel , c'est alors que les
Saisons commencent , sçavoir aux deux Equi-

noxes, & aux deux Solſtices dont il faut aſſi-
gner les jours. On dira aux jeunes gens qu'il y
a deux poles ſur la Terre qui répondent à ceux
du Monde, que chaque pole eſt également
éloigné de tous les points de l'Equateur ; ſçavoir, d'un quart de cercle ou de 90 degrés,
tant dans le Ciel que ſur la Terre, & que la
ligne droite que l'on imagine entre les deux
poles du Monde, s'appelle l'*axe* du Monde, &
que celle qui eſt entre les deux poles de la Terre
qui eſt une groſſe boule eſt l'axe de la Terre:
c'eſt une partie du premier axe. Pareillement
le zénith & le nadir ſont chacun également éloignés de tous les points de l'Horizon, je veux
dire, de ſa circonférence : cet éloignement eſt
auſſi meſuré par un quart de cercle. On pourra
dire à ceux qui ſont un peu plus avancés, ce
que c'eſt que la longitude & la latitude, & on
leur apprendra à les connoître ſur les Cartes
géographiques dont on leur fera remarquer les
méridiens, les paralleles & ſur-tout l'équateur,
quand il s'y trouve, & encore les quatre points
principaux, le Nord ou Septentrion, le Sud ou
Midi, l'Eſt ou l'Orient, l'Oueſt ou l'Occident.

XXX. On diſtingue deux mouvemens
dans le Soleil, l'un diurne ou journalier & l'autre annuel. Le premier eſt celui par lequel le
Soleil paroît faire ſon tour chaque jour d'Orient
en Occident. Ce mouvement lui eſt commun
avec les ſix autres Planetes, & toutes les Etoiles ; en un mot avec tous les autres Aſtres ;
mais il n'eſt pas réel, il n'eſt qu'apparent : cette
apparence vient de ce que la Terre tourne ſur
ſon centre d'Occident en Orient, & fait ſa révolution en l'eſpace de vingt-quatre heures :

ainsi nous tournons conjointement avec la Terre
en allant vers l'Orient, & c'est ce qui est cause
que les Astres nous paroissent faire chaque jour
leur révolution en sens contraire ; c'est-à-dire,
d'Orient en Occident, de même qu'il arrive à
ceux qui sont dans un batteau emporté selon le
cours de l'eau ; car alors les objets qui sont sur
le rivage, comme les arbres & les édifices leur
paroissent avoir un mouvement opposé. Pour
ce qui est du mouvement annuel du Soleil qui
se fait d'Occident en Orient, en suivant l'E-
cliptique, il est réel : car il faut, ou que le Soleil tourne autour de la Terre, ou que ce soit
la Terre qui tourne annuellement autour de
cet Astre. Or on a prouvé depuis peu que c'est à
tort qu'on attribue un mouvement annuel à la
Terre autour du Soleil. Il ne peut s'accorder ni
avec la propagation successive de la lumiere, ni
avec l'aberration des Etoiles.

Exposition d'une proposition de Géométrie.

XXXI. Nous terminerons cette premiere
Addition par un exemple qui servira à faire
voir qu'on peut faire entendre à des enfans,
(je les suppose d'environ 10 à 12 ans,) certaines
propositions qui paroissent d'abord incompré-
hensibles pour eux. Nous prendrons pour
exemple ce Théorême célèbre de Géométrie,
*les corps semblables sont entr'eux en raison triplée
de leurs lignes homologues.* Ces lignes homologues sont celles qui sont situées de la même
maniere dans les deux corps comparés, l'une
dans le premier, l'autre dans le second. On
peut prendre les dimensions semblables pour
des lignes homologues ; c'est-à-dire, ou les

I iij

longueurs , ou les largeurs , ou les profondeurs qu'on appelle autrement hauteurs. Je dis donc que l'on peut faire entendre cette propofition à un enfant d'environ 10 à 12 ans , en ne lui fuppofant qu'une capacité ordinaire à cet âge. Pour cela je lui dirois d'abord que deux corps font appellés femblables , lorfqu'ils ont même figure , quoique l'un foit plus gros que l'autre : par exemple , deux Globes , autrement deux Boules font des corps femblables , parce qu'ils ont la même figure. (Il feroit bon d'en avoir afin de les montrer au jeune Eleve & d'attirer fon attention.) Enfuite je lui ferois remarquer que les hauteurs des deux Boules en font des diamètres ; ainfi ces diamètres font des lignes homologues des Globes. Après cela je lui expliquerois ces mots *font entr'eux* : & pour les faire entendre , je prendrois des nombres comme 12 & 4 d'une part , & 15 & 5 de l'autre , & je lui dirois que 12 & 4 font entr'eux comme 15 & 5 , ce qui fignifie que 12 contient 4 de la même maniere que 15 contient 5 : 12 contient 4 trois fois , & 15 contient auffi 5 trois fois : ainfi dire que 12 & 4 font entr'eux comme 15 & 5 , c'eft la même chofe que fi l'on difoit que 12 contient autant de fois 4 que 15 contient 5. On peut dire de même que 8 & 4 font entr'eux comme 10 & 5.

Quand le jeune Eleve entendroit ces notions je lui rappellerois celle des cubes des nombres qui a été expofée ci-deffus. (Art. VII.) Je fuppofe que le diamètre du premier Globe ait 3 pouces de longueur & que celui de l'autre en ait deux ; le cube du premier diamètre fera 27 , & celui du fecond fera 8. Or , dire que les deux Globes font en raifon triplée de leurs diamètres , c'est comme si l'on disoit qu'ils sont comme les cubes de leurs diamètres. Ainsi dans notre exemple, le premier Globe sera au second comme 27 est à 8, ensorte que si on conçoit que le second est partagé en 8 parties égales, le premier contiendra 27 de ces parties, ou autrement, si le second pese 8 onces le premier en pesera 27, en les supposant de même matiere. Ainsi le premier sera presque trois fois & demi plus gros que l'autre : il le seroit précisément trois fois & demi s'il contenoit 28 parties : cependant son diamètre n'est qu'une fois & demi plus grand que celui du second. Il faut donc bien remarquer que quand on dit que deux corps semblables sont entre eux en raison triplée de leurs lignes homologues, c'est-à-dire, des lignes semblables ; par exemple en raison triplée des hauteurs, cela signifie qu'ils sont entr'eux comme les cubes des hauteurs, ou autrement, qu'ils sont en même raison que ces cubes, ou bien encore, en même rapport que ces cubes. Raison ou rapport signifie ici la maniere dont une grandeur en contient une autre ; par exemple, la maniere dont un nombre ou une ligne contient un autre nombre ou une autre ligne. Ainsi 30 & 10 sont en même raison ou même rapport que 24 & 8.

XXXII. Voilà comment on pourroit faire entendre à un Eleve la proposition rapportée en exemple. On pourroit aussi lui en donner une Démonstration qui seroit à sa portée. C'est ce que nous allons faire ; mais en abrégeant, & en l'appliquant à deux cubes en solidité, (ce sont des corps qui ont la figure de Dez à jouer). Il faut concevoir chaque cube partagé en autant de tranches paralleles à la base qu'il y a de parties dans la hauteur : si un cube avoit 5 pouces de hauteur & l'autre 4, le premier auroit 5 tranches, chacune d'un pouce de hauteur, & le second en auroit 4. Or, chaque tranche du premier auroit 5 pouces en longueur & autant en largeur, & contiendroit 5 fois 5 ou 25 petits cubes chacun d'un pouce en hauteur : ainsi les 5 tranches en contiendroient 5 fois 25 ou 125. Il y auroit donc 125 petits cubes d'un pouce dans le premier cube. Par la même raison, le second en contiendroit 64 : ainsi les deux cubes seroient entr'eux comme 125 & 64 qui sont les cubés en nombre de 5 & de 4 : or, ce qui convient à ces deux figures semblables doit aussi convenir aux autres corps semblables, & par conséquent à deux Globes : si donc le diamètre de l'un étoit à celui de l'autre, comme 5 à 4, le premier Globe seroit au second comme 125 à 64, ensorte que si l'on concevoit le second partagé en 64 parties égales, le premier contiendroit 125 de ces parties.

Afin de rendre la Démonstration sensible au jeune Eleve il faudroit faire tailler une planche en quarré qui fût comme une tranche d'un des cubes, & partager par des lignes une des bases de la planche en petits quarrés dont les côtés auroient chacun un pouce de long : il y auroit 16 de ces quarrés, si le cube avoit 4 pouces en hauteur : ainsi la planche qui seroit égale à une des tranches de ce cube contiendroit 16 petits cubes d'un pouce de hauteur. On suppose, comme on voit, que la planche auroit un pouce d'épaisseur.

SECONDE ADDITION

Qui a rapport à l'Article XXIV du Mémoire: qu'il seroit utile de faire expliquer quelques Traductions des meilleurs Auteurs François dans les Classes de Seconde & de Rhétorique, conjointement avec des anciens Auteurs.

ART. I. Nº. 1. EST-IL à propos de n'expliquer dans les Classes de Seconde & de Rhétorique, en fait d'Auteurs Latins, que des Ouvrages des Anciens? Ne pourroit-on pas, ne seroit-il pas même plus à propos de leur associer de bonnes Traductions latines de ce que nous avons de meilleur en différens genres parmi nos Auteurs François, Orateurs, Historiens, Académiciens, Jurisconsultes?

Pour être à portée de décider cette question importante, en ne consultant que l'avantage des jeunes gens, il faut faire attention à ce que l'on se propose de leur enseigner dans ces deux Classes par l'explication des Auteurs Latins : on peut le réduire à trois chefs, la matiere qui y est traitée, l'éloquence avec le style, & enfin le progrès dans la Langue latine. On sent bien qu'entre ces trois objets le dernier est bien moins important que les deux autres. A peine se trouve-t-il quelque Profession dans la Société où l'on ait besoin de parler où d'écrire un Latin qui approche de celui de Cicéron, si ce n'est l'Etat des Maîtres des Classes de Belles-Lettres; mais cela n'est presque jamais nécessaire dans les autres Etats ; il suffit que ceux qui en

I v

font Membres, entendent bien le Latin, au moins celui des bons Auteurs modernes, & pour les Juris-Confultes, qu'ils entendent encore celui des Loix & des Auteurs qui en traitent, foit anciens, foit modernes.

N°. 2. Cela pofé, il n'eft pas difficile de décider la queftion, fçavoir fi dans l'élite des Auteurs François traduits il y auroit plus à profiter pour les jeunes gens que dans les anciens auteurs? car 1°. quant à la matiere, les jeunes gens trouveroient à s'inftruire de ce qu'il y a de plus important pour eux, foit dans les Orateurs facrés, dont les difcours peuvent être divifés en trois Claffes, ceux qui traitent de la Morale & des Dogmes, les Panégyriques & les Oraifons funébres. Que l'on choififfe dans nos célèbres Orateurs, comme Boffuet, Fléchier, Bourdaloue, Maffillon, ce qu'il y a de plus convenable aux jeunes gens, & que l'on faffe de même par rapport à nos Hiftoriens les plus eftimés, ceux fur-tout qui ont écrit la Vie de quelques Grands hommes qui nous intéreffent, ou bien la Révolution de quelque Empire ou Etat. Que l'on choififfe auffi quelques Difcours d'Avocats généraux ou Particuliers qui traitent de matieres intéreffantes pour les jeunes gens; j'en dis autant de quelques Difcours académiques : je demande fi on peut comparer l'utilité des matieres qui fe trouvent dans les anciens Auteurs avec celle que nous venons d'indiquer dans les Auteurs modernes. Je crois que tout homme fenfé ne balancera pas à fe décider fur ce qui l'emporte dans ce parallele, fur-tout s'il fait attention qu'il s'agit du gros des Ecoliers, & que s'il y en a quelques-uns auxquels la connoiffance des matieres dont parlent les Anciens, foit néceffaire, ils pourront l'acquérir lorfqu'ils verront ces Auteurs en Claffe, ou qu'ils les étudieront en leur particulier.

Nº. 3. Il y aura encore à gagner du côté de l'Eloquence, en fe fervant de la traduction des Ouvrages modernes, tels que ceux que nous avons indiqués en général. Car il y a une méthode & un ordre dans les Modernes plus facile à faifir par les jeunes gens, & plus facile à retenir que la maniere d'écrire des Anciens. Cette méthode qui regne communément dans les Ouvrages des Modernes, fur-tout dans les Difcours, les fait concevoir & retenir fans effort par bien des Auditeurs & le commun des Lecteurs. Il fuffit qu'ils écoutent & qu'ils lifent avec attention ; les divifions & les fubdivifions les foulagent : ils trouvent les chofes chacune à leur place : on compare les parties les unes aux autres, & on en voit facilement le rapport ; & c'eft ce qui fait qu'avec une facilité & une mémoire médiocres, on eft en état de rendre compte de ces Difcours qu'on a lus ou entendus. Il n'en eft pas de même des Piéces de ce genre dans les Anciens. Ajoutez à cela que les jeunes gens s'appliqueront avec une attention plus grande & plus foutenue aux traductions des Ouvrages modernes à caufe de la facilité qu'ils y éprouveront, & de l'intérêt qu'ils y prendront : ils fentiront donc & faifiront bien mieux les beautés des Modernes que celles des Anciens. De plus, il y a dans les Ouvrages de nos Auteurs François, par exemple M. Boffuet des penfées & des traits qui font d'une fublimité que la matiere ne comporte pas dans les Anciens : il eft donc certain qu'il y auroit plus à profiter pour les jeunes gens par rapport à

I vj

l'Éloquence dans l'étude des Modernes, que dans celle des Anciens.

II. N°. 1. Ceux qui feroient fort attachés à l'ufage ancien & actuel diront peut-être que, cela étant, il vaudroit mieux faire voir dans les Claffes nos bons Auteurs François, tels qu'ils font en eux-mêmes, fans fe fervir de Traductions latines qui ne feront jamais auffi parfaites que les originaux. Il n'eft pas naturel de recourir au tableau quand on poffede l'original, fi on le peut confulter fans peine.

Mais on répondra à cela qu'il eft néceffaire de mettre les étudians en état d'entendre facilement les Auteurs modernes qui ont écrit en Latin, à caufe des bons Ouvrages en tout genre compofés en cette Langue. D'ailleurs, il feroit affez difficile d'obtenir des jeunes gens qu'ils s'appliquaffent habituellement & avec affez d'attention à l'étude des Auteurs qu'on voudroit leur faire voir, s'ils ne faifoient que les lire; car la fimple lecture ne les appliqueroit pas affez; & de plus ils n'en tireroient pas affez de fruit. Que fi on exigeoit d'eux qu'ils fiffent des Analyfes, ou des Abrégés de ces Auteurs, cela feroit fort pénible à plufieurs, fi cet exercice étoit habituel, pour chaque jour ou même pour chaque claffe. L'exercice de traduire tient un milieu tant pour le temps que pour la difficulté, entre celui de lire fimplement, & celui de faire des analyfes. De plus, il apprend en même-temps le Latin & le François. Il accoutume à mettre les penfées par écrit, & forme le ftyle, fur-tout, fi dans la fuite on compare fa Traduction avec l'Auteur François, & c'eft ce que l'on pourroit faire en Claffe & devant les Maîtres, ou communs ou particuliers. Il

s'agit ici de la Traduction du Latin en François;
car celle du François en Latin seroit trop pénible pour le commun des Ecoliers, si elle étoit
habituelle, & qu'il fallut y employer chaque
jour un temps considérable. D'ailleurs, il vaut
bien mieux les exercer à écrire en François
qu'en Latin, parce que la facilité d'écrire en
François leur sera bien plus utile dans la suite.
Ajoutez à cela que les Etudians avanceront
beaucoup plus dans la connoissance du Latin en
mettant en François de bonnes Traductions latines, que s'ils traduisoient du François en Latin qui seroit presque toujours fort inférieur
aux Traductions latines dont il s'agit, qui viendroient de main de Maîtres. Tout cela prouve
qu'il vaut bien mieux donner ces Traductions
aux Etudians pour les mettre en François au
moins en partie, que de leur donner les Originaux François pour les traduire en Latin.

Nº. 2. Quant à ce que l'objection ajoute,
sçavoir, que les Traductions latines ne seront
pas aussi parfaites que les Originaux, on répondra que cela peut être vrai de quelques-uns
de ces Ouvrages, au moins pour des endroits
choisis, mais non pas de tous, d'autant plus
que les Traductions n'étant pas genées, & approchant de la paraphrâse dans certains endroits où cela seroit nécessaire pour conserver
le génie de la Langue Latine, il pourroit se
faire que la Traduction l'emporteroit souvent
sur l'Original à cet égard. De plus, la plûpart
des jeunes gens auroient tôt ou tard les Originaux qu'ils ne manqueroient pas de consulter
& de comparer aux Traductions, ce qui seroit
un moyen très-propre pour leur faire remarquer la différence des génies des deux Lan-

gues. Mais ce qu'il ne faut pas perdre de vue,
c'eſt que les jeunes Etudians auroient de l'émulation pour l'étude, & s'y appliqueroient volontiers, tant par la facilité qu'ils y éprouveroient, que par l'intérêt qu'ils y prendroient à
cauſe des matieres dont il ſeroit parlé dans les
Traductions ; d'où réſulteroit cet avantage ineſ-
timable, qu'on ne ſeroit plus dans l'obligation,
du moins à l'égard du très-grand nombre, de
leur témoigner du mécontentement à ce ſujet;
au lieu qu'ils ſont ſouvent découragés & rebutés par les difficultés qu'ils trouvent dans les
anciens Auteurs Quand bien même les autres
avantages ſeroient égaux de part & d'autre;
cette raiſon ſeule devroit engager à admettre
les Traductions latines des Auteurs modernes
dans les hautes-Claſſes, pour les expliquer.

Nº. 3. On voit bien par ce que nous avons
dit, qu'on ne ſuppléeroit pas ſuffiſamment aux
Traductions latines, dont il s'agit, en liſant de
temps-en-temps dans la Claſſe des morceaux
choiſis de nos Auteurs François & y faiſant
quelques obſervations ; car les jeunes gens en
tireroient peu de profit par rapport à la maniere, & les obſervations qu'on leur feroit de vive
voix ſur le ſtyle & l'éloquence, ne produi-
roient que des impreſſions paſſageres ſur la plûpart des eſprits.

III. Nº. 1. Mais enfin, dira-t-on, il faut
au moins avouer que les jeunes gens profiteroient plus pour le Latin dans l'étude des Anciens, d'autant que ce Latin eſt plus conforme
au génie de cette Langue que celui des Modernes ; les expreſſions ſont plus aſſorties au ſujet,
elles conviennent mieux les unes avec les autres, elles ſont plus pures... Je réponds que

cet avantage que tireroient les jeunes gens des
Ouvrages de l'antiquité, n'eſt preſque d'aucune
conſéquence pour le très-grand nombre. Il n'y
a point d'état, ſi on excepte celui des Maîtres
des Claſſes ſupérieures, où il ſoit néceſſaire de
ſçavoir écrire ou parler Latin dans ce degré de
perfection qu'on ne peut acquérir ſans une étude longue & profonde des meilleurs Auteurs
qui ont écrit en cette Langue. Il ſeroit même
nuiſible à la plûpart des hommes d'étude de
donner le temps & l'application qui ſeroient
néceſſaires pour parvenir à ce degré, parce que
cela ne pourroit ſe faire qu'aux dépens d'autres
connoiſſances ſans comparaiſon plus utiles.

N°. 2. Au reſte, eſt-il bien certain que les
jeunes gens profitent davantage dans les Claſſes ſupérieures par rapport au Latin, en ne l'é-
tudiant que dans les Anciens ? Avant de porter ſon jugement ſur cette queſtion, il faut faire
attention que dans les Ecoles publiques, on
doit ſe propoſer le gros des Auditeurs, & non
pas un petit nombre qui par leur grande facilité
naturelle, & par leur application, peuvent parvenir aſſez aiſément à un degré de perfection
en ce genre que les autres ne pourroient acquérir que par de grandes peines, & par un
long & laborieux travail, ou même auquel pluſieurs ne pourroient jamais atteindre. Cela po-
ſé, je dis que la plûpart des Ecoliers & le très-
grand nombre profiteroient davantage, même
quant au Latin, en expliquant pendant un
temps, de bonnes Traductions des meilleurs
Auteurs modernes, que s'ils expliquoient les
anciens. D'abord, il eſt bien certain qu'ils profiteront plus aiſément ou avec moins de peine,
de ces Traductions, que des anciens Auteurs,

parce qu'ils les entendront mieux ; & d'ailleurs
ils s'y appliqueront plus volontiers, soit à cause
de la facilité qu'ils y éprouveront, soit à cause
de l'intérêt qu'ils y prendront, qui sera tout
autre que celui qu'ils prendroient aux Ouvrages des Anciens, qui n'ont point de rapport à
nôtre Etat, à notre Gouvernement, à nos affaires, soit publiques, soit particulieres : par
conséquent les jeunes gens s'appliquant davantage aux Traductions, qu'ils ne font communément aux Auteurs anciens, & de plus le Latin
en étant plus facile, ils feront beaucoup plus
de progrès dans ce Latin qu'ils ne font dans celui des Anciens. Or, ce Latin des bonnes Traductions est très-suffisant pour presque tous, ou
même ordinairement pour tous les Ecoliers
d'une Classe ; & par rapport au Latin des Auteurs anciens, les Ecoliers ayant été bien préparés par l'étude des bonnes Traductions, ils
feront en état d'y faire autant ou plus de progrès qu'ils n'en auroient fait, s'ils n'avoient
toujours vû que d'autres Auteurs anciens qu'ils
n'auroient entendus qu'à moitié, (je parle toujours du plus grand nombre des Ecoliers, &
non pas de quelques esprits rares qui font une
Classe à part.) Mais quand bien même il en ar-
riveroit autrement & que quelques-uns auroient besoin d'étudier avec plus d'application
le Latin des Anciens, ils pourroient le faire en
leur particulier : il seroit contre l'ordre d'abandonner le parti le plus avantageux au corps
pour s'attacher à un petit nombre de membres.
Il est donc certain qu'en donnant aux Etudians
qui font dans les Classes de Belles-Lettres de
bonnes Traductions de nos meilleurs Auteurs
François, ils profiteront beaucoup plus par rap-

port aux trois chefs proposés , sçavoir la matiere , le style avec l'éloquence , & enfin la
connoissance du Latin , sur-tout celui des Modernes , tel qu'il se trouveroit dans les Traductions, qui seroit fort suffisant pour le très-grand
nombre des Etudians.

Nº. 3. Si quelqu'un prétendoit encore que le
Latin des Traductions ne seroit pas assez pur &
assez conforme au génie de la Langue Latine, on
répondoit que si cela est, il n'y a pas lieu d'espérer que des jeunes gens fassent grand progrès
en ce genre, quoiqu'on ne mette entre leurs
mains que des Auteurs de l'antiquité Romaine
pendant le cours des Classes , puisque des hommes consommés dans l'Art , & qui en ont fait
une étude profonde , peut-être pendant la plus
grande partie de leur vie , après l'avoir déja
étudié pendant leurs Classes , n'auroient pû
réussir à imiter avec succès ces anciens Auteurs.
On sent bien que cette prétention ne favorise-
roit pas l'usage actuel que l'on se próposeroit
de soutenir : elle est même contraire à l'expérience. M. l'Abbé Valart , Professeur à l'Ecole
Militaire dont le suffrage est de poids dans cette
matiere , dit dans l'Examen de la Latinité du
Pere Jouvenci, qu'il y a un grand nombre de
Modernes qui ont écrit en Latin avec une pureté à le disputer aux meilleurs Plumes de l'ancienne Rome. Il rapporte aussi que le célèbre
Ménage , pour qui l'Italien étoit une Langue
morte, est parvenu , par la seule lecture des Livres écrits en cette Langue , à en sçavoir toutes
les délicatesses & à l'écrire dans la plus grande
pureté, au point que les plus beaux esprits d'I-
talie n'y ont trouvé qu'à admirer pour la pureté du style. Mais il n'est pas nécessaire que le

Latin des bons Auteurs modernes ait précisément le même degré de pureté que celui des Anciens, il suffit qu'il en approche beaucoup; cela est suffisant, dis-je, soit pour le très-grand nombre des Ecoliers qui n'ont pas besoin d'une connoissance plus approfondie en ce genre, soit par rapport à ceux qui se serviroient des Ouvrages des Modernes bien écrits en Latin, en partie pour entendre avec facilité ceux des Anciens. Car il faut remarquer qu'en supposant des Ouvrages modernes qui ne le céderoient pas aux anciens pour la Latinité, ils seroient néanmoins plus faciles à entendre, surtout pour les jeunes gens, que ceux des Anciens, à cause que dans ceux-ci il y a des allusions aux Loix, aux Coutumes, aux Usages, à certains traits d'Histoire & autres points de l'Antiquité qui ne sont pas connus des jeunes gens ou du moins qui ne leur sont pas familiers: & ces allusions causent de l'obscurité dans les Ecrits des Anciens : Concluons donc qu'il leur seroit avantageux qu'on introduisît dans les Classes de Seconde & de Rhétorique de bonnes Traductions latines des Morceaux choisis des meilleurs Auteurs François pour les expliquer & les faire traduire, comme on le fait par rapport aux Auteurs anciens, qui alors n'occuperoient qu'une partie du temps qu'on peut donner aux Auteurs Latins dans ces Classes. Cela est d'une évidence à laquelle il paroit qu'il n'est pas possible de se refuser, si on n'est pas entraîné par les préventions.

Ce que l'on vient de dire ne doit choquer personne. Car on ne prétend pas blâmer la conduite de ceux qui ne suivent pas actuellement ce que nous croyons être meilleur. Pour le pratiquer, il faudroit que les Traductions latines que nous avons en vue fussent faites, & elles ne le font pas: ainsi ceux qui seroient dans la disposition d'en faire usage ne le peuvent pas encore, au moins dans les Ecoles publiques. Mais dans les éducations particulieres les Maîtres pourront mettre entre les mains de leurs Eleves plusieurs Ouvrages ou Morceaux des Modernes qui sont bien écrits en Latin, soit en Prose soit en Vers. Et si les Eleves commençoient le Latin, les Précepteurs leur donneroient un Commentaire par écrit, tel qu'il a été exposé dans l'Art. VII du Mémoire, & par ce moyen les enfans jouiroient, par le secours de leurs Maîtres, des avantages qui y sont représentés, en attendant des Livres imprimés, qui seroient composés selon la méthode expliquée dans cet Article: & c'est ce que chaque Professeur de basse-Classe peut exécuter facilement pour ses Ecoliers.

TROISIEME ADDITION.

Raisons & Démonstrations métaphysiques de quelques Propositions des Mathématiques, relatives à l'Art. XXXI.

ART. I. CEtte troisieme Addition contient des exemples de Raisons ou de Démonstrations métaphysiques de plusieurs Propositions de Mathématiques. Nous rapportons ces exemples pour faire sentir combien elles sont propres à faire pénétrer l'esprit dans le

fond & l'intérieur , pour ainsi dire , des vérités
que l'on démontre , & à l'habituer à la clarté &
l'évidence de ces vérités , afin qu'y étant habi-
tué , il discerne aisément le vrai d'avec le faux,
en quoi consiste la justesse d'esprit. On voit par
là que ces sortes de Démonstrations sont très-
propres à cultiver l'esprit par rapport à ses qualités les plus estimables, la pénétration & la justesse , auxquelles il faut ajouter la sagacité. Car
quand on est un peu exercé dans ces Démonstrations , on acquierre une facilité plus ou
moins grande de trouver soi-même des preuves
des vérités que l'esprit considere attentivement ; ou même de découvrir quelquefois des
vérités qui ne nous étoient pas connues, quoiqu'elles le soient peut-être à d'autres. Nous supposons que le Lecteur ait quelques connoissances des élémens de Mathématiques.

II. Nous commencerons par la preuve d'une
proposition fondamentale qui est peut-être celle
qui est d'un plus grand usage dans les Mathématiques ; la voici : *Le produit des extrêmes
d'une Proportion géométrique est égal à celui des
moyens.*

Soit la Proportion , 10 . 5 :: 8 . 4. pour voir
que le produit de 10 par 4 est nécessairement
égal à celui de 5 par 8 , il suffit de faire attention que si le multiplicande 10 est double de
l'autre multiplicande 5 , aussi 8 multiplicateur
de 5 est double de 4 multiplicateur de 10 ; autrement il n'y auroit pas de proportion entre
les nombres 10 , 5 , 8 , 4. En général , si le multiplicande est plus grand dans le produit des
extrêmes , que le multiplicande dans celui des
moyens, le multiplicateur dans ce produit des
moyens sera plus grand que le multiplicateur

dans le premier produit, & autant de fois plus
grand. De même si le premier multiplicande
étoit plus petit que le second, le multiplicateur
de ce second, seroit aussi plus petit que celui
du premier ; & autant de fois plus petit : sans
cela il n'y auroit pas de proportion. Voilà la
Raison métaphysique de l'égalité des deux produits dont il s'agit dans une proportion.

III. Nous allons aussi donner les Démonstrations métaphysiques de plusieurs propositions
de Géométrie. La premiere est que *le rectangle
est égal à un parallélogramme de même base & de
même hauteur.* La raison métaphysique de cette
proposition est que le défaut de longueur dans
le rectangle est compensé par sa largeur ; ou ce
qui revient au même, le défaut de largeur du
parallélogramme est compensé par sa longueur,
ensorte que la longueur du rectangle est à celle
du parallélogramme, comme la largeur de celui-ci est à celle du rectangle ; ainsi comme la
longueur du rectangle est moindre que celle du
parallélogramme, aussi la largeur de celui-ci est
moindre, & d'autant moindre que celle du rectangle. Pour en donner la preuve, nous nous
servirons de la Figure 50 du second Livre des
élémens de Géométrie, dédiées à l'Université, chez les Libraires Saillant & Desaint, &
nous supposerons une perpendiculaire C P tirée sur le côté B E du parallélogramme. On
aura le triangle C P B semblable au triangle B A E, parce que les deux angles P & A
sont droits, & que les deux autres P B C &
A E B sont encore égaux à cause qu'ils sont alternes par rapport à la sécante B E entre les
paralleles A X & B Y : donc les côtés A B &
B E du grand triangle sont proportionnels aux

côtés homologues C P & B C du petit. Voici la proportion : A B . B E :: C P . B C ; c'eſt-à-dire, que la longueur A B du rectangle eſt à B E qui eſt celle du parallélogramme, comme la largeur C P de celui-ci eſt à B C largeur du premier. Si donc la longueur du premier n'eſt que les deux tiers ou la moitié de celle du ſecond, la largeur de celui-ci ne ſera auſſi que les deux tiers ou la moitié de celle du premier. Ainſi le rectangle aura en largeur ce qui lui manque en longueur.

IV. Il ſemble d'abord que cette démonſtration eſt plutôt géométrique que métaphyſique, à cauſe de la preuve que nous avons rapportée de la proportion des côtés des triangles ſemblables C P B, B A E. Il eſt vrai qu'il faut ſuppoſer cette preuve : mais la raiſon métaphyſique de l'égalité des ſurfaces des deux Figures conſiſte préciſément en ce que le défaut de longueur du rectangle eſt compenſé par ſa largeur. D'ailleurs la propoſition touchant la proportion des côtés homologues des triangles ſemblables, n'eſt qu'une application de ce Théorême fondamental, *lorſque deux lignes compriſes dans un eſpace parallele ſont autant inclinées que deux autres lignes enfermées dans un autre eſpace parallele, les deux premieres ſont proportionnelles aux deux autres.* Or, ce Théorême fondamental eſt appuyé lui-même ſur une raiſon métaphyſique bien ſimple, c'eſt que les deux lignes d'un eſpace étant autant inclinées que celles de l'autre, il eſt évident que ſi la moins inclinée du premier eſpace, eſt, par exemple, la moitié, ou les trois quarts de celle qui eſt la plus inclinée, pareillement dans le ſecond eſpace, la moins inclinée ſera auſſi la moitié ou les trois

quarts de l'autre ; & par conféquent les deux
premieres lignes font proportionnelles aux deux
autres. Cela eft évident par foi-même : ainfi
cette raifon eft plutôt une explication de la propofition , qu'une preuve proprement dite. Il
eft facile de voir que la propofition touchant la
proportion des côtés homologues de deux triangles femblables , qui eft auffi un Théorême fondamental auquel nous reviendrons dans la fuite , eft appuyée fur la même raifon métaphyfique.

V. Il fuit de l'égalité du rectangle au paralle-
logramme de même bafe & de même hauteur ,
il fuit , dis-je , que *deux parallélogrammes qui
ont auffi même bafe & même hauteur font égaux
en furface*, parce que l'un & l'autre eft égal à
un rectangle de même bafe & de même hauteur.

VI. La furface d'un rectangle eft égale au
produit de fa bafe par fa hauteur ; c'eft-à-dire,
que pour avoir cette furface, il faut prendre la
bafe autant de fois qu'il y a de points dans la
hauteur ; car en concevant une parallele à la
bafe , tirée par chaque point de la hauteur ,
toutes ces parallèles , qui font chacune égales
à la bafe , rempliront exactement le rectangle. Donc en prenant la bafe autant de
fois qu'il y a de points dans la hauteur , on
aura la furface du rectangle. Or , prendre
la bafe autant de fois qu'il y a de points
dans la hauteur , c'eft multiplier la bafe par la
hauteur , & c'eft ce qui en donne le produit.
Ainfi puifqu'on aura alors la furface du rectangle , il s'enfuit que cette furface eft égale au produit de la bafe par la hauteur. On fuppofe ici
que la bafe a une largeur infiniment petite , &

que chaque point de la hauteur eſt auſſi un infiniment petit égal à la largeur de la baſe.

VII. Puiſqu'un parellélogramme eſt égal à
un rectangle de même baſe & de même hauteur, la ſurface du parallélogramme eſt auſſi
égale au produit de ſa baſe par ſa hauteur. Si
la baſe a quatre pieds & la hauteur trois, la ſurface ſera de douze pieds quarrés.

VIII. Voici une autre propoſition de Géométrie qui eſt fondamentale & d'un très-grand
uſage : *Dans un triangle rectangle, le quarré de
l'hypotenuſe eſt égal aux quarrés des deux autres
côtés.* C'eſt-à-dire, que le quarré ſeul de l'hypotenuſe eſt égal à la ſomme des deux autres
quarrés. Pour le prouver nous nous ſervirons
auſſi de la Figure 65 des mêmes Elémens. Du
ſommet de l'angle droit du triangle B A C, il
faut concevoir la perpendiculaire A D abaiſſée
ſur l'hypotenuſe B C : elle partage le triangle
en deux autres A D B & A D C, qui ſont chacun ſemblables au triangle total A B C : car
1°. dans le petit triangle A D B, l'angle D eſt
égal à l'angle A du grand : ils ſont tous les deux
droits. De plus, l'angle B eſt commun au petit
triangle & au grand. Ainſi ces deux triangles
ſont ſemblables. Pareillement l'autre triangle
partiel A D C eſt auſſi ſemblable au grand, à
cauſe des deux angles droits en D & en A, &
de l'angle en C qui eſt commun aux deux triangles. Or, les deux triangles partiels étant chacun ſemblables au grand, ils ſont auſſi ſemblables entr'eux ; & les trois ſont pareillement ſemblables.

Remarquons que de même que B C eſt l'hy-
poténuſe du grand triangle, A B & A C ſont
auſſi les hypoténuſes des deux autres triangles ;

par

par conséquent, ces trois triangles étant semblables, ensorte qu'ils ne différent pas en figure, mais seulement en grandeur, il est évident
que si l'on construit des figures semblables sur
ces trois hypoténuses, par exemple, des quarrés, ces quarrés doivent avoir entre eux les
mêmes rapports que les triangles eux-mêmes
qui sont aussi semblables. Or, le triangle total
est tout seul égal aux deux autres : donc le quarré construit sur l'hypoténuse du triangle total
est aussi égal aux deux autres quarrés construits
sur les hypoténuses des triangles partiels.

La raison méthaphysique de cette égalité
consiste donc en ce que les trois triangles étant
semblables, & le grand étant tout seul égal aux
deux autres, le quarré fait sur l'hypoténuse du
premier, doit être égal aux deux quarrés faits
sur celles des deux autres.

IX. Nous avons supposé que deux ou plusieurs figures semblables, ont entre elles le même rapport que d'autres figures qui sont aussi
semblables, mais c'est en supposant encore que
les dernieres ont des côtés homologues qui
soient les mêmes que les homologues des premieres, ou bien que les uns sont proportionnels
aux autres. Les trois quarrés ont pour côtés les
hypoténuses des trois triangles, & ces hypoténuses sont des côtés homologues des triangles. La même chose a lieu dans deux solides
semblables, comparés à deux autres solides
semblables, qui ont des côtés homologues, qui
sont les mêmes que deux côtés homologues des
premiers solides. Dans ce cas les deux premiers
solides ont entre eux le même rapport que les
deux autres. C'est ce que nous supposons dans
la proposition suivante.

K

X. Les solides semblables sont en raison triplée de leurs côtés homologues ; c'est-à-dire,
qu'ils sont entre eux comme les cubes des côtés
homologues. On peut prendre les cubes, ou
en solidité, ou en nombre. Si on a , par exemple, deux lignes, dont une ait quatre pouces
en longueur , & l'autre cinq, les cubes en solidité de ces deux lignes sont deux corps de la
même figure que des Dez à jouer, dont l'un
auroit quatre pouces de hauteur , & autant soit
en largeur , soit en longueur , qui sont les deux
dimensions de la base , & l'autre auroit cinq
pouces pour chacune de ces trois dimensions.
Les cubes en nombre qui représentent les deux
cubes en solidité , sont 64 & 125. Je dis que
ces deux cubes en nombre représentent les
deux cubes en solidité : car de même que pour
avoir les cubes en solidité, il faut multiplier des
lignes par elles-mêmes , ce qui donne des quarrés en surface, & ensuite ces quarrés chacun
par sa racine, d'où viennent enfin les cubes en
solidité ; de même pour avoir des cubes en
nombres , on multiplie d'abord les nombres,
qui sont les racines, par eux-mêmes ; & les produits sont des quarrés ; ensuite on multiplie encore ces quarrés par les racines , ce qui donne
des produits, qui sont les cubes des racines. Ainsi
pour avoir les cubes des nombres 4 & 5 ; on
multiplie 4 par 4 & 5 par 5 , ce qui donne les
quarrés 16 & 25 ; ensuite on multiplie 16 par 4
& 25 par 5 , & les produits 64 & 125 qui viennent de cette seconde multiplication, sont les
cubes des nombres 4 & 5. On voit donc par-là
que les cubes en nombre représentent parfaitement les cubes en solidité.

Cela posé , je dis que les corps semblables

font entr'eux comme les cubes des lignes cor-
respondantes , ou des côtés homologues de ces
corps : par exemple, deux Globes font entre
eux comme les cubes de leurs Diamètres exprimés en nombres : fi les Diamètres font comme
4 & 5 , les Globes font comme 64 & 125 ; enforte que fi on conçoit le premier partagé en
64 parties égales , le fecond contiendra 125 de
ces parties : car ces deux Globes étant des
corps femblables , ils font entr'eux comme deux
autres corps femblables entr'eux , qui auroient
même hauteur que ces deux Globes : ils font par
exemple entr'eux comme deux Cubes, dont
l'un auroit quatre pouces de hauteur , & l'autre cinq. Or , ces deux Cubes en folidité feroient entre eux comme les Cubes des nombres 4 & 5 ; c'eft-à-dire , comme 64 & 125 ,
felon que nous venons de le voir. Donc les
deux Globes auroient auffi le même rapport
que 64 & 125.

Ainfi la Raifon métaphyfique pour laquelle
deux corps femblables font comme les Cubes
des nombres qui repréfentent les hauteurs ; c'eft
que ces corps étant femblables , ils font entr'eux comme les Cubes en folidité de ces hauteurs , puifque ces Cubes font auffi des corps
femblables : or , les Cubes en folidité font comme les Cubes des nombres qui repréfentent les
hauteurs de ces corps.

XI. Il eft facile d'appliquer le même raifon-
nement à deux figures planes femblables, pour
faire voir qu'elles font entr'elles en raifon dou-
blée de leurs côtés homologues , ou des lignes
correfpendantes, ou autrement comme les quarrés de ces lignes. Deux cercles , par exemple,
font entr'eux comme les quarrés des diamètres
ou des rayons,   K ij

Cette Proposition touchant les Solides semblables, qui est une des plus difficiles à saisir
par ceux qui commencent à étudier la Géométrie, tant pour la vérité qu'elle exprime, que
pour sa Démonstration, s'entend assez aisément
par la Raison métaphysique que nous venons
d'exposer, laquelle est d'autant moins difficile
à comprendre, que ce n'est, à proprement parler, qu'une explication de la Proposition.

On peut remarquer en passant la grande iné-
galité des corps semblables, lorsqu'une des dimensions ou côtés de l'un contient plusieurs
fois le côté homologue de l'autre : par exemple, si un Globe avoit un diamètre dix fois plus
grand que celui d'un autre, ensorte que ces
diamètres fussent entr'eux comme dix à un, le
premier Globe seroit mille fois plus gros que
l'autre, parce que le Cube de 10 est 1000 & le
Cube de 1 est 1.

C'est par-là que l'on conclud que le Soleil
est un million de fois plus gros que la Terre,
parce que le diamètre du Soleil est à-peu-près
cent fois plus grand que celui de la Terre

XII. Il y a des Démonstrations métaphysiques qui ne diffèrent presque pas de celles qu'on
a coutume de donner : il ne s'agit que de présenter celles-ci d'une certaine maniere, ou d'en
faire une analyse qui montre la liaison des principes avec la vérité qu'on veut prouver. Nous
en allons donner quelques exemples : le premier sera sur la fameuse Proposition *de l'égalité*
des trois Angles d'un Triangle à deux Angles
droits. Voyez la Figure 7 du second Livre des
Elémens. L'Angle C du Triangle A B C & les
deux autres *a* & *b*, qui sont à côté du premier,
forment une somme égale à deux Angles droits,

Or, les Angles A & *a* étant alternes, sont égaux entr'eux ; par la même raison B est égal à *b* : donc les trois Angles du Triangle sont égaux à deux Angles droits : cela posé, la raison métaphysique de cette fameuse Proposition est toute simple : c'est que, si d'un point quelconque C, on tire deux lignes sur une base, comme A B, pour former un Triangle, l'Angle qui sera au point C, & les deux autres sur la base feront une somme égale à deux Angles droits, parce que concevant une parallele à la base, tirée par le point C, les deux Angles sur cette base seront alternes à l'égard des deux autres *a* & *b* ; & par conséquent, les deux premiers seront égaux aux deux derniers, chacun à chacun.

XIII. Le second exemple sera tiré d'une autre Proposition fondamentale de Géométrie, sur les Triangles comparés entr'eux ; la voici : *lorsque deux Angles d'un Triangle sont égaux à deux Angles d'un autre Triangle, chacun à chacun, les deux Triangles sont semblables ;* c'est-à-dire, que, 1°. les trois Angles de l'un sont égaux à ceux de l'autre, car alors le troisieme Angle de l'un est égal au troisieme de l'autre, & que de plus les côtés de l'un sont proportionnels à ceux de l'autre : par exemple, dans la Figure vingt-huitieme du second Livre des Elémens, $c\,a \,.\, C A :: c\,b \,.\, C B$, ou *alternando*, $c\,a \,.\, c\,b :: C A \,.\, C B$: en voici la Raison métaphysique : c'est que les deux côtés $c\,a$ & $c\,b$, tirés d'un même point, étant autant inclinés sur la base $a\,b$ que C A & C B, tirés du point C le sont sur la base A B, à cause de l'égalité des Angles *a* & *b* aux deux autres A & B, il faut que le rapport des deux premieres, soit égal à celui des deux autres : si, par exemple, *c a* contient neuf dixiemes de *c.b* , pareillement C A contiendra neuf dixiemes de C B. Il en sera de même de *a b* & de *c a* ou de *c b* , comparés avec les côtés homologues A B & C A ou C B.

XIV. Troisieme Exemple. *La surface d'un Cercle est égale à celle d'un Triangle rectangle qui a pour hauteur le rayon du Cercle, & pour base une ligne droite égale à la circonférence.* Voyez la Figure 55 du second Livre.

Pour appercevoir la vérité de cette Proposition, il faut concevoir le Cercle & le Triangle, partagés chacun en leurs élémens : ceux du Cercle sont des circonférences concentriques, qui passent par chaque point du rayon, & ceux du Triangle sont des paralleles à la base tirées aussi par chaque point du rayon qui est la hauteur du Triangle. Or, 1°. il y a autant d'Élémens dans l'une, que dans l'autre Figure ; sçavoir, autant que de points dans le rayon. 2°. Les Élémens du Triangle sont égaux aux Elémens correspondans du Cercle ; par exemple, la parallele *a b* est égale à la circonférence *a d* : car la raison des bases A B & *a b*, & celle des circonférences A D & *a d*, sont chacune égales à la raison de C A à C *a* ; la premiere, à cause des deux Triangles semblables C A B &' C *a b*, & la seconde, à cause des deux Cercles, dont l'un a pour rayon C *A*, & l'autre C *a*. Donc ces deux raisons de A B à *a b* & de A D à *a d*, sont égales entr'elles. Or, les deux antécédens A B & A D , sont égaux par l'hypothese ; donc les deux conséquens *a b* & *a d* le sont aussi. Donc le Triangle & le Cercle sont égaux en surface.

La Raison métaphysique de cette Proposition consiste donc, en ce que la base du Triangle, & la circonférence du cercle, qui sont égales par l'hypothese, ayant des rapports égaux avec les Elémens correspondans de ces deux Figures, il est nécessaire que ces Elémens soient aussi égaux entr'eux.

XV. Ce Triangle est la moitié d'un Rectangle qui auroit même base & même hauteur que le Triangle; c'est-à-dire, une base égale à la circonférence, & la hauteur égale au rayon. Donc il est égal à un autre Rectangle qui auroit la même hauteur; c'est-à dire le rayon & une base égale à la moitié de la circonférence. Or, ce second Rectangle est égal à un troisieme qui auroit le double de la hauteur & la moitié de la base, qui par conséquent auroit pour hauteur le diamètre, & pour base le quart de la circonférence: ainsi le Cercle est égal en surface à un Rectangle qui a pour hauteur le diamètre, & pour base le quart de la circonférence. A présent, si on compare ce Rectangle au quarré du diamètre, ces deux figures ayant même hauteur, sçavoir le diamètre, elles sont entr'elles comme leur base qui sont le quart de la circonférence & le diamètre.

Voici l'analyse de cette Démonstration. Le Triangle est la moitié du premier Rectangle, parce que les deux ont même base & même hauteur: ainsi le Triangle est égal au second Rectangle, qui ayant même hauteur que le premier, n'a que la moitié de sa base. Ce second Rectangle est égal au troisieme, qui n'a que la moitié de la base du second, mais dont la hauteur est double de celle de ce second. Par conséquent, le Cercle qui est égal au Triangle, est aussi égal à ce troisieme Rectangle qui a pour hauteur le diamètre , & pour base le quart de la circonférence.

XVI. On trouve par-là le moyen de déterminer le rapport du cercle avec le quarré de son diamètre , car le cercle étant égal au troisieme rectangle, qui a pour hauteur le diamètre & pour base le quart de la circonférence, on dira que le cercle est au quarré de son diamètre , comme le quart de la circonférence est au diamètre. Or, la circonférence est au diamètre presque comme 22 est à 7 , ou en prenant le double de ces deux nombres, comme 44 est à 14. Donc le cercle est au quarré de son diamètre presque comme 11, quart de 44, est à 14: c'est-à-dire, que si l'on conçoit que le quarré du diamètre est partagé en 14 parties égales, le cercle en contiendra onze à très-peu de chose près , puisqu'il ne s'en faut pas la centieme partie de l'unité , & même la cent douzieme que la circonférence ne soit égale à 22 , quand le diamètre est égal à 7 ; mais il s'en faut un peu plus que la cent treizieme partie de l'unité.

Ceux qui souhaitent sçavoir ces sortes de raisons par rapport à un grand nombre de Propositions, pourront consulter la Geométrie métaphysique , qui se vend chez Jean-Thomas Hérissant , rue Saint-Jacques à Paris ; ils y trouveront beaucoup de ces raisons, dont il s'agit ici, qui peuvent exercer utilement les esprits attentifs , & les éclairer.

CONCLUSION.

Art. I. N°. 1. ON peut juger à préſent ſi nous avons répondu aux eſpérances que nous avons données, & ſi nous avons réſolu d'une maniere ſatisfaiſante les Problêmes que nous avons propoſés dans la Préface, qui, comme il eſt aiſé de le voir, ſont de la plus grande conſéquence pour l'inſtruction de la Jeuneſſe. Nous allons remettre ces Problêmes devant les yeux du Lecteur, afin de lui indiquer en peu de mots les ſolutions que nous en avons données, & les citations des Articles du Mémoire où l'on pourra les trouver expliquées. Il s'agiſſoit dans le premier de rendre les études moins pénibles & même faciles, & ſouvent, agréables aux jeunes gens. On y parviendra 1°. en levant les difficultés qui ont coutume de les embarraſſer, & de les rebuter, & en les mettant en état de trouver par eux-mêmes le ſens des Phrâſes latines de l'Auteur qu'on leur donnera à expliquer : ce qui ſe fera par un Commentaire tel que nous l'avons expoſé Article VII. 2°. En leur donnant de petits Traités dont les matieres ſoient intéreſſantes pour eux, & en leur faiſant ſentir combien ils doivent s'y intéreſſer. Voyez les Art. VIII & XIX. 3°. En leur donnant une Méthode pour les principes de la Langue Latine, telle qu'elle a été expliquée Article VI. (Ces trois moyens ſont pour les baſſes-Claſſes, le ſuivant regarde les ſupérieures.) 4°. En donnant des Traductions latines des meilleurs morceaux de quelques-uns de nos

K v

Auteurs François, dont la matiere convient aux jeunes gens ; Art. XXIV. 5°, en se proportionnant à la facilité plus ou moins grande des Etudians par rapport aux leçons de mémoire, & même par raport aux autres devoirs. Ce 5e moyen convient à toutes les Classes : (Art. XVIII.)

N°. 2. Dans le second Problême, on propose de rendre les Etudes plus utiles à l'égard des matieres qu'on enseigne dans les Classes. On le fera 1°. en leur donnant, dans les Classes inférieures, pour Auteurs à expliquer, les petits Traités qui ne contiendront que des matieres choisies, les plus convenables aux jeunes gens, & dans les Classes supérieures des Traductions latines, indiquées ci-dessus, des meilleurs morceaux qui leur conviennent entre ceux qui se trouvent dans les Auteurs François ; 2°. en donnant des Devoirs imprimés, soit Thêmes ou Versions de la maniere que nous l'avons expliqué Art. IX 3°. En enseignant une Philosophie imprimée, composée par d'habiles Maîtres qui feroient un choix éclairé des matieres & qui les traiteroient avec tout le soin dont ils seroient capables, comme on l'a exposé dans l'Article XXXII.

N°. 3. Dans le troisieme Problême, il s'agit des moyens qu'on peut employer pour rendre les enfans plutôt capables d'entendre ce qu'on veut leur apprendre (Art. IV.) L'exercice qui paroît le plus propre pour remplir cette vue, c'est celui de leur apprendre à compter de la maniere dont nous l'avons expliqué ; de leur donner quelques notions aisées d'Arithmétiques, de leur proposer quelques petites combinaisons faciles à faire sur les Nombres ; tout cela se trouve dans la premiere Addition.

2°. Il s'agit aussi dans ce Problême des moyens qu'on peut employer pour cultiver & perfectionner les principales qualités de l'esprit, la pénétration, la sagacité & la justesse, & nous avons dit que ce sont les Démonstrations métaphysiques de plusieurs Propositions de Mathématique, & sur-tout de la Géométrie ; ces Démonstrations éclairent l'esprit, & l'accoutument à pénétrer dans la nature des choses autant qu'il en est capable. (Art. XXXI.)

N°. 4. Dans le quatrieme Problême, on propose d'exciter l'émulation des jeunes gens, de façon qu'ils se plaisent au travail, & qu'on n'ait plus besoin de leur témoigner du mécontentement à ce sujet, du moins pour l'ordinaire, & à l'égard de la plûpart. La solution de ce Problême se tire de celles du premier & du second : car si on leve les difficultés qui ont coutume de leur causer du désagrément, & qu'ils puissent par eux-mêmes trouver le sens des Phrâses latines de leurs Auteurs, & mettre le François de leur Thême en Latin ; ensorte qu'ils réussissent avec facilité dans leur travail, le succès ne manquera pas de les y exciter ; car on aime à faire ce en quoi on réussit, sur-tout, si l'objet du travail est intéressant par lui-même, représenté & connu pour tel.

N°. 5. Enfin, dans le cinquieme, il s'agit de former le cœur & les mœurs des jeunes gens : c'est sur-tout par les bons Livres qu'on y parviendra : en leur en donnant qui leur soient proportionnés dans chaque Classe, & en employant le temps convenable pour les leur expliquer ou pour leur en faire rendre compte, ou même pour en faire des analyses que quelques-uns liront en Classe. Voyez l'Article XVI.

K vj

Il faut sur-tout être attentif à ne pas souffrir d'Ecoliers qui soient une occasion de scandale pour les autres, soit par leur mauvaise conduite, soit par leurs discours, & en particulier par les railleries contre la piété.

Nᵒ. 6. Aux cinq avantages que l'on tirera infailliblement de l'exécution de ce qui est proposé dans ces Problêmes on en peut ajouter un sixieme qui est que les connoissances que les jeunes gens acquerront seront en plus grand nombre, comme on l'a montré vers la fin de la Préface. Mais on peut réduire ces avantages à deux généraux, qui sont la facilité & l'utilité; c'est-à-dire, que les études des jeunes gens seront plus faciles & plus utiles qu'elles n'ont été jusqu'à présent, elles seront même incomparablement plus faciles.

II. Il est à propos de rappeller ici trois objets, qui ont été traités, chacun à part, soit dans ce Mémoire, soit dans les autres contenus dans le Recueil imprimé en 1763. Ce sont, 1ᵒ. une Maison d'Institution pour former des Maîtres, & pour fournir des Régens des basses-Classes aux Quartiers éloignés de l'Université. (1) 2ᵒ. La maniere de procéder à l'élection de ses Chefs, expliquée dans le sixieme Mémoire. 3ᵒ. Un Réglement général pour l'éducation de la Jeunesse, qui comprenne la discipline à observer, les exercices à pratiquer & les études à faire & à suivre; en un mot, un plan entier & détaillé d'éducation, pour être observé dans tous les Colléges. Il est clair que si on met ces

____

(1) Voyez le cinquieme Mémoire, sur la nécessité d'établir dans Paris une Maison d'Institution pour former des Maîtres, & quelques Colléges pour les basses-Classes.

trois moyens en pratique, l'éducation de la Jeuneſſe ſera ſans comparaiſon plus parfaite qu'elle n'a été juſqu'à préſent. Que faut-il en effet autre choſe pour donner à la Jeuneſſe l'éducation la plus parfaite, ſinon, 1°. d'excellens Maîtres, capables de former l'eſprit & le cœur, attachés à leur devoir par inclination & par principes de Religion. 2°. Que ces Maîtres ſoient dirigés par un bon réglement, dans tout ce qu'ils doivent faire à l'égard de leurs Eleves. 3°. Qu'il y ait une bonne diſcipline dans toutes les Maiſons publiques deſtinées à l'éducation de la Jeuneſſe. 4°. Enfin, que l'on mette entre les mains des jeunes gens, des Livres proportionnés à leur beſoin, intéreſſans pour eux, & compoſés avec toute la clarté, la méthode & l'exactitude poſſible. Or, on aura tout cela, ſi on met en pratique les trois moyens marqués ci-deſſus. On ne pourroit douter de ce que nous avançons ici, que parce que l'on ne ſeroit pas au fait de ces trois moyens, & de ce en quoi ils conſiſtent. Il eſt donc inconteſtable que, ſi l'on met en uſage les trois moyens dont il s'agit, l'éducation de la Jeuneſſe ſera portée au plus haut degré de perfection à l'égard des moyens humains dont le ſuccès ſuppoſe toujours le ſecours de Dieu. L'Univerſité de Paris ſeroit alors plus qu'elle n'a encore été juſqu'à préſent, le Corps le plus illuſtre, le plus reſpectable & le plus utile qu'il y ait jamais eu en ce genre, dans aucune partie du monde : Ce ſeroit un Soleil qui répandroit une vive lumiere dans toute l'Europe, & particuliérement ſur les autres Univerſités de France, avec leſquelles elle a plus de rapport.

III. N°. 1. Arrêtons-nous un peu sur ces trois objets ou établissemens qui influeroient sur tout le reste, qui seroient en un mot la base & le fondement d'une excellente éducation, laquelle répondroit aux vœux des Citoyens éclairés. Nous rappellerons ici quelque chose de ce que nous avons déja dit, à cause de l'importance de la matiere. Ces trois objets ont une étroite liaison les uns avec les autres & se soutiennent mutuellement, ensorte que si vous en séparez l'un, les autres auront peine à se soutenir dans leur utilité & leurs bons effets, ou même ne le pourront pas. Ce sont sur-tout les deux premiers qui sont d'une plus grande nécessité, & qui donneroient bientôt naissance au troisieme, si on ne le faisoit pas d'abord. Le premier donneroit lieu à l'exercice du second, car pour choisir des sujets propres pour les différentes places, il faut qu'il y en ait de formés : or, ce seroit le premier établissement qui les formeroit. Le second seroit pareillement nécessaire au premier, soit pour choisir un Chef de la Maison d'institution qui ait les qualités requises pour s'acquitter des fonctions importantes & difficiles de sa place, & pour admettre les principaux Officiers qui pourroient être présentés par le Chef au Tribunal de la Faculté des Arts, soit aussi pour veiller à ce que l'ordre s'y observât exactement, & pour empêcher que la négligence & le relâchement ne s'introduisissent dans cette Maison, selon le cours ordinaire des choses & la pente de la nature viciée dans son origine depuis le péché.

N°. 2 Ce premier établissement formeroit des Sujets dans toutes les parties qui leur se-

roient néceſſaires pour devenir de bons Maîtres : 1°. par rapport à la Religion dont on
leur enſeigneroit non ſeulement le Dogme &
la Morale, l'Hiſtoire & l'Eſprit, mais on les
inſtruiroit auſſi de ſes fondemens, & de ſa
vérité : c'eſt une étude qui eſt devenue néceſſaire, ſurtout pour des Maîtres dans le tems
malheureux où nous ſommes ; 2°. pour les
Sciences convenables à leur état, la Grammaire, les Belles-Lettres & la Philoſophie ; mais
il s'appliqueroient plus particulierement à celles
qui conviendroient le mieux aux places auxquelles ils paroîtroient plus propres ; 3°. pour
la maniére de montrer ces Sciences à la Jeuneſſe, afin de ſçavoir ſe mettre à ſa portée :
car c'eſt une connoiſſance que l'emploi d'inſtruire la Jeuneſſe exige dans les Maîtres, &
qu'ils ne poſſédent ſouvent dans le degré convenable qu'après pluſieurs années d'exercice ;
parce qu'il n'y a point d'Ecole où on les forme
dans ce genre ; 4°. enfin pour la maniere de ſe
conduire avec les jeunes gens afin d'attirer leur
confiance & de les contenir dans l'ordre & la
tranquillité quand ils ſont raſſemblés dans une
Claſſe ou dans une étude. Ces deux derniers
points qui ſont d'une néceſſité indiſpenſable
pour le bien des Ecoliers ne s'acquerront pas,
au moins par le grand nombre, auſſi-tôt qu'il
faudroit, ſans l'établiſſement dont il s'agit :
mais il eſt encore néceſſaire, cet établiſſement,
à l'égard du premier Article qui concerne la
Religion, afin que l'on puiſſe être aſſuré que
tous les Maîtres ſont en état d'inſtruire leurs
Ecoliers ſur cette matiere. Il l'eſt devenu même encore plus depuis l'inſtitution des Aggré-
gés dans la **Faculté des Arts**, **& du concours**
pour les choiſir.

En effet, n'est-il-il pas à craindre que parmi les jeunes gens qui se présentent pour y être admis, il ne s'en trouve quelques-uns qui soient infectés de la maladie de notre siécle, je veux dire l'incrédulité & l'irréligion : les certificats de vie & mœurs & les informations que quelques personnes peuvent faire suffisent-elles pour donner une assurance raisonnable de là croyance & de la religion de ces jeunes gens, sur-tout s'ils ont fait leur séjour dans des Provinces plus ou moins éloignées de Paris ? S'ils ont le malheur de l'avoir abjurée dans leur cœur, (la Religion,) ils n'auront garde de se faire conoître pour ce qu'ils sont : ayant le dessein de parvenir à quelque place d'Instituteur de la Jeunesse, ils cacheront leurs sentimens pervers de leur mieux : ils n'en parleront, & peut-être encore à mots couverts, qu'à quelques amis qui n'iront pas les faire connoître : d'autres même qui en seroient instruits n'oseroient le faire de peur de s'attirer quelques fâcheux effets de leur ressentiment.

En supposant donc que le concours subsiste à l'avenir, ne faudroit-il pas que les Candidats qui voudroient se présenter, eussent été élevés dans la Maison dont il s'agit, & y demeurassent même encore, ou du moins qu'on ne les eût pas perdus de vue dans l'Université. Sans ces précautions qui n'auroient pas été nécessaires il y a quarante ou cinquante ans pour s'assurer de la religion des Sujets, n'est-on pas exposé dans les tems où nous sommes d'être trompé dans un point qui est d'une si grande conséquence ? Je crois qu'on ne peut trop prendre de précautions pour éviter un mal si funeste à la Religion. Pourroit-on encore demander

quelque chofe de plus pour prouver la néceffité
du premier objet ? Cependant nous avons
ajouté dans le cinquiéme Mémoire du Recueil
imprimé en 1763, une confidération effen-
tielle pour la Ville de Paris, qui eft que cette
Maifon d'inftitution donneroit lieu d'établir
des petits Colléges pour les baffes-Claffes dans
les quartiers de la Ville trop éloignés de celui
de l'Univerfité pour que l'on puiffe y envoyer
des enfans. Convient-il que des Citoyens de
la Capitale du Royaume, & peut-être le plus
grand nombre, foient privés à l'égard de leurs
enfans de fecours dont jouiffent ceux de la plûpart des Villes de Province ? Les Profeffeurs de
ces Colléges feroient des anciens Eleves de
cette Maifon qui y demeureroient encore,
pour lefquels il n'en couteroit rien de plus.

Voilà donc la néceffité & l'utilité du premier
objet fondée fur des raifons furabondantes. Or
l'exécution en feroit moins difficile que jamais
pour la dépenfe, depuis que le Roi par fa bonté
paternelle pour fon Univerfité & la protec-
tion marquée dont il l'honore, a bien voulu lui
accorder le 28ᵉ effectif & entier du revenu des
Poftes, lequel, déduction faite de la portion des
Principaux, des Profeffeurs & de quelques-uns
des Chefs, ne pourroit être employé auffi utilement qu'à un établiffement fi intéreffant & fi
avantageux à l'éducation de la Jeuneffe. Je fuppofe que la part qui a été deftinée aux Aggré-
gés actuels leur foit auffi confervée.

Nº. 3. Quant au fecond objet qui confifte
dans le choix éclairé & équitable des Chefs de
l'Univerfité, prefcrit & dirigé par des Statuts
qui établiroient auffi un Tribunal de la Faculté
des Arts, que je fuppofe, compofé de M. le

Recteur, des 4 Procureurs, & des 4 Censeurs
pour les affaires ordinaires (il y en a un à peu
près semblable qui subsiste) auxquels se réu-
niroient M. l'Ex-Recteur, les Ex-Procureurs
& les Ex-Censeurs pour celles qui seroient de
plus grande conséquence : quant à ce second
objet, dis-je, il est encore facile de voir de
quelle importance il seroit pour l'éducation de
la Jeunesse : il maintiendroit l'ordre dans toutes les parties de l'Université, car dans tous
les Corps l'ordre dépend de ceux qui sont à la
tête : Tout ce qui se feroit dans la Faculté des
Arts retentiroit au Tribunal dont on vient de
parler ; les Maîtres de tous les rangs seroient
dans l'heureuse nécessité de s'acquitter de leurs
fonctions comme il convient : les Principaux
même & les Professeurs qui seroient les moins
réguliers par inclination & par amour de leur devoir, ne laisseroient pas de le remplir par la force
de l'exemple, par honneur ou enfin par la crainte
d'être repris par le Tribunal, qui ne manqueroit pas au reste d'avoir pour les Maîtres, ceux
mêmes qui auroient négligé leur devoir en
quelques points, les égards & les ménagemens
qui seroient nécessaires pour qu'ils ne perdissent
pas la confiance de leurs Ecoliers. Cette considération qui est essentielle à l'égard des Maîtres chargés de l'éducation de la Jeunesse, fait
assez sentir qu'un Tribunal ou Bureau étranger
à l'Université ne seroit pas convenable pour
exercer les fonctions dont il s'agit, comme
nous l'avons déja remarqué à la fin du Mémoire.

N°. 4. Enfin, pour ce qui est du troisieme
objet qui seroit un plan d'éducation dicté par
un Esprit de sagesse & de religion, qui prescriroit les exercices à faire, soit dans les Classes,

foit ailleurs, les Livres dont il faudroit faire
ufage dans chaque Claffe, ou pour la Religion,
ou pour les Sciences ; en un mot, tout ce qui
peut être utile à l'éducation de la Jeuneffe :
pour ce qui eft, dis-je, de ce troifieme objet,
les avantages qui en reviendroient font encore
fenfibles. Car on peut bien juger que les exercices, les livres & autres fecours, tant pour la
vertu que pour les fciences, qui feroient prefcrits dans le plan, feroient les plus utiles aux
Ecoliers pour lefquels ils feroient ordonnés,
& ces jeunes gens étant d'ailleurs enfeignés &
dirigés par de bons Maîtres, Profeffeurs & autres, pourroient faire les plus grands progrès à
tous égards pendant le cours de leurs études.

En fuppofant l'exiftence des trois objets
indiqués, l'Univerfité fe fuffiroit à elle-même pour fe gouverner & fe conduire de la
maniere la plus utile à la Jeuneffe & la plus
avantageufe à l'Etat : Elle pourroit appaifer
les différends qui naiffent quelquefois même entre les gens de bien, & corriger les défordres
s'il en arrivoit ; fauf l'appel au Parlement dans
les affaires de plus grande conféquence.

Je ne fais ce qu'il faudroit encore ajouter pour
démontrer la néceffité des trois objets marqués,
& les avantages qui en reviendroient ; premiérement à la Jeuneffe pour lui procurer l'é-
ducation la plus parfaite, & enfuite à l'Etat,
par une conféquence néceffaire, en un mot à
tout le Royaume.

N°. 5. Après avoir réfléchi fur ces trois objets,
une Maifon d'inftitution, un choix éclairé &
équitable des Chefs qui compoferoient le Tribunal de la Faculté des Arts, & enfin un Réglement d'études & de difcipline, il nous a pa-

ru qu'ils feroient les moyens les plus efficaces
pour parvenir à la perfection de l'éducation de
la Jeuneffe autant qu'on puiffe l'efpérer des établiffemens humains : ils iroient à la fource du
mal & en arracheroient la racine : car le mal en
ce genre ne vient que de trois caufes qui peuvent fe rencontrer dans un Corps deftiné à élever la Jeuneffe, ou de ce que plufieurs Maîtres
ne font pas tels qu'ils doivent être, ou de ce
que les Chefs manquent des qualités du cœur
où de l'efprit néceffaires pour bien gouverner le
Corps, ou enfin de ce que les Loix qui en ré-
glent le gouvernement font défectueufes. Il eft
évident que ce font là les trois fources du mal.
Or il eft facile de voir que les trois objets propofés ôteroient ces trois caufes : le mal feroit
donc détruit dans fa fource ; ainfi le bien s'o-
péreroit dans toute fon étendue, autant qu'il
puiffe être pratiqué par une Société d'hommes.
Mais non-feulement ces trois moyens détrui-
roient le mal jufque dans fa fource ; on peut
dire même qu'il n'y en a point d'autres qui puiffent l'empêcher auffi fûrement & auffi généra-
lement : c'eft de quoi il eft facile de fe convain-
cre en faifant attention aux autres moyens qu'on
prétendroit fubftituer à ces trois : ce font par
conféquent les colonnes fur lefquelles doit po-
fer l'Edifice deftiné à être le chef-lieu de l'éducation publique du Royaume : elles donneroient à cet Edifice la folidité, la beauté, la régularité & l'utilité, que les perfonnes éclairées
& bien intentionnées y défireroient. Ces avantages ineftimables font des motifs d'efpérer que
l'on en fera jouir la Nation, d'autant qu'on peut
les lui procurer fans qu'ils foient à charge à
l'Etat.

IV. Si l'espérance des avantages que l'on s'est proposé de procurer à la Jeunesse est bien fondée, (& je crois qu'il est bien difficile qu'un bon esprit, qui n'est pas ébloui par les préventions de la coutume, n'en convienne pas après avoir lû le Mémoire & les Additions avec attention) si, dis-je, cette espérance est bien fondée, je pense que la méthode d'enseigner la Jeunesse, touchera de bien près à sa perfection, quand on se servira des moyens qui ont été proposés. Or, cette méthode est certainement la plus utile de toutes les Sciences naturelles, qui n'ont pas Dieu ou sa Loi pour objet. Car les connoissances les plus sublimes de ces Sciences ne procurent pas toujours de grands avantages à la Société, quoiqu'elles piquent la curiosité des Sçavants. Nous espérons donc que tout bon Citoyen qui sera sans prévention, & un peu au fait de ce dont il s'agit dans ce Mémoire, ne pourra s'empêcher de s'intéresser à l'exécution de ce qui y est proposé, & sur-tout les parens qui veulent faire instruire leurs enfans, au moins des premiers élémens des Sciences. Il y auroit encore quelque chose à proposer pour écarter de la Jeunesse & des Colléges les efforts redoublés & continuels que fait l'irréligion pour pénétrer par-tout, il faudroit pour cela faire quelques changemens dans les établissemens qui ont été institués depuis peu d'années dans l'Université, afin qu'il n'y eût rien qui pût empêcher l'exécution ou l'effet des trois objets proposés. Mais le respect dû à l'autorité publique m'impose silence à cet égard. Cette matiere devroit être plutôt le sujet d'un mémoire particulier que d'un écrit public.

F I N.

Fin de la Table.